30일 역전의 경제학

경제학 하수에서 고수로 유쾌한 뒤집기 한판

30일

역전의
경제학

오영수 **지음**

이담북스

최근 수도권을 중심으로 주택가격이 급등 중인데, 이 원인을 둘러싸고 논란이 있습니다. 주택가격이 급등한 것은 무엇보다 신축 주택의 공급이 지연된 데에서 원인을 찾을 수 있지만, 2020년 7월 말부터 시행된 이른바 '임대차 3법'의 영향이 매우 크다는 주장도 설득력을 얻고 있습니다. 왜냐하면 이 법이 통과된 직후부터 집값이 급등하기 시작해, 2021년 3월 기준으로 서울 아파트 가격은 1년간 무려 16.0%나 상승했기 때문입니다.

임대차 3법의 내용을 살펴보면, 크게 세 가지 정도로 요약됩니다. 첫 번째는 계약 갱신 청구권으로, 과거에는 2년 동안 전세 주거하고 나면 다시 계약을 조정하고 또 집주인이 원할 때에는 이사 나가야 했던 것을 2년 연장한 것입니다. 즉, 특별한 요건이 없는 한 전세를 4년 동안 살 수 있게 보장한 것입니다. 두 번째는 전세 계약을 연장할 때, (시도에 따라 조금씩 다르기는 하나) 5% 이내에서만 인상하도록 규정했습니다. 세 번째는 전·월세 계약을 정부에 신고하도록 강제했습니다.

이 세 가지 제도는 모두 임차인의 권한을 보호한 것으로, 부동산 주거 안정에 도움이 되리라고 기대되었지만 현실은 정반대였습니다. 전세가격이 급등하는 가운데, 연쇄적으로 주택가격마저 상승하고 말았죠. 왜 이런 일이 벌어졌을까요?

이에 대한 해답을 얻고 싶은 사람은 『30일 역전의 경제학』에 소개된 미국 금주령 시대에 대한 이야기를 읽어볼 필요가 있습니다. 1920년 1월 16일, 미국 정부는 국민들의 건강을 보호할 목적으로 모든 술의 제조와 판매 수송을 금지했습니다. 어제까지만 해도 합법적이었던 상품이 하룻밤 사이에 갑자기 불법으로 바뀌고 만 것이지요. 갑자기 술이 사라져 버린 세상에서는 과연 무슨 일이 일어났을까요?

일단 공식적으로는 술의 공급과 유통, 그리고 판매가 완전히 금지되었으니 당장 각종 술집과 술을 파는 가게들이 문을 닫았습니다. 하지만 곳곳에서 밀주가 거래되고 외국으로부터 불법 반입되는 술이 암시장에서 유통되기 시작합니다. 당장 나타난 현상은 술 가격의 폭등입니다. 물론 술의 공급이 줄어들었기 때문인데, 이를 다른 측면에서 보면 밀주 제조자나 비밀 술집의 주인이 적발될 경우에 치러야 할 처벌의 위험까지 모두 술값에 포함시켜 놓았기 때문이기도 합니다. 임대차 3법이 통과된 다음 한국 부동산시장에서 벌어진 일이 1920년대 미국에서도 벌어진 셈입니다.

더 큰 문제는 국민의 건강이 더욱 심각하게 위협을 받게 되었다는 점입니다. 1920년 금주령이 시행된 뒤에는 누가 무슨 술을 파는지에 대한 정보를 얻기가 어려워졌습니다. 간혹 아는 사람의 소개로 밀주를 구했다 하더라도 상표가 붙어 있을 리 없고, 설사 상표가 붙어 있더라도 아무도 책임질 사람이 없는 판에 그것을 믿을 수는 없었겠죠. 자연히 공업용 메틸알코올로 만든 저질 술이 만연하게 되고, 그로 인해 목숨을 잃거나 실명하게 되는 사례가 빈번하게 발생했습니다. 그뿐만 아니라 암거래되는 대부분의 술은 거래의 편의와 효과를 높이기 위해 도수가 높은 독주로 거래되다 보니 알코올 중독자의 수도 크게 증가하였습니다.

임대차 3법이 시행되기 직전, 이 정보를 입수한 이들이 규제 범위 이상의 가격으로 전세를 계약했던 것이 떠오릅니다. 나아가 계약 갱신 청구권을 행사하지 못한 경우에는 전세가격이 급등합니다. 왜냐하면, 2년 뒤에 5% 이내의 범위에서만 전세가격을 인상할 수 있다는 것을 인지한 임대인들이 미리 전세가격을 올려서 받으려 들었기 때문입니다.

최근 독일 베를린 정부가 단행했던 '월세 상한제'가 위헌 판정을 받은 것을 보며, 우리나라도 임대차 3법의 문제가 시정되기를 기대해 봅니다. 그리고 한국의 정책당국이 『30일 역전의 경제학』 같은 좋은 경제 입문서를 읽고, 잘 설계되지 않은 규제가 매우 큰 부작용을 일으킬 수 있다는 점을 깨우치기를 바라는 마음입니다.

2021년 4월 홍춘욱

여러분, 환영합니다.

　역전의 경제학이 나온 지 5년이라는 시간이 지났다. 결코 긴 시간이라고 할 수는 없지만, 4차 산업혁명이다 코로나19다 해서 세상이 워낙 급하게 변하다 보니 5년 전 일도 오래된 과거처럼 느껴진다. 어쨌든 이제는 누구나 피부로 느낄 만큼 세상이 변해가고 있는 것만은 부정할 수 없는 사실이다. 시장의 중심이 오프라인에서 온라인으로 바뀌었으며, 전기차도 이제는 막연한 미래가 아닌 현재의 구매 대상으로 등장하였다.

　세상이 이렇게 변해가는데 경제학 서적이 담고 있는 내용도 변해야 하지 않을까? 그렇기도 하고 그렇지 않기도 하다. 기술과 시장 환경이 변했고, 여기에 전염병의 확산으로 인해 일상생활과 문화, 그리고 사람들의 관심사가 달라졌으니 경제학 서적이 담고 있는 내용에도 무언가 변화가 있어야 할 것이다.

　하지만 아무리 시장 환경이 바뀌어도 시장은 여전히 자신의 이익만을 추구하는 사람들로 북적이고 있고, 참여자들의 행동에도 변화가 없다. 시장에서는 기업은 기업대로 개인은 개인대로 여전히 치열한 생존

경쟁을 벌이고 있으며, 사회 곳곳에서는 공평성을 명분으로 한 다양한 형태의 자원 쟁탈전이 나타나고 있다. 즉, 시장의 외형과 환경은 바뀌었어도 사람들의 행동과 시장의 속성은 달라지지 않았다.

『역전의 경제학』은 경제와 시장이 움직이는 원리를 이해하고, 이를 사회 각 분야의 주요 문제에 적용해봄으로써 경제를 보다 깊이 이해할 수 있는 안목을 키우는 데 초점을 맞춘 책이다. 개정판의 큰 틀은 이전과 크게 달라지지 않았다. 1편에서는 수요와 소비자잉여에서부터, 기회비용, 유인, 효율성, 공평성, 국민경제의 순환 원리 등 경제학의 주요 기초 개념과 원리를 다루었으며, 2편에서는 주로 시장에 관한 주제들, 시장의 속성과 기능, 가격차별, 임금, 이자, 지대 등의 내용을 담았다. 3편에서는 오늘날 우리 시대의 주요 문제와 이슈들, 환경오염, 출산, 결혼, 범죄, 외모, 행복, 빚 등을 경제학적 관점에서 통찰해봄으로써 사회문제 전반에 대한 안목을 키울 수 있도록 구성하였다.

이번 개정판에서 달라진 것은 다음과 같은 것들이다. 첫째, 1편에 나오는 비용 단원의 내용이 기회비용을 중심으로 전면 개정되었다. 기회비용을 도출하는 일반적인 방법과 아울러 우리의 일상생활에서 과연 얼마나 필요한 것인가를 객관적으로 검토해보면서 기회비용에 대한 그간의 논쟁과 논란을 깨끗하게 정리하였다.

둘째, 경제문제를 다룬 3편에서는 기존의 다른 자료에서 쉽게 접할 수 있는 실업과 교육의 경제학을 제외하는 대신, 제도 선택의 경제학과 자녀의 경제학을 새로 추가하였다. 아울러 외부성과 환경오염을 따로 분리하여 각각의 내용을 수정·보완하였다.

셋째, 이 책의 모든 부분, 그중에서도 특히 경제문제 편에 등장하는 각종 연구 자료들과 통계치들을 최신 자료로 업데이트하면서 관련 부분에 대한 내용들을 수정·보완하였다.

넷째, 마지막으로 경제 원리와 현상을 재미있게 풀어보고자 하는 이 책의 목적에 맞추어 책의 전체적인 판형과 삽화들을 개선하여 독자들의 가독성을 크게 향상시켰다.

이 책은 경제학에 입문하고 싶지만 기존의 교재류가 너무 부담스러워 망설이고 있는 사람들에게 적합할 것으로 기대하고 있다. 그 대상이 대학 입시의 면접과 논술을 준비하는 고등학생이든, 현재 경제학 수업을 듣고 있는 대학생이든, 또는 경제학적 소양을 쌓고 싶어 하는 직장인이든, 여유 시간을 때울 읽을거리를 찾는 가정주부든, 경제학에 가까이 다가가고 싶은데 마땅한 사다리를 찾지 못한 사람들이라면 누구나 재미있게 읽을 수 있을 것이다.

　끝으로 38년간의 교직 생활을 마무리하기 전에 개정판 작업을 할 수 있도록 애써주신 유나영 씨를 비롯한 편집진 여러분의 노고에 깊은 감사를 드린다.

2021년 2월 경북대학교 연구실에서

PART 2
—
시장

PART 3
—
경제문제

나도 30일 만에 완전 정복하겠어!

PART 1

기초개념

욕망이라는
이름의 전차

수요와 소비자잉여

> 커다란 트렁크를 끌고 뉴올리언스 기차역에 내린 한 여자가 메모지를 내
> 밀며 역무원에게 길을 묻습니다. "욕망이라는 전차는 어디서 타죠? 그 전
> 차를 탄 다음, 묘지라는 전차로 갈아타고 여섯 정거장 지나 엘리시안 필
> 즈에서 내리라던데요." 역무원이 손으로 가리키는 쪽을 바라보니 운전석
> 위에 '욕망(desire)'이라고 쓴 버스가 다가오고 있습니다.

당대 최고의 배우들인 비비안 리1913~1967와 말론 브랜도1924~2004가
열연하여 1952년 아카데미 남녀 주연상을 수상한 〈욕망이라는 이름의
전차〉라는 영화의 시작 장면입니다. 이 영화의 주인공인 블랑쉬의 최종
하차 역은 '엘리시안 필즈(신들이 노니는 천국)'가 아니라 정신병원으
로 끝을 맺고 있지만, 욕망이라는 전차에 실려 가다 묘지행 전차로 갈아
타는 이 장면은 바로 우리 인생의 자화상이 아닐까 합니다.

수요: 욕망의 진화

　인간은 누구나 욕망을 가지고 있습니다. 하지만 마음속에서 끝없이 솟아오르는 욕망을 다 채울 수는 없기에 그중 일부만을 충족시키면서 살아가는 것이 보통 사람들의 모습입니다. 인간의 욕망은 대부분 재화나 서비스를 통해 충족되고 있습니다. 그런데 우리가 무언가를 구입하기 위해서는 먼저 머릿속에서 구입하고자 하는 재화나 서비스에 대해 보다 구체적인 구매 의사나 구매 계획이 형성되어야 하는데, 우리는 그것을 '수요demand'라고 부릅니다.

　예를 들어 길거리에 지나가는 멋진 스포츠카를 보고, "아, 나도 저런 차를 타 봤으면……." 하는 생각은 누구나 가질 수 있는 욕망입니다. 하지만 막상 차를 구입하려고 나서게 되면 상황은 완전히 달라집니다. 길거리에서 보았던 그 멋진 스포츠카는 머릿속에서 온데간데없습니다. 내가 구입할 수 있는 수준의 차가 아니라는 것을 알기 때문입니다. 이제부터 나의 구매 의사가 형성될 수 있는 차들은 내가 감당할 수 있는 가격 범위 내의 차들로 국한됩니다.

　이처럼 수요는 단순하고 때로는 무모하기까지 한 욕망이 차가운 이성理性을 만나면서 현실에서 실현 가능한 형태로 바뀌어 나타난 구매 의사인 것입니다. 즉, 누구나 탈 수 있는 '욕망이라는 이름의 공중 전차'가 이성의 강을 지나면서 '수요라는 나만의 승용차'로 변하는 것이라고 할 수 있습니다.

　재화나 서비스에 대한 수요는 사람마다 다릅니다. 사람마다 좋아하는 것이 다르고, 주머니 사정이 다르고, 또 생활 방식이 다르니 당연히 그럴 수밖에 없습니다. 사과는 좋아하지만 복숭아는 싫어하는 사람이 있는가 하면, 그 반대의 사람도 있습니다. 강아지를 좋아하는 사람이 있는가 하면, 그것을 먹기 좋아하는 사람도 있습니다.

특정 재화에 대한 수요는 사람의 수만큼 다양합니다. 그리고 이렇게 다양한 개인들의 수요가 다 더해져 시장 전체의 수요가 되는 것입니다. 그렇다면 사과에 대한 선호가 똑같은 두 사람이 있다면, 사과에 대한 이들의 수요도 같을까요?

아마도 아니겠죠? 두 사람의 소득이 다르면 사과 구매 의사에도 차이가 생길 것이기 때문입니다. 폐지를 팔아 하루하루를 연명하는 사람이 사과를 좋아한다고 해서 억대 연봉을 받는 사람처럼 사과를 원하는 대로 살 수는 없겠죠.

만일 사과에 대한 선호도는 물론 소득까지도 같은 두 사람이 있다면, 이들의 사과에 대한 수요는 같을까요? 이 또한 그렇다는 보장은 없습니다. 사과를 대신할 수 있는 과일, 즉 대체재가 다를 수 있기 때문입니다. 과일이라고는 사과밖에 못 먹는 사람은 사과 가격이 오르더라도 구매량을 줄이기 어렵지만, 과일이라면 종류를 가리지 않고 다 잘 먹는 사람이라면 사과 가격이 오를 때 사과 구입을 크게 줄일 수 있을 겁니다.

선호, 소득, 대체재… 모두 사과에 대한 구매 의사, 즉 수요에 영향을 미치는 요인들입니다. 그렇다면 이런 요인들에 의해 사람마다 다르게 형성되어 있는 재화나 서비스에 대한 수요가 현실에서는 어떤 모습으로 나타날까요?

그것은 바로 가격에 대한 반응을 통해서입니다. 즉, 사과에 대한 수요가 큰 사람은 같은 가격에서 다른 사람들보다 더 많은 사과를 구입하려 할 것이고, 수요가 적은 사람은 더 적게 구입하려 할 것입니다. 즉, 사과에 대한 수요의 차이가 시장에서는 현재 가격에서 구매하고자 하는 양(이를 '수요량'이라고 합니다)의 차이로 나타나게 되는 것입니다.

이 때문에 우리는 수요의 크기에 영향을 미치는 요인들(선호, 소득, 대체재 등)과 수요량에 영향을 미치는 요인(가격)을 구분해서 말하는 것입니다. 그리고 후자, 즉 가격과 수요량 간의 관계로부터 우리는 사람에게서 공통적으로 나타나는 현상을 도출해 낼 수 있는데, 그것이 바로 '수요의 법칙'이고 이를 그래프로 나타낸 것이 '수요곡선'입니다.

수요의 법칙: 인지상정人之常情

질량이 있는 두 물체 사이의 중력은 각 물체의 질량의 곱에 비례하고, 두 물체의 떨어진 거리의 제곱에 반비례한다.

- 뉴턴의 만유인력 법칙

행성은 태양을 하나의 초점으로 하는 타원궤도상을 운동한다.

- 케플러의 법칙

이처럼 법칙은 주로 자연과학에서 등장하고 있습니다. 그런데 사회과학이라는 경제학에서, 그것도 사람들의 심리에 바탕을 둔 수요에서 과연 '법칙'이라는 것이 존재할 수 있을까요? '수요의 법칙law of demand'은 다음과 같이 정의됩니다.

'가격이 상승하면 구입하고자 하는 재화의 양(수요량)이 줄어들고, 가격이 하락하면 수요량이 늘어난다.'

"겨우 이런 걸 가지고 수요의 법칙이라고 하나요? 별로 대단한 것도 아니군요." 맞습니다. 별로 대단한 것은 아니죠. 하지만 이런 심리는 거의 모든 사람에게 공통적으로 나타나기 때문에 이를 법칙이라고 부르는 것입니다.

그리고 이 법칙에서 의미하는 가격과 수요량의 관계를 그래프로 그린 것을 '수요곡선demand curve'이라고 합니다. 즉, 그래프의 가로축을 재화의 구매량(수요량)으로 잡고, 세로축을 가격으로 잡으면, 수요곡선은 우하향하는 모양을 하고 있는데, 이는 보통 사람들의 마음속에서 가격과 수요량은 반대 방향으로 움직인다는 것을 보여주고 있습니다.

우리 주변에서 일어나는 대부분의 사회경제적 현상은 모두 수요와 공급, 이 두 곡선만으로 충분히 설명이 가능한 만큼, 수요곡선을 제대로 이해하는 것은 앞으로 우리의 이야기를 풀어나가는 데 매우 중요한 의미가 있습니다.

이미 본 영화를 또 보게 된다면

여자 친구와 데이트를 하는데 하필이면 이미 본 영화를 보자고 합니다. 언제 누구와 그 영화를 보았는지 변명하기가 번거로워 할 수 없이 영화를 한 번 더 보기로 했습니다. 당연히 영화는 별 재미가 없고, 돈이 아깝다는 생각도 듭니다.

이미 점심을 배불리 먹었는데, 오랜만에 만난 선배가 굳이 맛있는 걸 사주겠다고 비싼 음식점에 데려갑니다. 당연히 음식이 맛있을 리 없습니다. 혹시 이와 비슷한 경험이 있으신가요?

같은 재화를 계속 구매할 경우, 새로 구매한 재화로부터 느끼는 만족도는 줄어드는 것이 일반적인 현상입니다. 만족도가 줄어드니 지불하고 싶은 금액도 줄어들 수밖에 없습니다. 수요곡선이 우하향한다는 것은 재화를 추가로 구매할수록 그에 대한 지불 의사도 줄어드는 것을 말해주는 것입니다.

수요의 법칙과 수요곡선은 우리가 경제 문제를 논리적으로 생각할 수 있도록 도와주는 매우 유용한 도구입니다. 수요곡선은 가격이 변할 때 수요량이 어떻게 달라지는가에 대한 정보를 제공해주지만, 이와 동시에 각각의 수요량에 대해 구매자가 얼마만큼의 금액을 지불할 의사가 있는지에 대한 정보도 제공해 주고 있는 것입니다.

재화를 구매하는 이유: 소비자잉여

대학생인 태준이는 매일 아침 학교에 갈 때마다 시내버스를 탑니다. 왜일까요?

"아니, 무슨 질문이 그래요? 걸어가는 것에 비하면 1,200원의 요금을 내고 버스를 타는 편이 훨씬 나으니까 그렇죠."

좋습니다. 그럼 만일 버스 요금이 12,000원이라면 어떨까요?

"말도 안 돼요. 하루에 24,000원, 한 달이면… 어휴! 차라리 자전거를 사든지 학교 가까운 곳에 숙소를 마련하는 게 낫죠."

그렇군요. 만일 버스 요금이 3,000원이라면 어떨까요?

"음… 집이 멀어 할 수 없이 타긴 하겠지만, 버스를 탈 때마다 기분이 별로 좋지는 않을 거 같네요. 수업이 없는 날에는 아예 학교에 안 가겠어요."

그렇군요. 버스를 타는 만족감이 1,200원보다는 크지만 12,000원에는 턱없이 모자라고, 3,000원보다는 약간 크거나 거의 비슷하겠군요. 그렇다면 요금이 1,200원일 때는 태준이가 버스를 한 번 탈 때마다 최소한 1,800원(=3,000-1,200)에 상당하는 순만족을 얻고 있다고 봐도 될 것 같습니다. 이런 순만족을 가리켜 '소비자잉여consumer surplus'라고 하는데, 소비자잉여는 우리가 재화나 서비스를 구매하는 이유입니다.

소비자잉여는 우리가 구입하는 '재화나 서비스로부터 얻는 만족(효용)에서 구입에 지불한 금액(가격)을 뺀 것'을 말합니다. 즉, 재화로부터 얻는 효용이 가격으로 지불한 돈의 가치를 능가하는 부분입니다. 우리가 어떤 물건을 구입한 후 거저 주웠다고 생각할 정도로 만족감이 컸다면, 그것은 소비자잉여가 큰 것입니다. 반대로 물건을 구입한 후 본전 생각이 난다면, 그것은 소비자잉여가 없거나 음(-)인 경우입니다.

이 소비자잉여는 수요곡선상에서 APE라는 삼각형으로 나타납니다. 재화로부터 얻은 만족은 그 재화에 대한 최대 지불 의사(OPEQ)와 다르지 않으므로, 거기서 자신이 실제로 지불한 금액(OAEQ)을 뺀 것이 바로 소비자잉여이니까요.

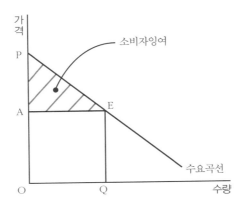

이 그래프를 보면서 오늘 내가 구입한 재화는 무엇이었고, 그로부터 내가 획득한 소비자잉여는 어느 정도나 되는지를 생각해 보는 것도 재미있지 않을까요?

알파고와
이세돌

합리적 선택과 한계

2016년 3월 9일 오후 1시, 서울의 한 호텔에서는 전 세계의 이목이 쏠린 가운데 대한민국의 이세돌 9단과 구글 딥마인드가 개발한 인공지능 알파고AlphaGo 간에 세기의 바둑 대결이 벌어졌습니다. 적어도 바둑에서만큼은 컴퓨터가 인간의 직관과 추론 능력을 따라올 수 없을 것이라는 예상을 보기 좋게 깨고 알파고는 4승 1패로 인류의 바둑 대표를 물리치면서 우승을 차지했습니다.

바둑보다 경우의 수가 훨씬 적은 체스에서는 이미 1997년에 IBM의 딥블루Deep Blue가 당시 세계 체스 챔피언인 게리 카스파로프에게 1승 2패 3무로 승리를 거둔 후, 아직까지 인간의 승리를 허락하지 않고 있습니다. 그리고 이제는 스스로 학습하면서 진화해 나가는 인공지능 앞에서 인간이 체스는 물론 바둑에서도 다시 승리하기란 영원히 불가능해 보입니다.

바둑이든 체스든, 또는 스타크래프트든 인간과 대결을 벌이는 컴퓨터의 강점은 여러 가지가 있습니다만, 그중에서도 빼놓을 수 없는 것은 바로 컴퓨터의 사고방식입니다. 즉, 사람은 감정을 가지고 있는 생명체이기 때문에 자신이 저지른 실수에 대해 후회를 하기도 하고, 그것이 다음의 선택에 영향을 미치기도 합니다. 하지만 컴퓨터는 다릅니다. 컴퓨터는 이미 지나간 수에 전혀 연연하지 않습니다. 오로지 현재의 주어진 상황에서 다음에 두어야 할 최선의 수만 생각할 뿐입니다. 설사 실수를 한다고 해도 그것 때문에 풀이 죽거나 자책하지 않습니다. 숨소리도, 표정도 없이 오로지 목표만 바라보고 현시점에서 최선의 선택을 할 뿐입니다.

여기서 우리는 과거의 선택에 연연하지 않고, 앞으로의 선택에서 얻어질 편익과 지불해야 할 비용에만 집중하여 합리적인 선택을 하고자 하는 자세를 가리켜 한계적인 사고방식이라고 합니다. 이러한 사고방식은 바로 현대 경제학이 전제하고 있는 인간상인 합리적 경제인 '호모 에코노미쿠스homo economicus'의 모습이기도 합니다. 좀 극단적인 비유를 해보자면, 몇 년을 사귀던 연인과 가슴 아픈 결별을 하고 돌아서는 바로 그 순간부터 지난 추억은 머릿속에서 깨끗이 지우고, 지금부터 자신에게 가장 적합한 새로운 상대를 찾아 나서는 사람과 같다고나 할까요?

"경제학에서 전제하는 합리적 인간상이라는 것이 그런 모습이라면 좀 실망이네요. 너무 비인간적이고 이기적이지 않나요?" 그렇게 실망하는 걸 보니, 앞의 예가 너무 극단적이었나 봅니다. 그렇다면 이런 예는 어떨까요?

여기 두 사람이 '가위바위보' 게임을 하고 있습니다. 게임이론에 의하면 이 게임에서의 최선의 전략은 가위, 바위, 보를 3분의 1의 확률로 무작위로 내는 것입니다. 만일 가위를 50%의 확률로 내는 사람이 있다면, 그 사람과 게임을 할 때는 바위를 50%의 확률로 내게 되면 상대보다 더 많은 승리를 거둘 수 있기 때문입니다.

자, 첫 번째 게임에서 갑은 가위를, 을은 주먹을 내어 을이 이겼다고 합시다. 문제는 여기서부터입니다. 새로운 게임에서는 지나간 게임은 잊어버리고 다시 3분의 1의 확률로 세 가지 중 하나를 고르는 것이 최선의 전략임에도 불구하고, 갑은 조금 전에 가위로 진 것이 억울해서 가위로 이길 때까지 계속 가위만 내기로 했습니다. 이런 일이 계속 되풀이된다면 결과는 어떻게 될까요? 네, 보나 마나겠죠. 새로 맞이하는 한계적인 선택에서 과거의 선택에 얽매여 일을 그르치는 경우입니다.

"이런 경우를 보니, 충분히 납득이 가네요. 하지만 컴퓨터라면 몰라도 사람이 매번 그렇게 하기는 쉽지 않을 거 같은데요." 그렇죠. 그래서 컴퓨터가 인간보다 이런 점에서 유리하다고 한 것입니다. 이처럼 매사에 완벽하게 한계적인 선택을 하기란 쉽지 않습니다. 그래서 최근에는 행동경제학이라는 새로운 분야가 등장하여 인간의 비합리적 행동을 탐구하고 있습니다.

여기서는 한계 개념에 대한 이해를 통해, 우리가 인생을 살아가면서 맞닥뜨리는 무수히 많은 선택의 기회에서 보다 합리적으로 대처하기 위한 자세를 살펴보도록 하겠습니다.

일상의 선택은 한계적 선택

일반인들이 경제학을 낯설게 느끼는 데에는 '한계'라는 용어 명칭에도 약간의 책임이 있는 것 같습니다. 왜냐하면 경제학에서 사용되는 한계의 의미가 일상적으로 사용되는 의미와는 다소 차이가 있기 때문입니다. 우리가 일상적으로 사용하는 '한계limit'라는 단어는 보통 '한도'나 '끝'을 의미하는 데 비해, 경제학에서의 '한계margin'는 단순히 '가장자리' 또는 '경계'라는 사전적 의미에 그치지 않고 '가장자리에서 새롭게 추가되는 것'을 의미한다는 차이가 있습니다.

빵을 하나 더 먹었을 때 효용이 새롭게 늘어나는 것을 가리켜 '한계효용marginal utility', 그 빵을 먹느라 추가로 지불한 비용은 '한계비용marginal cost'입니다. 그리고 그 빵을 만들기 위해 직원을 추가로 고용했을 때 들어가는 비용은 한계요소비용marginal factor cost, 그 직원이 생산한 재화는 한계생산물marginal product, 그리고 그것을 시장에서 팔아서 생긴 수입은 한계수입marginal revenue이 됩니다. 무엇이든지 '한계'가 붙으면 새롭게 추가되는 그 무엇의 의미를 갖게 되는데, 한계라고 해서 반드시 한 사람이나 한 개 또는 1원이어야 할 필요는 없습니다.

중요한 것은 우리가 지금 이 순간에 하고 있는 모든 선택은 그 자체가 바로 이전의 선택에 추가해서 이루어지는 선택, 즉 한계적인 선택이라는 점입니다. 지금 내가 마시는 물 한 컵은 지금까지 마셨던 물에 추가하여 마시는 한계적인 물 한 잔이며, 오늘 오후에 있을 경제학 수업도 이틀 전의 수업에 새로 추가되는 한계적인 수업입니다.

우리의 일상적인 소비에서 중요한 것은 현재 구입하는 그 재화가 자신에게 주는 효용, 즉 한계효용이라고 할 수 있습니다. 물이 다이아몬드보다 인간 생활에 더 중요하다고 하면서도 현실에서 다이아몬드의 가격이 물값보다 훨씬 더 비싼 것은 대부분의 사람들에게 있어 다이아몬드의 한계효용이 물의 한계효용보다 월등히 크기 때문입니다. 수도꼭지만 틀면 나오는 물에 대한 한계효용과 사랑하는 사람을 위해 난생처음으로 마련하는 다이아몬드 반지에 대한 한계효용 중 어느 쪽이 클지는 자명할 것입니다.

요약하면 이렇습니다. 우리가 지금 행하고 있는 모든 선택은 한계적인 선택이므로 우리의 합리적인 선택을 위해 중요한 것은 바로 현재 발생되는 한계효용과 한계비용이지, 지나간 과거의 효용이나 비용은 아무 의미가 없다는 것입니다. 이처럼 합리적 선택에서 한계를 중시하는 것은 우리의 일상생활, 아니 인생에서 중요한 것은 바로 지금 이 순간일 뿐, 흘러간 과거에 집착하거나 연연해서는 안 된다는 의미가 담겨있기도 합니다.

일은 '한계'에서 터진다

술이 가득 차 있는 잔에 동전을 하나씩 넣기 시작합니다. 동전이 하나, 둘 투입될 때마다 수면은 부풀어 오르지만 표면장력 때문에 넘치지는 않습니다. 마지막 열 번째 동전을 넣는 순간 술이 힘없이 넘쳐흐릅니다. 왠지 오늘 금고털이는 잘 안될 것 같은 불길한 예감이 엄습합니다.

아랑 드롱과 찰슨 브론슨이 주연을 맡았던 추억의 명화 〈아듀 라미 Adieu L'ami, 1968〉의 한 장면입니다. 여기서 술을 넘치게 한 것은 마지막에 투입된 동전, 즉 열 번째의 한계 동전입니다. 물론 지금까지 투입되었던 아홉 개의 동전이 쌓여 있었지만 결정적으로 술을 넘치게 한 것은 열 번째의 한계 투입이었습니다. 물도 99도에 더해진 마지막 1도에 의해서 끓기 시작하고, 권투선수가 KO를 당할 때도 마지막 한 방을 맞고 넘어집니다. 모두 마지막에 추가된 한계적 투입에 의해 변화가 나타나는 것이죠.

다른 예를 볼까요? 주식 시장에서 주가는 매 순간 변하고 있습니다. 주식은 효용을 얻기 위해서가 아니라 배당이나 시세차익을 목적으로 구매하는 것이므로, 주식이 매매된다는 것은 주가의 미래에 대한 경제주체들의 예상이 서로 다르다는 것을 의미합니다. 어쨌거나 아무리 거래량이 많은 주식이라도 하루에 거래된 주식 수는 전체 발행 주식의 극히 일부분에 지나지 않습니다. 문제는 바로 그날 거래된 일부분의 주식들, 즉 한계적으로 거래된 주식들 때문에 주가가 변동된다는 것입니다.

매도 희망자와 매수 희망자는 각기 자신의 희망 가격을 제시하지만, 정작 거래가 성사되는 곳은 서로의 가격이 맞닿는 끝부분입니다. 이곳은 수요곡선과 공급곡선이 만나는 지점과도 동일합니다. 즉, 시장가격은 수요와 공급의 한계선상에서 결정되는 것입니다.

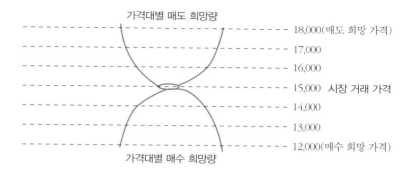

가격대별 매도 희망량

- 18,000(매도 희망 가격)

- 17,000

- 16,000

- 15,000 시장 거래 가격

- 14,000

- 13,000

- 12,000(매수 희망 가격)

가격대별 매수 희망량

'한계'는 평균의 미래다

대학교 신입생인 채윤이는 3일 동안 5과목의 기말시험을 보고 있습니다. 오늘까지 이미 4과목의 시험을 보았고 마지막 날인 내일은 영어시험만 남았습니다. 현재까지 4과목의 총점은 360점, 평균 점수는 90점입니다. 이제 채윤이가 내일 영어시험을 친 후, 평균 점수가 90점보다 높아지려면 최소한 몇 점 이상의 점수를 받아야 할까요?

네, 적어도 90점 이상은 받아야겠죠. 평균 점수가 더 올라가기 위해서는 한계 점수가 평균 점수보다는 높아야 합니다. 이처럼 한계와 평균의 일반적인 관계는 평균이 올라가기 위해서는 한계가 평균보다 높아야 하고, 평균이 지금보다 내려가기 위해서는 한계가 평균보다 낮아야 한다는 것입니다.

이런 현상을 그래프로 그리면 평균 곡선이 증가하는 구간에서는 한계 곡선이 평균 곡선보다 위에 있어야 하고, 평균 곡선이 하강하는 구간에서는 한계 곡선은 평균 곡선보다 아래에 있어야 합니다. 이렇게 되기 위해서는 한계 곡선이 내려올 때는 평균 곡선의 최고점을 지나면서 내려와야 하고, 거꾸로 한계 곡선이 올라갈 때는 평균 곡선의 최저점을 지나면서 올라가야 합니다. 한계는 전체의 변화분을 나타내기 때문에 한계가 감소하면 조만간 평균도 감소한다는 것을 의미하고, 한계가 증가하면 평균도 조만간 상승할 것을 의미합니다. 다시 말해 한계는 평균에 선행해서 평균의 미래를 보여준다고 할 수 있습니다. 다음의 두 그래프들을 보고 어느 것이 한계이고, 어느 것이 평균을 나타내는 곡선인지 확인해 보시기 바랍니다.

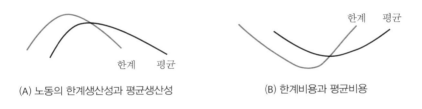

(A) 노동의 한계생산성과 평균생산성   (B) 한계비용과 평균비용

탄력성: 한계와 평균의 조합

홍길동 선수가 타석에 등장했습니다. 현재까지 금년 타율은 100타수 30안타, 3할입니다만, 최근 5경기 타율은 20타수 9안타, 무려 4할 5푼입니다.

이 중계방송에 나오는 타석과 안타의 관계를 지표로 나타내는 방법은 세 가지입니다.

첫 번째 지표는 평균타율입니다. 총 타수를 T, 안타를 H라고 할 때, 평균타율은 H/T=30/100=0.300입니다.

두 번째 지표는 한계타율입니다. 최근 추가된 20타수 중 9개의 안타가 추가되었음을 나타내는 △H/△T=9/20=0.450이 그것입니다. 두 지표를 비교해 볼 때, 평균타율은 홍길동 선수의 평균적인 타격 실력을 파악하는 데 유용하고, 한계타율은 최근의 컨디션을 아는 데 도움이 된다는 것을 알 수 있습니다.

세 번째 지표는 한계타율/평균타율입니다. 즉, (△H △T)/(H/T)=(9/20)/(30/100)=0.450/0.300=1.5입니다. 이게 무슨 의미일까요? 아, 그렇군요. 홍길동 선수의 최근 타격 컨디션은 보통 때보다 1.5배 정도 좋은 상태라는 것이죠. 그런데 이 지표의 형태를 조금 바꿔볼까요?

한계타율/평균타율=(△H/△T)/(H/T)=(△H/H)/(△T/T)=타율의 변화율/타수의 변화율

평균타율에 대한 한계타율의 비율은 곧 타수 변화율과 타율 변화율 간의 비율이군요. 이처럼 두 변수 간의 변화율의 상대적 비율을 우리는 '탄력성$_{elasticity}$'이라고 부릅니다.

이번에는 조금 다른 예를 들어보겠습니다. 신입사원 A씨는 월 소득 300만 원 중 100만 원을 소비하고 200만 원을 저축합니다. 일반적으로 소득(Y)에 대한 소비(C)의 비율을 평균소비성향이라고 하고 소득에 대한 저축(S)의 비율을 평균저축성향이라고 하는데, 여기서 A씨의 평균소비성향은 C/Y=0.33, 평균저축성향은 S/Y=0.67이 됩니다.

그런데 이번 달부터 A씨의 소득이 400만 원으로 올랐습니다. 이에 따라 그의 소비와 저축 역시 각각 120만 원과 280만 원으로 올랐습니다. 즉, 소득이 100만 원 증가함에 따라 소비는 20만 원, 소득은 80만 원이 증가한 것이죠.

이를 한계 지표로 나타내 보면 소비의 경우 $\triangle C/\triangle Y = 20/100 = 0.2$, 저축은 $\triangle S/\triangle Y = 80/100 = 0.8$이 됩니다. 우리는 이를 한계소비성향과 한계저축성향이라고 합니다. 그렇다면 한계소비성향을 평균소비성향으로 나누면 어떻게 될까요? 눈치 빠른 분은 벌써 알아차렸을 겁니다. 바로 탄력성입니다.

즉, '소득에 대한 소비의 탄력성' 또는 '소비의 소득탄력성'은 다음과 같이 나타낼 수 있습니다.

$$(\triangle C/\triangle Y)/(C/Y)=(\triangle C/C)/(\triangle Y/Y)=(20/100)/(100/300)=0.2/0.33=0.61$$

여기서 탄력성의 값이 1보다 작은 것을 가리켜 비탄력적, 1보다 큰 것을 탄력적이라고 합니다. 이제 우리는 수요와 가격, 공급과 가격, 그 밖에 어떤 변수든, 두 변수 간의 탄력성을 얼마든지 구할 수가 있게 되었습니다. 한계라는 개념을 이해하고 나니, 경제학에서 사용하는 탄력성이라는 또 다른 개념도 쉽게 이해할 수가 있게 되었군요.

카르페 디엠(Carpe diem)!

우리 인생에 남아있는 시간이 얼마나 되는지를 묻지 마라.

지금껏 그래왔듯이, 다가올 시간들을 견뎌내는 것이 더 중요하니까.

이번 겨울이 나에게 마지막이 되든 아니든 상관없이,

파도는 지금 이 순간에도 해변에 부서지고 있다.

친구여, 인생은 짧은 것. 술을 줄이고 현명해지게나.

우리가 말하고 있는 이 순간에도

시간은 우리를 질투하며 지나고 있지 않은가.

이 순간에 최선을 다하게.

내일을 믿지 말고(carpe diem, quam minimum credula postero).

영화 〈죽은 시인의 사회1989년〉에 등장하는 존 키팅 선생님이 학생들에게 읽어주는 시를 떠올리게 하는 이 글은 로마의 시인인 호레이스Horace가 B.C. 23년에 지은 송가odes의 일부입니다. 실제로 영화에서 키팅 선생님이 학생들에게 강조했던 것도 바로 이 시에서 등장하는 '카르페 디엠'입니다.

카르페 디엠! 이따금 영화나 소설 속에서는 '지금 이 순간을 즐기자'라는 다소 쾌락적인 의미로 사용되기도 합니다만, 원본 시의 구절을 보면 '모든 일을 내일로 미루지 말고, 매 순간 최선을 다하자'라는 현명한 삶을 위한 경구임을 알 수 있습니다. 즉, 현명한 삶이란 과거에 집착하기보다는 과거로부터 얻은 지혜를 현재의 선택에 활용하여 매 순간 최선을 다하는 삶이란 의미죠.

그런데 이 표현은 우리에게도 전혀 낯설지가 않습니다. 바로 우리가 지금까지 살펴보았던 '한계'의 메시지와 일맥상통하기 때문입니다. 알고 보면 이것은 알파고가 바둑에 임하는 자세이기도 했습니다. 합리적 선택을 위한 이러한 마음가짐은 다음에 이어지는 비용 편에서도 계속됩니다.

세상에
공짜는 없다

기회비용

공짜 점심은 없다. (미국)

공짜 치즈는 쥐덫에만 있다. (러시아)

하늘에서 공짜로 떨어지는 떡은 없다. (중국)

공짜라면 양잿물도 마신다. (한국)

공짜를 밝히면 대머리 된다. (한국)

　세상에는 공짜가 없습니다. 이것은 인간 사회의 진리이자 세상을 살아가는 데 꼭 필요한 지혜이기도 합니다. 그래서 그런지 세계 각국에는 이처럼 공짜와 관련된 속담이나 경구들이 많이 있는 것 같습니다.

　세상에는 우리가 갖고 싶은 것, 하고 싶은 것, 먹고 싶은 것들이 많습니다. 하지만 아쉽게도 우리는 그런 것들을 다 가질 수가 없습니다. 우리가 사용할 수 있는 소득과 시간이 한정되어 있기 때문입니다. 따라서 우리는 원하는 것 중 일부만을 가지고 나머지는 포기할 수밖에 없는데, 이를 선택이라고 합니다. 그리고 매번의 선택에서 우리가 '원하는 것을 갖기 위해 그 대신 포기해야 하는 그 무엇'을 가리켜 바로 '비용cost'이라고 합니다.

여기서 포기해야 하는 그 무엇, 즉 비용은 다양한 형태로 존재합니다. 다시 말해 돈뿐만 아니라 불편이나 시간, 체면의 손상, 양심의 가책 등 비용은 얼마든지 다양한 형태로 나타날 수 있습니다. 그런데 이렇게 간단한 것 같은 비용의 개념이 경제학에서는 회계적 비용, 명시적 비용, 암묵적 비용, 기회비용, 경제적 비용, 한계비용, 매몰비용 등과 같은 여러 가지 개념으로 구분하여 사용하면서 사람을 골치 아프게 하고 있습니다.

이 중에서 경제학에서 가장 문제가 될 뿐 아니라 오늘의 핵심 주제가 되는 비용은 바로 '기회비용opportunity cost'입니다. 실제로 경제학을 조금이라도 접해 본 사람들에게 경제학의 여러 개념들 가운데 가장 이해하기 어렵거나 헷갈리는 것을 꼽아보라면, 아마도 기회비용은 상위 3위권 내에는 들어갈 것으로 생각됩니다.

도대체 기회비용의 어떤 점이 이렇게 사람을 헷갈리게 하는 것인지, 일단 이것에 대해 알아보고 가도록 하겠습니다. 기회비용이란 '원하는 것을 갖기 위해 그 대신 포기해야 하는 그 무엇'이라고 할 수 있습니다. "아니 그건 앞에서 말했던 비용의 정의 아닌가요?" 네 맞습니다. 바로 그 비용이 기회비용입니다. 다시 말해, 기회비용이야말로 비용의 정의를 가장 정확하게 나타내고 있는 진정한 비용이며, 그런 의미에서 우리는 이를 '경제적 비용economic cost'이라고도 합니다.

그러면 앞에서 열거한 다른 비용들은 뭐냐구요? 그것은 기회비용의 일부를 나타내는 것이거나, 기회비용을 다른 관점에서 표현한 것일 뿐입니다. 예컨대, 기업회계에서 사용되는 비용, 즉 회계적 비용은 명시적으로 이루어진 지출(명시적 비용)만을 나타내는 것이므로 기회비용의 일부만을 나타내는 개념입니다. 그런가 하면 암묵적 비용은 기회비용 중에서 명시적 비용을 제외한 비용으로, 역시 기회비용의 일부일 뿐입니다. 또 매몰비용은 회수할 수 없는 기회비용을 의미하고, 한계비용은 선택의 시점에서 바라본 기회비용입니다.

기회비용 이해의 첫 번째 단계: 모든 선택에는 대안이 있다

기회비용을 정확히 이해하기 위한 첫걸음은 바로 우리가 하는 '모든 선택에는 반드시 대안이 있다'는 것을 이해하는 것입니다. 영화를 볼 때도, 결혼 상대를 고를 때도, 식당에서 음식을 주문할 때도, 대학 입시에서 지망 학과를 선택할 때에도 거기에는 항상 몇 개의 대안이 있기 마련입니다. 그리고 처음에는 여러 개인 것처럼 보였던 대안들도 선택의 순간이 점점 다가오면 마지막 순간에는 두 개로 압축되기 마련입니다. 마치 32개국이 참가한 월드컵에서도 최종 우승은 두 팀 중 하나로 판가름 나는 것처럼 말입니다.

"그럴듯하네요. 하지만 제 경우는 물건을 살 때, 꼭 대안을 가지고 있지 않는 경우도 많아요. 그냥 영화를 보든지 말든지를 선택하는 경우처럼요." 네, 아주 좋은 지적입니다. 실제로 일상생활에서는 그런 경우가 더 많을지도 모르겠네요. 하지만 그런 경우에 선택의 대안은 보다 간단합니다. 바로 현금입니다. 여러 편의 영화 중에서 어떤 것을 볼까가 아니라, 특정 영화를 볼까 말까를 선택하는 경우라면 이때 영화관람의 대안은 영화를 보지 않고 입장료만큼의 현금을 보유하는 것입니다. 즉, 이 선택은 영화와 현금 중 어느 것을 택할 것인가의 문제인 것입니다.

기회비용 이해의 두 번째 단계: 선택의 목적은 소비자잉여다

'모든 선택에는 대안이 있다'는 사실을 이해했다면 이제 다음 단계는 비용을 지출해서 재화를 구매하는 목적은 소비자잉여임을 잘 인식하는 것입니다.

우리는 앞에서 사람들이 재화나 서비스를 구입할 때 얻는 이득을 소비자잉여consumer surplus라고 했고, 그것은 '재화나 서비스로부터 얻는 효용(U)'에서 '지불한 가격(P)'을 뺀 것으로 나타낸다고 했습니다. 우리가 어떤 재화나 서비스를 구매하는 것은 바로 이 소비자잉여를 얻기 위한 것입니다. 따라서 선택의 최종 결승전에서 하나를 선택한다는 것은 바로 두 개의 소비자잉여 중에서 하나를 선택한다는 것을 의미합니다. 여기서 두 개의 선택 기회를 a와 b라고 할 때. 각각의 소비자잉여는 $(U_a - P_a)$, $(U_b - P_b)$로 나타낼 수 있습니다.

자, 이제 두 개의 대안 중 하나를 선택한다는 것은 두 개의 소비자잉여 중 하나를 선택하는 것이고, 선택되지 않은 다른 하나는 포기해야 하겠지요. 즉, (Ua-Pa)를 선택하면 (Ub-Pb)를 포기하고, (Ub-Pb)를 선택하게 되면 (Ua-Pa)를 포기해야 합니다.

이를 조금 바꾸어 말하면 Ua를 선택하게 되면 Pa+(Ub-Pb)를 포기하게 되고, Ub를 선택하게 되면 Pb+(Ua-Pa)를 포기해야 하는 것을 의미합니다. 바로 이것이 기회비용입니다. 다시 말해서 A라는 재화를 구입하여 그 효용(Ua)을 누리기 위해서는 A재에 가격으로 지불하는 돈(Pa)뿐 아니라, B재를 구입했더라면 누릴 수 있었던 소비자잉여(Ub-Pb)도 포기해야 하는데 여기서 전자, 즉 가격으로 지불된 돈을 가리켜 명시적 비용이라 하고, 후자를 암묵적 비용이라고 합니다.

Ua 선택의 기회비용 = Pa+(Ub-Pb)

A재 구입의 기회비용 = A재 구입의 명시적 비용+포기된 대안(B)의 소비자잉여

여기서 만일 두 재화의 가격이 같다면(Pa=Pb), A재 선택의 기회비용은 포기된 B재의 효용(Ub), B재 선택의 기회비용은 포기된 A재의 효용(Ua)이 됩니다. 우리가 시중에서 볼 수 있는 대부분의 국내외 경제학원론에서 기회비용을 '포기된 차선재의 가치value of best alternative foregone'로 정의하고 있음을 볼 수 있는데, 이는 바로 가격이 동일한 대안을 비교대상으로 전제하고 있기 때문입니다.

어쨌든 선택의 이런 메커니즘만 잘 이해한다면 이제 어떤 선택에서든 기회비용을 구하는 것은 누워서 떡 먹기가 됩니다. 어디 실제로 연습을 한번 해 볼까요?

고등학생인 채윤이는 하굣길에 출출해서 빵집에 들렀습니다. 진열되어 있는 다섯 종류의 빵 중에서 마지막까지 채윤이의 눈을 끈 것은 1,500원짜리 단팥빵과 1,000원짜리 옥수수빵이었습니다. 오늘의 용돈 한도를 보니 2,000원 밖에 남지 않아, 채윤이는 이 둘 중 하나를 사 먹기로 했습니다.

자, 이 문제는 최종 대안이 단팥빵과 옥수수빵으로 압축된 상태입니다. 이런 상황에서 채윤이가 단팥빵을 구입했을 경우와 옥수수빵을 구입했을 때의 기회비용은 각각 어떻게 될까요?

- 단팥빵을 선택했을 때의 기회비용:
  1,500원+(옥수수빵 효용−1,000원) = 옥수수빵 효용+500원
- 옥수수빵을 선택했을 때의 기회비용:
  1,000원+(단팥빵 효용−1,500원) = 단팥빵 효용−500원

아주 쉽죠? 여기서 두 빵의 효용(또는 두 빵에 대한 지불 의사)을 알 수 있다면, 기회비용은 구체적인 숫자로 나타날 수 있을 것입니다.

"그런데 뭔가 좀 이상합니다. 앞에서 살펴본 방식으로 기회비용을 구하면 당연히 저렇게 나올 수밖에 없는데, 기회비용에 두 재화의 가격 차이만큼 돈을 더하거나 빼주니까 좀 복잡하네요." 맞는 말입니다. 기회비용에 왜 이처럼 두 재화의 가격 차이가 끼어들어서 복잡하게 만들까요? 그 이유는 간단합니다. 가격이 서로 다른 두 재화를 비교하고 있기 때문입니다.

우리가 권투경기에서 헤비급 선수와 플라이급 선수가 경기를 하는 것은 불공평하다고 생각하듯이, 가격이 다른 상품을 두고 둘 중 하나를 선택하라고 하는 것도 마찬가지입니다. 위의 문제에서도 공평한 선택이 되게 하려면 옥수수빵에 500원짜리 동전을 올려놓은 다음 둘 중 하나를 선택하도록 해야 할 것입니다. 이렇게 본다면 단팥빵을 선택하려면 옥수수빵과 500원을 포기해야 하는 것을 쉽게 이해할 수 있습니다.

이렇게 기회비용에 가격 차이가 포함되지 않도록 하려면 어떻게 해야 할까요? 네, 처음부터 등가의 상품을 비교해야 합니다. 위의 경우에는 단팥빵과 옥수수빵을 1개씩 비교할 것이 아니라 단팥빵 1개와 옥수수빵 1.5개 중 어느 것을 선택할 것인가로 해야 하겠죠. 이렇게 되면 '단팥빵 한 개 살 돈이면 옥수수빵 한 개를 사고도 오백 원이 남는다.'에서 '단팥빵 한 개를 살 돈이면 옥수수빵 한 개 반을 살 수 있다.'로 기회비용의 표현이 달라지겠지만 핵심은 그대로입니다.

단팥빵 1 　　옥수수빵 1 + 500원 　　　　단팥빵 1 　　옥수수빵 1 + 옥수수빵 0.5

사실 이런 방식의 표현은 평소에도 많이 들어본 것 같습니다. '4대강 사업에 들어간 돈이면 고등학생까지 무상교육과 대학생 반값 등록금을 시행할 수 있다'라든가 '전 국민 통신비 지원 예산이면 3년간 전 국민

독감 예방접종을 할 수 있다'는 식의 표현 말입니다. 우리는 알게 모르게 현실에서 기회비용 개념을 많이 사용해 왔음을 알 수 있습니다.

기회비용은 일상생활에서 얼마나 유용한가?

> 탕수육 하나 먹을 돈이면 짜장면과 짬뽕을 먹고도 남는다.
> 극장에서 볼 영화를 집에서 TV로 보면 오천 원이 굳는다.
> 게임할 시간에 공부를 했으면 지금쯤 박사가 되어 있을 거다.
> 00 지역에 태양광단지를 건설할 돈이면 서울 부산 간 고속철도를 건설할 수 있다.

이런 식의 표현들처럼, 기회비용은 어떤 선택에 따르는 비용의 규모를 실감 나게 나타내주고 있습니다. 그것은 바로 우리가 기회비용을 이해해야 하는 이유이기도 합니다.

그런데 한 가지 유의할 점이 있습니다. 현실의 선택에서는 항상 같은 가격(또는 예산)의 비교 기회만 있는 것이 아닙니다. 아니 대부분의 선택에서는 가격(비용)이 서로 다른 대안들이 대부분입니다. 빵집에서는 단팥빵과 비교를 쉽게 하기 위해 옥수수빵을 한 개 반으로 진열하고 있지 않습니다. 물론 옥수수빵에 오백 원을 얹어 놓고 있지도 않습니다. 우리는 그냥 1,500원짜리 단팥빵과 1,000원짜리 옥수수빵 중에서 하나를 선택해야 하는 경우가 대부분입니다.

이처럼 우리가 일상생활에서 수시로 겪게 되는, '서로 가격이 다른 대안들 중에서 최선의 것을 선택'해야 하는 경우, 기회비용은 과연 얼마나 유용할까요? 놀라지 마십시오. 이에 대한 답은 '전혀 쓸모없다'입니다.

"그게 무슨 말입니까? 기회비용이 합리적 선택, 최선의 선택에 쓸모가 없다면 그걸 뭐 하러 배운단 말입니까?"

당연히 그런 질문이 나올 만합니다. 하지만 기회비용은 서로 가격이 다른 비교 대상에서는 전혀 쓸모가 없고, 가격이 같은 대안 중에서 선택할 때는 굳이 기회비용을 구하지 않아도 각 대안의 효용, 즉 만족감만 알면 충분합니다. 말로 백번 하는 것보다 실제 예를 들어보면 쉽게 이해할 수 있을 겁니다.

(예 1) 채윤이는 자신의 용돈으로 다음 중 하나를 사 먹으려고 합니다. 각 상품의 가격과 만족감의 가치(효용)를 돈으로 환산한 것은 표와 같습니다. 무엇을 선택하는 것이 합리적일까요?

상품	가격(원)	만족감의 가치(원)	가성비(만족감/가격)	기회비용
아이스크림	1,000	1,500	1.5	1,200
단팥빵	1,000	1,200	1.2	1,500

"이건 뭐 초등학생도 알 수 있는 거 아닌가요? 당연히 아이스크림이지요." 맞습니다. 만족감의 가치로 보나, 가성비로 보나 고민할 게 하나도 없습니다. 그럼 기회비용은 어떨까요? 아이스크림의 기회비용은 1,000+(1,200−1,000)=1,200, 즉 단팥빵의 효용입니다. 그리고 단팥빵의 기회비용은 아이스크림의 효용인 1,500[=1,000+(1,500−1,000)]입

니다. 기회비용으로 봐서도 더 적은 아이스크림을 선택하는 게 낫겠죠.

　이처럼 가격이 같은 대안 중에서 하나를 선택할 때는 효용만으로도 충분히 알 수 있기 때문에 기회비용은 아예 생각할 필요조차도 없습니다. 그렇다면 이제 가격이 서로 다른 경우를 보도록 할까요?

　(예 2) 채윤이는 수영을 하고 나서 배가 고파 햄버거와 단팥빵 중 하나를 사 먹으려고 합니다. 무엇을 선택하는 것이 합리적일까요?

상품	가격(원)	만족감의 가치(원)	가성비(만족감/가격)	기회비용
햄버거	5,000	5,500	1.1	5,200
단팥빵	1,000	1,200	1.2	1,500

햄버거 구입의 기회비용: 5,000+(1,200−1,000)=5,200
단팥빵 구입의 기회비용: 1,000+(5,500−5,000)=1,500

　이 예에서는 어느 것을 선택하는 것이 좋을까요? "음, 글쎄요. 순효용으로 보면 햄버거가 더 큰데, 가성비로 보자면 단팥빵이 더 낫네요. 기회비용도 단팥빵이 더 적으니 단팥빵이 나을까요?" 아, 가성비를 중요시하는군요. 하긴 가성비라는 것이 지출한 돈 1원당 효용이니 무시할 수는 없겠죠.

　자, 그럼 채윤이가 햄버거를 전보다 더 좋아하게 되어 햄거버에 대한 효용이 아래와 같이 변했습니다. 이번에는 순효용도, 가성비도 모두 햄버거가 우세하네요. 물론 기회비용은 여전히 단팥빵이 더 적지만 말입니다. 이런 경우는 어느 것을 선택하는 것이 더 합리적일까요?

(예 3) 최근 들어 채윤이가 햄버거를 전보다 좀 더 좋아하게 되었습니다. 채윤이는 무엇을 선택하는 것이 합리적일까요?

상품	가격(원)	만족감의 가치(원)	가성비(만족감/가격)	기회비용
햄버거	5,000	6,500	1.3	5,200
단팥빵	1,000	1,200	1.2	2,500

햄버거 구입의 기회비용: 5,000+(1,200−1,000)=5,200
단팥빵 구입의 기회비용: 1,000+(6,500−5,000)=2,500

여러분은 어떻습니까? 아까보다는 좀 더 햄버거 쪽으로 기울었나요? 하지만 그러기에는 여전히 개운하지 않은 구석이 있습니다. 그 이유가 무엇 때문일까요? 문제의 핵심은 바로 두 재화의 효용이 어떻게 변하는 것과는 무관하게, 가격이 서로 다른 두 재화가 비교되었기 때문입니다.

그렇다면 이 두 문제의 정답은 무엇일까요?, 그것은 바로 '알 수 없다'입니다.

"네? 그럼 여태껏 답도 없는 문제를 가지고 괜한 고민을 한 거네요. 그런데 순효용이나 가성비가 더 높은 햄버거를 선택하는 것이 합리적이지 않을까요?"

아직도 거기에 미련을 두고 있는 사람들이 있을 것 같긴 합니다. 하지만 답을 알 수 없는 이유는 바로 단팥빵을 구입한 사람이 햄버거와의 차액 4,000원을 가지고 앞으로 무엇을 구입해서 얼마의 효용을 더 얻을지 현재로서는 알 수 없기 때문입니다. 만일 (예 3)에서 단팥빵을 사고 남은 4,000원으로 5,300원(=6,500-1,200)보다 적은 효용을 얻는다면 햄버거는 사는 것이 더 합리적이었겠지만, 만일 그보다 큰 효용을 얻는 다면 단팥빵을 사는 것이 더 나은 선택이 됩니다. 문제는 현재 시점에서 는 그런 미래의 결과를 알 수가 없다는 것이지요. 지금까지 살펴본 내용 은 다음과 같이 요약할 수 있습니다.

> 기회비용은 가격이 서로 다른 대안 간의 선택에서는 아무 쓸모가 없다. 그 리고 가격이 같은 대안 간의 선택에서는 몰라도 아무 문제가 없다. 따라 서 기회비용은 일상의 선택에서는 아무런 도움이 되지 않는다. 기회비용은 다만 선택의 비용이 무엇이고, 얼마인지를 파악하는 데만 유용할 뿐이다.

실제로 우리는 일상적인 경제 활동에서 기회비용이라는 용어를 별로 사용하지 않고 있으며, 그래도 경제 활동을 하는 데 별다른 불편이나 부 족함을 느끼지 않는다는 것을 이미 알고 있습니다. 이렇게 본다면 우리 의 학교 경제교육에서도 공연히 기회비용으로 어려운 시험문제를 만들 어 학생들의 머리만 아프게 하는 일은 없어져야 할 것 같습니다.

기회비용과 한계비용, 그리고 매몰비용

이 단원의 주목적이 기회비용을 완벽하게 이해하는 것이니만큼, 한 계비용 및 매몰비용과의 관계도 살펴보도록 하겠습니다.

이전 단원에서 우리는 한계비용을 선택의 시점에서 바라보는 비용이 라고 했습니다. 즉, 우리의 모든 선택은 그 자체가 한계적인 선택이므로, 현재 시점에서 이루어지는 모든 선택의 기회비용이 바로 한계비용인 것입니다. 하지만 일단 지출이 이루어지고 나면, 그 비용은 시간의 흐름과 함께 사라져버리게 되는데, 우리는 이렇게 돌아올 수 없는 비용을 가리켜 '매몰비용sunk cost'이라고 부릅니다. 영어 단어로는 물속에 가라앉아서 건져낼 수 없는 비용이라는 뜻인데, 우리말로는 땅에 묻힌 비용이라는 의미로 매몰비용이라는 용어로 사용하고 있습니다.

그런데 내 주머니를 떠난 비용이 사라져버리는 시간은 재화마다 다르게 나타납니다. 예를 들어볼까요? 식당에서 짜장면을 주문했습니다. 그런데 주문한 음식이 나온 뒤에 그것을 취소할 수 있을까요? 설사 음식을 안 먹더라도 음식 값은 내야 하겠죠. 이 경우 짜장면 값은 주방에 주문이 들어간 순간에 이미 가라앉아 버렸습니다. 즉, 매몰비용이 되어버렸습니다. 이처럼 일단 선택을 하고 나면 다시 물릴 수 없는 경우는 다른 곳에서도 볼 수 있습니다. 바둑의 일수불퇴—手不退나 카드게임에서 낙장불입落張不入이 그런 경우입니다.

하지만 재화에 따라서는 지출된 비용이 가라앉는 데까지 일정한 시간이 걸리는 것도 있습니다. 백화점에서 구입한 옷을 집에 와서 입어보니 마음에 들지 않습니다. 옷에 붙어있는 태그도 그대로이고 달리 손상된 부분이 없어서 환불했습니다. 이 경우는 이미 지출되었던 비용이라도 나의 최종 결심 전까지는 아직 가라앉지 않고 있었기 때문에 매몰비용이 되지 않았습니다. 승용차처럼 중고품으로 팔 수 있는 재화들은 구입 시에 지불한 비용 중 사용 기간에 해당하는 만큼만 매몰비용으로 가라앉아 버렸고, 나머지 부분은 여전히 회수될 수 있는 비용으로 남아 있습니다.

일단 지출된 비용이 매몰비용으로 가라앉아 버리는 시간이 짧은 선택일수록 우리는 결정에 신중해질 수밖에 없습니다. 환불이 안 되는 물건을 구입할 경우는 아무래도 한 번 더 생각해 보고 사게 되는 것처럼 말입니다.

우리가 합리적인 선택을 하기 위해서는 이미 가라앉아 버린 이 매몰비용을 어떻게 취급하는 것이 좋을까요? 주문한 음식이 나와 한 입 먹어보니 자신의 입맛에 맞질 않습니다. 또 백화점에서 세일하는 옷을 환불하지 않는 조건으로 싸게 구입했습니다. 그런데 집에 와서 입어보니 영 아닙니다. 어떻게 할까요? 본전이 아까워 입에 맞지 않는 음식을 억지로 먹는 것이나, 마음에 들지 않는 옷을 매번 입고 다니는 것은 고통을 추가하는 것일 뿐입니다.

결론은 분명합니다. 먹든 안 먹든, 입든 안 입든, 어차피 되찾을 수 없는 돈이라면 그것은 잊어버리는 것이 상책입니다. 본전이 아깝다고 돌아올 수 없는 비용에 연연하는 것은 미래의 선택에 나쁜 영향만 미칠 뿐입니다. 보유하고 있는 주식의 가격이 계속 내려가고 있는데도, 과거에 구입했던 매입가에 연연해서 더 들고 있다가 손해만 늘리는 것처럼 말입니다. 요컨대, 매몰비용을 새로운 선택의 한계비용에 연계시켜서는 안 된다는 것입니다.

우리가 경제 원리를 알고자 하는 것은 보다 현명한 삶을 살아가기 위함입니다. 아직 오지 않은 내일의 일을 가지고 미리 걱정하며 잠을 설치는 것이나 다시 돌아오지 않을 매몰비용에 미련을 두고 애석해하는 것은 모두 합리적인 사고방식이 되지 못합니다. 중요한 것은 현재이고, 현재의 매 순간을 후회 없이 보내고자 하는 자세야말로 동서고금에서 공통적으로 강조되는 지혜입니다.

뻥튀기 기계의 마술

생산과 공급

요즘도 시골장에 가면 심심찮게 뻥튀기 장수를 볼 수 있습니다. 뻥튀기의 하이라이트는 역시 마지막 순간, "뻥이요~" 하는 소리와 함께 지축을 흔드는 굉음, 그리고 잠시 후 피어오르는 하얀 연기입니다.

뻥튀기의 원리는 비교적 단순합니다. 뻥튀기 기계 안에 튀겨낼 곡물과 설탕, 소다를 넣고 가열합니다. 이때 소다는 가열되면서 이산화탄소를 배출하기 때문에 뻥튀기 기계가 가열되면서 용기 내부의 공기 압력을 높이는 데 필수적인 요소입니다. 이 압력이 일정 수준에 다다랐을 때 갑자기 뚜껑을 열면 높은 압력을 받고 있던 기체들이 밖으로 나오면서 팽창하게 되는데, 그때 안에 있던 내용물도 같이 팽창하게 되는 것이죠.

비록 뻥튀기 기계 안에서는 뜨거운 열기 속에서 엄청난 변화가 진행되고 있지만, 구경꾼의 눈에 보이는 뻥튀기 기계는 작고 단단한 쌀알을 몇 배나 크고 부드러운 튀밥으로 변화시켜주는 마술 상자일 뿐입니

다. 인간의 육체적 및 정신적 활동을 통해서 인간의 효용을 증가시키는 유·무형의 산출물을 창조해내는 것을 생산이라고 하는데, 이 장에서는 그것의 경제적 의미와 원리를 생각해 보기로 하겠습니다.

생산은 부가가치를 만드는 활동

채석장이나 광산에서는 종종 다이너마이트로 바위를 폭파하곤 합니다. 요즘에는 오래된 건물을 폭파해서 철거하기도 하지요. 또 포도 농사를 짓는 사람들은 수확한 포도를 으깨어 나무통 속에다 몇십 년씩 저장해 놓기도 합니다. 그런가 하면 많은 사람들 앞에서 노래를 부르고 춤을 추는 사람들도 있습니다. 사람들이 생업으로 하는 행위를 말하자면 끝이 없습니다. 부수고, 옮기고, 저장하고, 흔들고, 던지고, 끓이고, 얼리고, 웃기고, 울리고……

이처럼 생산은 얼마든지 다양한 형태로 나타날 수 있습니다. 하지만 어떤 행위의 겉으로 드러나는 특성을 기준으로 생산을 정의하는 것은 불가능합니다. 같은 행동이라도 상황에 따라 생산이 되기도, 되지 않을 수도 있기 때문입니다.

똑같은 운반인데도 대리점 직원이 TV를 가정으로 배달하는 것은 생산이지만, 같은 TV를 남의 집에서 몰래 들고 나오는 것은 생산이 아닙니다. 또 폭약을 써서 오래된 아파트를 폭파한 기업은 높은 소득을 올리는 생산 활동을 한 것이지만, 같은 폭약으로 멀쩡한 아파트를 폭파했다면 이는 용서받지 못할 테러 행위가 됩니다.

그렇다면 생산의 기준은 무엇일까요? 어떤 활동이 생산인가 아닌가를 판가름하는 키워드는 바로 '부가가치value added'입니다. 똑같이 집을 부수는 행위라도 그것이 부가가치를 창출할 경우에는 생산이 되지만 그렇지 않을 경우는 단순한 파괴 행위에 불과한 것입니다.

부가가치란 말 그대로 어떤 재화의 가치가 더 늘어난 증가분을 말하는데, 보통 생산물의 판매 가격에서 생산물을 만드는 필요한 원재료나 중간재의 구입 비용을 뺀 것으로 구해집니다. 예를 들어 쌀 한 깡통을 1,000원에 구입해서 뻥튀기 과자로 만들어 3,000원에 팔았다면 2,000원의 부가가치가 만들어진 것입니다. 그런데 이 부가가치는 누가 만들어 낸 것일까요? 그것은 바로 쌀이라는 원자재를 가공하는 데 투입된 여러 생산 요소(노동, 자본, 토지)들입니다. 사람(노동)이 한 자리(토지)에 앉아 뻥튀기 기계(자본)를 사용해서 튀밥(생산물)을 만들어내는 것이지요. 따라서 부가가치는 바로 자신을 만들어낸 생산 요소들에 대해 요소소득(임금, 이자, 지대)이라는 형태로 배분되는 것입니다. 즉, 정리하자면 아래의 식과 같습니다.

부가가치 = 임금 + 이자 + 지대 + 이윤

"부가가치가 자신을 만드는 데 기여한 생산 요소들에 대해 돌아간다
는 건 이해가 되는데, 저기 있는 이윤은 뭡니까? 이윤은 누구에게 가는
건가요?" 아주 좋은 질문입니다. 이윤의 주인이 누구인지는 여러분도
알고 있지 않나요? "그야 뭐… 사장이죠" 그렇습니다. 이윤은 생산의
주체인 사장에게 돌아가는 것입니다. 그러면 사장은 생산에 무슨 기여
를 했길래, 이윤이라는 소득을 받는 것일까요? 식당을 예로 들어 생각
해 보도록 합시다.

식당 개업을 해보려는 한 사람이 있습니다. 막상 개업 준비를 하려고
일을 시작해보니 끝도 없습니다. 우선 시장 조사를 해보니 배달이 가능
한 음식이 좋을 것 같아 중식당으로 정했습니다. 그런 다음 일주일 발품
을 팔아 식당 장소를 정했고, 은행을 다니면서 자금을 마련해 필요한 비
품과 장비를 구입하여 설치했습니다. 그리고 마지막으로 요리사와 주방
보조원을 채용했습니다. 이 과정에서 구청과 보건소를 다니며 행정업무
를 보느라 또 며칠을 보냈습니다.

정리해볼까요? 그는 식당, 특히 배달 중심의 중식당을 하겠다는 발상
을 했으며, 생산 요소를 채용하고 배치했습니다. 그리고 앞으로 이를 관
리하면서 식당을 경영해나가야 합니다. 고객 관리도 해나가야 하고, 자
기 식당만의 차별성을 알리기 위해 홍보도 해야 합니다. 다행히 장사가

잘되면 좋겠지만, 그렇지 않을 경우 손해를 볼 위험도 감수해야 합니다. 이런 사장에 비하면 종업원들은 훨씬 간단합니다. 월급 받고 시키는 일만 하면 되니까요. 식당이 망해도 일자리를 잃는 것 외에는 아무런 위험도 없습니다.

자 이쯤 되면 주인, 즉 사장이 이윤을 얻는 이유는 충분한가요? 이윤은 바로 생산의 주체인 사장의 사업에 대한 발상, 생산 요소의 관리, 사업의 위험 감수 등 가장 중요한 일에 대한 보상인 것입니다. 이렇게 힘들고 위험한 일은 이윤이라는 달콤한 보상이 없으면 아무도 도전하지 않습니다. 따라서 우리는 이윤을 얻기 위해 위험에 도전하는 정신을 가리켜 기업가 정신entrepreneurship이라고 하는 것입니다. 이 기업가 정신이야말로 세상을 변화시키고 발전시키는 원동력이며, 이는 시장경제하에서 가장 잘 발휘될 수 있습니다.

여기서 부가가치 공식을 다시 살펴보면, 이윤이 발생하려면 일단 부가가치가 요소비용을 제하고도 남을 만큼 커야 한다는 것을 알 수 있습니다. 부가가치는 시장가격으로 계산되는 만큼, 그 크기는 시장에서 소비자들이 그 생산물을 얼마나 가치 있는 물건으로 평가하고 있는가에 의해 좌우됩니다. 결국 어떤 활동이 생산인지, 아닌지, 그리고 얼마만큼의 이윤을 가져다 줄 지를 결정하는 것은 바로 소비자의 선호와 수요라는 것을 알 수 있습니다.

따라서 성공한 기업가가 되어 많은 이윤을 얻기 위해서는 소비자들의 선호가 어떻게 변해가고 있는가를 정확하게 파악해야 하는 것이죠. 200년 전만 하더라도, 머리와 발로 공을 받고 차는 놀이가 엄청난 부가

가치를 낳는 산업이 되고, 관절을 꺾으면서 몸을 비트는 춤이 대중들의 환호를 받는 생산 활동이 될 줄을 상상이나 했겠습니까?

그런가 하면 수십 년을 아무 일 없이 지내오던 오래된 골목길 하나가, 또 주변에서 흔히 볼 수 있는 평범한 가정집과 쓸모없이 버려져 있던 폐광 터가 단지 드라마의 배경이 되었다는 이유 하나만으로 새로운 부가가치를 만들어낼 줄 누가 알았겠습니까? 사람들에게 새로운 상상력을 심어주는 스토리와 콘텐츠는 이전에 존재하지 않았던 새로운 생산 활동의 원천이 되고 있습니다.

미국 멤피스가 엘비스 프레슬리로, 뉴올리언스가 루이 암스트롱과 재즈로, 이탈리아의 베로나가 로미오와 줄리엣으로, 비엔나가 모차르트로, 오리건 주의 소도시 애슐랜드가 셰익스피어로 관광객을 불러 모으는 세계적인 명소가 된 것도 결국 스토리가 가져다준 부가가치 때문이라고 할 수 있습니다.

생산의 법칙: 한계생산성 체감의 법칙

생산은 생산 요소를 결합하는 과정입니다. 뻥튀기라는 생산 활동에는 뻥튀기 기계(자본)와 그것을 작동하는 사람(노동), 그리고 장소(토지)가 필요합니다. 사람의 마음속을 들여다봐야 하는 수요와는 달리 생산은 객관적으로 관찰이 가능한 활동인 만큼, 거기에서 어떤 일반적인 현상, 즉 법칙이 나타나는지를 살펴보는 것은 그다지 어렵지 않습니다.

예를 들어봅시다. 100명의 노동자가 하루 8시간씩 일하며 자동차 부품을 생산하는 공장이 있습니다. 그런데 갑자기 주문량이 두 배로 늘었습니다. 주어진 기간 동안에 생산량을 두 배로 늘려야 하는데, 어떤 방법이 있을까요?

두 가지 방법을 생각해 볼 수 있겠지요. 첫 번째는 공장의 기계나 시설은 그대로 둔 채 노동력의 투입을 늘리는 겁니다. 기존 직원들의 작업 시간을 두 배로 늘리든지 아니면 직원을 새로 더 채용하든지 아무래도 좋습니다. 공장의 가동률을 높이는 것이죠. 이 방법은 당장 써먹을 수 있는 장점은 있지만, 사람이나 기계에 무리가 갈 수 있기 때문에 오래 지속하기 곤란하다는 문제가 있습니다.

두 번째는 아예 생산 규모를 두 배로 늘리는 것입니다. 즉, 공장 건물과 기계, 그리고 투입되는 노동까지 모두 두 배로 늘리는 것인데, 이렇게 노동과 자본을 동시에 증가시키는 것을 가리켜 '규모scale가 증가'했다고 합니다. 하지만 이 방법은 건물이나 기계와 같은 자본의 양을 늘려야 하기 때문에 노동의 투입량만을 증가시키는 첫 번째 방법에 비해 상대적으로 많은 시간이 필요하게 됩니다.

경제학에서는 첫 번째 경우와 같이 공장이나 기계와 같은 자본이 변하지 않는 기간을 '단기short run'라고 하고, 두 번째 경우처럼 자본량까지도 변할 수 있는 보다 긴 기간을 '장기long run'라고 합니다. 단기에서는 기존의 시설은 그대로 둔 상태에서 투입되는 노동만 더 늘어나지만, 장기에서는 노동과 자본이 같이 늘어나게 되므로 생산 요소의 투입 비율에 대한 선택폭이 넓어져 단기에 비해 생산 비용을 더 낮출 수가 있습니다.

우리가 생산에서 찾아볼 수 있는 법칙은 바로 이 단기에서 나타나는 '노동의 한계생산성이 체감'하는 현상입니다. 예를 들어 뻥튀기 기계는 그대로인 상태에서 노동만 더 투입하게 되면, 새로 투입된 노동이 만들어내는 생산량은 전보다 줄어든다는 것입니다. 한 사람이 한 대의 뻥튀기 기계를 가지고 하루 8시간 일을 할 때에 비해, 그 사람이 하루 16시간 일을 한다고 해서, 또는 두 사람이 그 기계로 각 8시간씩 일을 한다고 해서 생산량이 두 배로 늘어나지는 않는다는 것이죠.

우리가 잘 구분해야 할 것은 만일 두 사람이 두 대의 기계를 하나씩 차지해서 하루 8시간 일을 했다면 이 경우는 더 이상 단기가 아니기 때문에 생산량은 두 배보다 많아질 수도 있다는 것입니다. 이처럼 자본투입량은 고정된 상태에서 노동투입량만 늘리게 되면(이것이 바로 단기의 정의입니다), 새로 투입된 노동이 만들어내는 생산물(노동의 한계생산물)이 감소하는 현상을 가리켜 '노동의 한계생산성 체감의 법칙'이라고 합니다.

공급곡선은 한계비용곡선

한계생산성 체감의 법칙이 아직 잘 실감 나지 않는다고요? 그럼 이번에는 농촌으로 들어가 보겠습니다. 가을에 농부가 감을 따고 있습니다. 처음 한 시간 동안 감을 따보니 200개를 딸 수 있었습니다. 손이 닿을 수 있는 낮은 가지에서 수월하게 땄기 때문입니다.

다시 한 시간 동안 감을 따기 시작합니다. 즉, 한 시간의 노동이 추가로 투입된 것입니다. 그런데 이번에는 손이 닿지 않는 가지에 감이 많아 뒤꿈치를 들거나 제자리에서 뛰어야 딸 수 있는 것들이 많습니다. 그러다 보니 수확량도 150개로 줄었습니다. 다시 또 한 시간 동안 감을 더 따기 시작합니다. 그런데 이제는 높은 가지에만 감이 남아 있어 나뭇가지에 올라가야만 딸 수가 있습니다. 따라서 수확량도 100개로 줄어들었습니다.

추가로 투입된 시간당 노동의 수확량, 즉 노동의 한계생산량을 보니 200 ⇒ 150 ⇒ 100개로 줄어들었습니다. 단기에서 노동을 투입할 때는 생산성이 높게 나타날 수 있는 곳부터 우선적으로 투입하기 때문입니다. 문제는 일정한 임금을 받고 생산 현장에 투입되는 노동자의 한계생산량이 줄어들 경우, 생산비는 어떻게 될까요?

앞의 예에서 감을 1시간 따는 데 지불하는 인건비가 6만 원이라고 해 봅시다. 이 경우 수확량이 200개 일 때는 개당 비용이 300원이지만, 150개일 때는 400원, 100개일 때는 600원이 됩니다. 어떻습니까? 추가 생산에 따르는 비용, 즉 한계비용이 올라가고 있지요? 한계비용이 이처럼 올라가게 되면, 생산자도 손해를 보지 않기 위해서는 상품의 판매 가격을 올려야 할 것입니다.

"아, 그러면 생산량이 늘어날수록 가격이 올라간다는 말입니까?" 그렇습니다! 그게 바로 공급곡선supply curve이라는 것입니다. 공급곡선은 재화의 생산비, 보다 정확하게는 한계비용을 나타내는 것이고, 그러다 보니 공급자가 꼭 받아야 할 가격도 따라서 올라가게 되는 것입니다.

하지만 이걸 잊어서는 안 됩니다. 공급곡선은 한계생산성 체감의 법칙을 반영한 것이니까, 단기를 전제로 한 개념이라는 걸 말입니다. 그리고 공급곡선과 한 배를 타고 있는 수요곡선 역시 공급과 동일한 기간, 즉 단기를 전제로 하고 있다는 사실도 잊어서는 안 됩니다. 장기간에 걸쳐 나타나는 수요 공급의 변화를 하나의 곡선으로 설명하려는 것은 수요-공급 개념이 전제로 하고 있는 기간의 의미를 제대로 이해하지 못한 것으로, 올바른 분석 결과가 도출될 리 없습니다.

4차 산업혁명의 길목에서 코로나라는 보이지 않는 적과 사투를 벌였던 2020년은 우리에게 큰 위기와 기회가 동시에 나타났던 한 해였습니다. 대면 접촉이 필수적이었던 각종 서비스 산업은 큰 어려움에 처했던 반면, 비대면 산업과 관련된 정보통신산업과 바이오 산업은 새로운 기회를 맞고 있습니다. 이러한 산업의 양극화는 다시 소득의 양극화로 이어져 많은 사람들의 생계를 위협하고 있습니다.

이 모든 변화의 중심에는 부가가치의 이동이 있습니다. 석유의 부가가치가 배터리와 재생에너지로, 운전 노동의 부가가치가 자율주행기술로, 소매점이 누렸던 부가가치는 전자상거래로 이동하고 있습니다. 이러한 변화의 와중에서 누가 돈을 잃고 누가 돈을 버는가는 누가 새로운 부가가치 사슬에 어떻게 편입되는가에 달려 있게 됩니다. 그 어느 때보다도 정신을 바짝 차리고 세상이 어떻게 변해가고 있는지를 공부해야 할 때인 것 같습니다.

시애틀
스톰핑

유인

해와 바람이 두꺼운 외투를 입고 지나가는 남자의 외투를 누가 벗길 수
있는지 내기를 하기로 했다. 먼저 바람이 나무도 부러뜨릴 만큼의 세찬
바람을 있는 힘을 다해 남자를 향해 불었다. 하지만 남자는 바람이 세면
셀수록 외투를 더 단단히 붙잡고 몸을 움츠린다. 실패다. 다음으로 해가
남자를 향해 따뜻한 햇볕을 쏘아 보낸다. 계속해서 뜨거운 빛을 보내자
남자는 땀을 닦으며 스스로 외투를 벗는다.

우리에게 너무나 잘 알려진 『해와 바람』이라는 이솝우화입니다.

잠시 책을 덮고, 오늘의 하루 일과를 되짚어 봅시다. 아침에 일어나
씻고 간단히 식사를 한 후 버스를 타고 직장에 출근해서 일을 합니다.
퇴근길에 회사 동료의 상갓집에 들어 문상을 한 후 오랜만에 만난 동창
생들과 같이 어울려 밥을 먹고 귀가했습니다. 그리고 샤워를 한 후 책을

읽고 있습니다.

사람이 어떤 행동을 하는 데는 반드시 이유가 있습니다. 오늘 하루 동안 있었던 이런 나의 행동은 과연 무엇에 이끌려 한 것이었을까요? 아침 식사를 한 것은 배고픔이라는 본능적 욕구에 이끌린 것이고, 저녁때 문상을 하고 친구들을 만나 식사를 한 것은 사회생활의 필요한 인맥 관리 때문이었을까요? 샤워는 건강한 삶을 위해, 독서는 지식에 대한 열정 때문인가요?

참고로 이 질문에 대해 베르나르 베르베르는 그의 소설에서 다음과 같은 것들을 꼽았습니다. 이 가운데 혹시 오늘 있었던 자신의 행동에 대한 동기를 설명할 수 있는 것이 있나 찾아보기 바랍니다. ① 고통을 멎게 하는 것, ② 두려움에서 벗어나는 것, ③ 생존을 위한 원초적인 욕구를 충족시키는 것, ④ 안락함을 위한 부차적인 욕구를 충족시키는 것, ⑤ 의무감, ⑥ 분노, ⑦ 성애, ⑧ 습관성 물질, ⑨ 개인적인 열정, ⑩ 종교, ⑪ 모험…….

오늘날 주류 경제학이 전제하고 있는 '호모 이코노미쿠스homo eco-nomicus'라는 합리적 경제인은 자신의 이득self-interest을 최우선으로 행동하는 것으로 설정되어 있습니다. 즉, 인간은 자신이 내릴 결정에 필요한 모든 정보를 다 가지고 있는 상태에서 선택 가능한 여러 대안의 가치를 충분히 따져본 다음, 자신에게 가장 유리한 결정을 하는 분별력 있는 이성적 존재라는 것이죠.

이에 비해 현실 세계에서의 인간은 그렇게 이성적이지도, 또 필요한 모든 정보를 가지고 있지 않기 때문에 자신의 이득을 최대로 할 수 있는 합리적인 결정을 내리지 못한다는 반론도 만만치 않습니다. 하지만 인간의 행동이 비록 객관적으로는 비합리적으로 보일지 몰라도 적어도 자기 자신은 스스로의 이익을 극대화하려는 방향으로 움직이고 있다는 사실만은 분명합니다. 따라서 우리 주변의 다양한 경제 현상과 그에 대한 사람들의 반응을 이해하기 위해서는 유인에 대한 이해가 필수적입니다.

유인의 유형

'유인incentive'이란 '사람들이 특정한 방식으로 행동하도록 동기를 부여하는 요인이나 제도' 등을 말합니다. 유인은 칭찬이나 포상과 같이 사람들의 의욕을 유발하여 행동을 변화시키는 긍정적인 것이 있는가 하면, 반대로 꾸지람이나 벌칙 등과 같이 사람들의 행동을 억제하는 부정적인 것도 있습니다. 또 유인의 구체적인 수단도 금전적인 것만 있는 것도 아닙니다. 이미 잘 알려진 다음의 예를 볼까요?

샌디에고 대학의 그니지UGneezy와 미네소타 대학의 러스티치니 교수 ARustichini는 이스라엘 아이파 지역의 어린이 놀이방 10곳을 대상으로 실험을 하였다. 6곳의 어린이 놀이방에 대해서는 아이를 10분 이상 늦게 데리러 오는 부모들에 대해 10NIS(약 3달러)의 벌금을 내도록 했으며, 나머지 4곳은 비교 대상으로 종전과 같이 벌금 제도를 실시하지 않았다. 결과는 어떻게 되었을까? 놀랍게도 부모들의 지각은 오히려 2배로 늘어났다. 더욱 놀라운 것은 이 벌금 제도를 없앤 뒤에도 지각은 줄어들지 않았다.

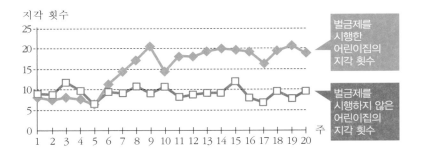

출처: Gneezy, U. & Rustichini, A. "A Fine is a Price", Journal of Legal Studies, 29/1, January 2000

어떻게 된 걸까요? 분명히 지각을 억제하는 부정적인 유인을 썼는데 5주째까지는 지각이 좀 줄어드는 듯하더니, 6주째부터는 도리어 지각이 늘었으니 말입니다. 이 실험은 잘못 설계된 유인 체계가 어떤 역효과를 가져오는지를 잘 보여 주고 있습니다.

벌금 제도가 시행되기 전에는, 학부모들이 지각을 하면 자기 자녀 때문에 퇴근을 못하고 있는 선생님에 대해 미안한 마음을 가졌습니다. 즉, 양심의 가책이라는 도덕적 유인이 지각을 억제하는 역할을 했습니다. 하지만 벌금 제도가 시행되면서 이제는 지각을 억제하는 유인이 3달러라는 경제적 유인으로 바뀌었습니다.

이런 제도가 몇 주 진행되면서 학부모들은 전에 느끼지 못했던 새로운 사실을 알게 됩니다. 지각은 해서는 안 되는 일이 아니라 3달러의 돈으로 살 수 있다는 사실, 나아가 퇴근 무렵에 벌금보다 더 중요한 일이 생기면 이제는 업무를 계속 보면서 지각을 선택할 수 있게 되었다는 사실입니다. 더 중요한 것은 20주가 지나 벌금 제도가 종료된 후에도 늘어난 지각이 줄어들지 않았다는 사실입니다. 이전에는 돈으로 환산하기 어려웠던 지각에 대한 미안함이, 알고 보니 겨우 3달러 정도의 미안함에 지나지 않았다는 것을 벌금 제도가 가르쳐 주었기 때문입니다.

실제로 우리가 살고 있는 세계는 인간의 사회적 본성과 공동체를 유지하기 위한 '인간적 규범'과 가격 원리로 대표되는 '시장의 규칙'이 동시에 작용하고 있습니다. 학부모들이 지각을 하면서 느꼈던 죄책감, 즉 도덕적 유인은 바로 인간적 규범의 영역인 반면, 벌금이라는 경제적 유인은 시장의 규칙입니다. 인간적 규범은 가격으로 환산하기 어려운 경우가 종종 있는데, 이 실험에서도 인간적 규범으로 유지되던 질서가 시장의 규칙으로 대체되면서 무너져버렸고, 한 번 와해된 사회적 관계는 다시 되돌리기도 어렵다는 것을 보여주고 있습니다.

우리 주변에서 시행되고 있는 다양한 유인의 효과도 결국 그 대상이 어느 세계의 규칙을 주로 받고 있었는가에 따라 달라집니다. 사람들의 인기를 먹고 사는 연예인들에게 있어서는 벌금과 같은 경제적 유인보다 자신의 이미지에 손상을 주는 정보가 언론에 공개되는 것이 훨씬 더 큰 영향을 미치게 됩니다. 개인의 체면이나 명예에 영향을 미치는 요인은 경제적 유인이나 도덕적 유인과는 또 다른, 일종의 사회적 유인이라고 할 수 있습니다. 이 역시 인간적 규범의 영역이지요.

따라서 정책의 목표를 효율적으로 달성하기 위해서는 그 대상의 특성을 잘 파악해서 어떤 유인이 가장 효과적일 것인가부터 신중하게 생각해야 할 필요가 있습니다. 예를 들어 동네의 어두운 뒷골목에 버려져 있는 쓰레기를 줄이기 위해서는 쓰레기봉투를 뒤져서 버린 사람이 누군지를 찾아 벌금을 부과할 수도 있고(경제적 유인), 그 사람들의 명단을 공개할 수도 있으며(사회적 유인), 뒷골목에 아름다운 화단을 조성하여 쓰레기를 버리는 사람들의 양심에 호소할 수도(도덕적 유인) 있습니다.

만일 그 지역이 오래된 이웃들로 이루어진 소규모 공동체일 경우는 사회적 유인이나 도덕적 유인과 같은 인간적 규범이 효과적이겠지만, 그러한 규범이 제대로 형성되어 있지 않은 신도시라면 단속 위주의 경제적 유인이 보다 효과적일 수 있을 겁니다. 즉, 유인의 효과는 적용 대상의 특성에 따라 달라지는 것입니다.

쓰레기 종량제의 유인

기왕에 쓰레기 문제가 나왔으니 우리나라에서 1995년부터 시행되고 있는 쓰레기 종량제가 가지고 있는 유인을 잠시 살펴볼까요? 쓰레기 종량제는 쓰레기를 지정 봉투에 넣어서 버려야 하므로 배출하는 쓰레기의 부피를 기준으로 요금을 부과하는 방식입니다. 따라서 이 제도는 쓰레기를 적게 버리도록 유도하는 유인과 함께 별도로 수거하는 재활용 폐기물을 확실히 분리하도록 유도하는 유인도 가지고 있습니다. 하지만 재활용 폐기물을 종류별로 성의 있게 분리할만한 유인이 없기 때문에, 아파트의 쓰레기장 주변에는 항상 경비원 아저씨들이 재활용 폐기물을 다시 정리하는 모습을 볼 수 있습니다.

종량제 요금이 쓰레기의 부피에 비례하다 보니 전보다 쓰레기를 꽉꽉 눌러 담는 사람들이 많아져서 배출되는 쓰레기의 무게는 부피만큼 줄어들지 않습니다. 이러한 현상은 우리보다 먼저 쓰레기 종량제를 실시했던 미국의 시애틀에서도 나타났던 현상입니다. 플라스틱 종량제통에 쓰레기를 더 넣기 위해 꽉꽉 눌러 밟는 '시애틀 스톰핑Seattle stompimg'이 바로 그것입니다.

2020년 3월 현재, 우리나라 20리터짜리 쓰레기 종량제 봉투의 전국 평균 가격은 526원, 광역시 평균은 664원입니다. 전국에서 봉투 가격이 가장 비싼 곳은 부산광역시의 792원이며, 가장 낮은 곳은 경북의 327원입니다. 참고로 서울시의 쓰레기 봉투 가격은 490원으로 생각보다 낮은 편입니다. 쓰레기 봉투 가격은 쓰레기 처리 비용이 상승함에 따라 오를 수밖에 없지만, 우리가 관심을 가져볼 만한 것은 봉투 가격 인상이 가지고 있는 유인입니다.

종량제 봉투 가격이 인상된다는 것은 쓰레기를 일반 봉투에 넣어서 몰래 버리는 행위의 이득이 커진다는 것을 의미하기 때문에 쓰레기의 불법 투기가

늘어날 가능성이 있습니다. 불법 투기까지는 아니더라도 재활용 폐기물을 최대한 분리해내려고 할 것이기 때문에 선별된 재활용 폐기물의 질이 낮아질 가능성이 있습니다. 뿐만 아니라, 봉투 가격이 비싸질수록 가짜 봉투를 만들어 파는 파렴치한 사람들이 나타날 가능성도 높아지게 됩니다. 실제로 가짜 종량제 봉투가 유통된 사례는 과거에도 전국 곳곳에서 심심치 않게 적발되곤 했습니다.

유인의 역습

여러 종류의 유인 중 가장 보편적으로 사용되고 있는 것은 경제적 유인입니다. 양심에 호소하는 도덕적 유인은 몇 푼의 돈 앞에 양심을 파는 일이 허다한 현실에서 효과를 발휘하기가 쉽지 않기 때문입니다. 또 개인의 명예를 건드리는 사회적 유인은 개인 정보 유출과 인권 문제 때문에 제한을 받는 경우가 많습니다. 따라서 시행하기 쉬울 뿐 아니라 효과 또한 확실한 경제적 유인이 가장 보편적으로 사용되고 있습니다. 그렇다면 유인, 특히 경제적 유인은 강하면 강할수록 효과적일까요?

1908년 여키스R.Yerkes와 도슨J.Dodson이라는 심리학자는 생쥐들에게 전기 충격의 정도를 변화시키면서 얼마나 빨리 미로를 찾아내는가를 실험한 적이 있습니다. 예상대로 생쥐들은 전기 충격의 정도가 강할수록 더 빨리 미로를 찾아냈습니다. 그런데 여기서 주목할 것은 생쥐들에게 일정 한도를 넘어선 강한 전기 충격을 가하자 이들의 학습 속도가 현저하게 느려진다는 점이었습니다. 매우 강한 전기 충격을 받은 쥐들은 공포에 사로잡혀 미로를 찾는 속도가 크게 느려진 것이었죠.

　듀크 대학의 에리얼리 교수는 이 실험을 사람에게 적용시켜 보았습니다. 물론 전기 충격을 통해서가 아니라 주어진 문제를 풀 때마다 보상해 주는 금액에 차이를 두는 방식으로 말입니다. 결과는 놀라웠습니다. 매우 낮은 수준의 보상과 중간 수준의 보상이 지급된 경우 성과는 좋아졌지만 양자 간의 차이는 거의 없었습니다. 하지만 매우 높은 수준의 보상이 주어진 실험에서는 앞의 두 경우에 비해 3분의 1에도 못 미치는 낮은 성과가 나타난 것입니다. 결국 약간의 인센티브라도 주어질 경우 실험자들의 성과는 인센티브가 없었을 때에 비해 40% 이상 좋아지는 결과를 보였지만, 매우 높은 인센티브는 오히려 높은 스트레스를 가져와 성과에 부정적인 영향을 미친 것입니다.

　결국 사람들에게 동기를 부여하는 수단으로서의 경제적 유인은 양날의 칼과 같아서, 집중력과 창의력이 요구되는 임무의 경우 어느 정도까지는 인센티브가 성과를 높이는 데 도움이 되지만 매우 높은 수준의 인센티브는 임무를 수행하는 사람의 관심과 집중력을 교란시켜 스트레스를 높이고 성과를 저해하는 결과로 이어질 수도 있다는 것입니다.

　이러한 결과는 금융업계의 CEO들이나 스포츠 스타, 그 밖에 일부 전문직 종사자들이 받는 천문학적 연봉이 과연 적정한 것인가에 대해 의문을 갖게 합니다. 실제로 고액 연봉에 장기 계약을 맺은 프로 야구 선수들이 초기에 연봉 값을 하지 못해 '먹튀'라는 소리를 듣는 것도 더 높은 성과를 내야 한다는 과도한 동기 의식이 오히려 역효과를 가져왔기 때문이 아닌가 생각해 볼 수 있습니다.

공짜라는 특별한 유인

'공짜란 없다'라는 것이 세상의 이치라는 것을 알고 있지만, 그럼에도 불구하고 공짜를 싫어하는 사람은 없습니다. 우리가 물건을 구입할 때 우리의 의사 결정에 가장 크게 영향을 미치는 요인은 바로 가격입니다. 즉, 일상의 경제 활동에서 가격은 가장 보편적이면서도 강력한 유인으로 작용하고 있습니다.

아무리 좋은 상품이라도 값이 비싸면 그저 '그림의 떡'이 되는 반면 별로 쓸모없는 물건이거나 흠이 있는 상품이라도 값만 싸다면 망설임 없이 구입합니다. '수요의 법칙'도 따지고 보면 가격이라는 유인에 반응하는 사람들의 공통된 행태를 나타내는 것입니다. 값이 비싸면 덜 사고, 값이 싸면 더 사려고 하는 것은 인간의 공통된 심정, 즉 인지상정人之常情이니까요.

그런데 공짜는 단순히 가격이 영(0)이라는 사실을 넘어 특별한 의미를 가진다는 것이 우리 주변의 사례에서, 또 인간의 행동에 관한 여러 실험에서 나타나고 있습니다. 몇 가지 실제 사례들을 들어 보겠습니다.

마트에서 특정 상품의 가격을 50% 할인해 주는 것보다 하나를 사면 하나를 공짜로 주는 행사buy one, get one free를 하면 매출이 더 늘어납니다. 인터넷 쇼핑몰에서도 일정액 이상의 구매에 대해 무료 배송을 해주면 기준선을 초과하는 매출이 큰 폭으로 증가합니다.

이런 실험 결과도 있습니다. 두 종류의 초콜릿을 개당 15센트와 2센트에 판매했을 때, 약 7 대 3의 비율로 비싼 초콜릿이 더 많이 판매되었습니다. 그런데 두 상품의 가격을 2센트씩 할인해서 13센트와 공짜로 하였더니, 비싼 초콜릿의 판매 비중은 10%도 안 되었습니다. 두 초콜릿의 가격 차이는 여전히 13센트였음에도 불구하고 사람들은 비싼 초콜릿의 가격에는 아예 관심도 없이 공짜 초콜릿만 가져가기에 바빴습니다.

심지어는 7달러에 판매하는 20달러짜리 쿠폰과 10달러짜리 무료 쿠폰 중 하나를 선택하라고 했을 때도 60%의 사람들이 무료 쿠폰을 선택했습니다. 1초만 생각해 봐도 20달러짜리 쿠폰을 구입하는 것이 더 이득이었음에도 불구하고, 공짜 쿠폰을 선택하는 사람들이 더 많았다는 사실은 공짜에는 사람들의 이성을 마비시키는 특별한 마력이 있음을 말해주고 있습니다. 이런 사실을 보고 나면 '공짜라면 양잿물도 마신다'는 우리 속담이 충분히 이해되고도 남습니다.

세상에 공짜는 없습니다. 우리 주변에서 종종 볼 수 있는 파격적인 세일 상품들도 알고 보면 실제로 다 그럴만한 것들이며, 정말 이례적으로

싼 상품이라면 어김없이 새벽부터 긴 줄이 서 있는 것을 볼 수 있습니다. 대부분의 사람들은 이런 사실을 그간의 경험을 통해 잘 알고 있습니다. 하지만 지금 이 순간에도 어디선가 '자~ 공짜'라는 말이 들리면 자신도 모르게 얼굴이 돌아가는 것은 어쩔 수 없는 인간이기 때문인가 봅니다.

로빈슨 크루소의
불행

분업과 특화

『요크 선원 로빈슨 크루소의 생애와 이상하고 놀라운 모험』이라는 소설은 영국 작가 다니엘 디포가 1719년에 쓴 소설이지만, 소설은 몰라도 주인공의 이름 하나만큼은 그 누구 못지않게 전 세계에 잘 알려져 있습니다. 무인도에 대한 환상과 생존기에 대한 호기심은 예나 지금이나 많은 사람들의 관심을 모으는 소재여서 그런지, 현대인의 무인도 표류기를 다룬 〈캐스트 어웨이Cast Away. 2000〉라는 영화도 미국에서 2억 달러 이상의 대박 흥행을 기록한 바 있습니다.

어쨌거나 사방이 바다뿐인 무인도에서 혼자 살아가야 하는 로빈슨 크루소에게 가장 힘들었던 것은 아마도 모든 것을 혼자 다 해결해야만 하는 것이었을 겁니다. 물론 모든 것이라고 해봐야 주로 먹거리를 구하는 일이겠지만, 눈앞에 먹거리를 두고도 혼자이기 때문에 쳐다보기만 해야 하는 경우가 한두 번이 아니었겠죠.

현대인의 경제 활동은 극도로 분화되어 있습니다. 사람들은 자신이 나름대로 잘 할 수 있다고 생각하는 일에 종사하면서 각자의 생산물을 교환하며 살아가고 있습니다. 또한 생산 현장에서도 혼자서 모든 것을 다 생산하기보다는 때로는 같이, 또 때로는 다른 일을 나누어 함으로써 효율성을 높이고 있습니다. 여기서는 비슷하면서도 다른 분업과 협업, 그리고 특화와 교환을 통해 우리의 경제생활이 어떻게 서로 밀접하게 의존되어 있는지를 살펴보기로 하겠습니다.

분업과 협업

'분업division of labor'이란 말 그대로 작업자들이 일을 나누어서 하는 것을 말합니다. 즉, 여러 단계의 공정으로 이루어진 생산 과정에서 작업자들이 각기 다른 공정을 담당함으로써 일을 나누는 방식입니다. 따라서 분업이 가능하기 위해서는 무엇보다도 작업 공정들이 분리될 수 있어야 합니다. 예를 들어 삽질을 해서 땅을 파는 것과 그렇게 파놓은 흙을 운반하는 것은 분리된 작업 단위이므로 분업을 할 수 있지만, 삽질이라는 작업 과정은 더 이상 독립된 단위로 분리할 수가 없는 노동이기 때문에 분업을 할 수 있는 일이 아닌 것입니다. 특히 의사의 진료나 변호사의 상담, 교사의 수업과 같은 전문적인 서비스 가운데는 작업 단위를 분리하기가 어려워 분업이 불가능한 경우들이 종종 있습니다.

분업과 일견 유사하면서도 다른 작업의 형태로, 작업자들이 서로 힘을 합쳐 수행하는 협업協業이 있습니다. 분업과 협업의 차이는 작업자가 각기 다른 공정을 수행하는지 아니면 같은 공정을 동시에 수행하는지에 있습니다. 리어카를 앞에서 끌고 뒤에서 미는 행위는 협업이 되겠지요. 합창이나 오케스트라 연주도 여러 사람이 서로 다른 도구(악기)를 들었지만 같은 공정(곡)을 동시에 생산(연주)한다는 점에서 분업이 아닌 협업이라고 볼 수 있습니다.

흔히 인류 문명의 불가사의로 꼽는 이집트의 피라미드나 중국의 만리장성, 인도의 타지마할, 페루의 마추픽추, 우리나라의 석굴암 등도 협업이 없었으면 존재할 수 없는 건축물들입니다.

사람들은 왜 분업을 할까요? 분업을 하면 어떤 이득이 있는 것일까요? 결론부터 말하자면, 분업을 하는 이유는 생산의 효율성을 높일 수 있기 때문입니다. 예를 들어 10명의 작업자가 분업을 하지 않고 열흘 동안 작업하여 각자 1대씩의 자동차를 만들 수 있다면, 10명이 분업으로 열흘간 일을 하면 그보다 훨씬 더 많은 자동차를 생산할 수가 있다는 것입니다. 즉, 분업은 노동의 생산성을 증가시켜 생산의 효율성을 높이게 되는 것입니다.

그렇다면 분업을 하면 왜 노동의 생산성이 높아지는 것일까요? 그것은 소위 달인들의 작업 모습을 자세히 관찰해 보면 알 수 있습니다. 한 분야의 달인들은 보통 사람들과는 차별되는 자신만의 특별한 요령이나 노하우know-how를 가지고 있음을 볼 수 있는데, 그것은 오랜 기간 동안 한 가지 일을 끊임없이 되풀이하는 과정에서 스스로 터득한 것입니다. 이를 '실행을 통한 학습', 즉 'learning by doing'이라고 합니다.

분업이 생산의 효율성을 높이는 이유는 또 있습니다. 작업의 단위가 세분화되면 될수록 작업 단계들은 보통 사람이면 누구나 쉽게 할 수 있을 만큼 단순하게 됩니다. 따라서 고용주는 전업을 담당할 숙련공 대신 분업을 통해 저렴한 비숙련공을 고용함으로써 생산비를 절감할 수 있게 되는 것입니다.

20세기는 분업의 시대

20세기는 산업화의 시대입니다. 1차 세계대전이 끝난 1918년 이후, 미국에서는 자동차와 가전제품, 그리고 주택을 중심으로 생산이 크게 증가하는 호황 국면에 접어들면서 본격적인 산업화 시대가 시작되었습니다. 그런데 이런 산업화 시대의 전개에서 빼놓을 수 없는 것이 하나 있습니다. 바로 포디즘Fordism이라고 부르는 포드 자동차 회사의 분업 생산 시스템입니다.

헨리 포드(1863~1947)

1903년 디트로이트에서 자본금 10만 달러와 노동자 12명으로 회사를 설립했던 헨리 포드는 1908년 세계 최초의 대중 차인 T형 자동차를 생산하면서 자동차의 대중화 시대를 열었습니다. 1908년 당시 다른 자동차 회사들의 판매 가격은 평균 2천 달러 정도였습니다. 그러나 포드사는 T형 자동차를 825달러에 팔기 시작했고, 1920년대 중반에는 가격을 290달러까지 낮추었습니다. 이는 포드사에 근무하는 노동자의 3달 치 봉급에 해당하는 금액으로, 일반 노동자도 마음만 먹으면 어렵지 않게 자동차를 구입할 수 있게 된 것입니다.

도대체 어떻게 했기에 포드사는 이렇게 싼값으로 자동차를 판매할 수 있었을까요? 그 답은 바로 분업에 있습니다. 분업도 그냥 분업이 아니라 작업물이 컨베이어벨트를 타고 정해진 위치에 있는 노동자들에게로 흘러가면, 노동자는 자신이 맡은 한 가지 일만을 계속 되풀이하는 기계식 분업이었습니다.

오늘날의 관점에서 보면 너무도 당연해 보이는 이 방식이 뭐가 그렇게 대단한 사건인가 싶겠지만, 그때만 해도 자동차는 숙련된 소수의 기술자들이 작업대에서 자동차 부품을 하나하나 조립하는 수공 조립품이었습니다. 당연히 자동차 제조에는 많은 시간과 비용이 소요되고 값이 비싸질 수밖에 없었습니다. 그런 시절에 포드사는 획기적인 분업에 의한 제조 방식을 선보인 것입니다.

그런데 이러한 방식의 분업 생산이 가능하기 위해서는 전제 조건이 필요했습니다. 우선 생산 공정에서 작업자들의 과업이 명확하게 구분되어야 하고, 각 공정에서 이루어지는 작업의 순서나 형태가 작업자에 관계없이

항상 일정하도록 표준화되어야 합니다. 여기에 덧붙여 컨베이어벨트가 최적의 속도로 움직이기 위해서는 작업자가 하는 여러 가지 행동들, 예컨대 공구를 들고-걸고-구부리고-조립하는 일련의 작업 동작들이 초 단위로 측정되어 작업 단위 하나하나가 정확하게 표준화되어야 할 필요가 있었습니다.

이처럼 작업자의 다양한 동작에 대한 표준화는 미국의 산업공학자인 테일러F.W.Taylor. 1856~1915의 '시간동작연구time and motion study'에 의해 일찍이 정립되어 있었기 때문에, 포드사는 바로 이 테일러식의 과학적 작업 관리를 컨베이어벨트라는 기계적 생산 시스템과 결합시킴으로써 저렴한 비용으로 표준화된 품질의 자동차를 대량으로 생산할 수 있게 된 것입니다.

컨베이어벨트에 의한 이동식 조립 라인의 도입으로 인해 기존에 12시간 30분이 걸리던 자종차 섀시 조립 시간을 2시간 40분으로 단축시키는 획기적인 결과를 낳았습니다. 결국 기계에 의해 통제되는 단순 · 반복적 분업 생산 체제를 구현한 포드사의 이러한 생산 방식은 그 후 다른 모든 공장에 보급됨으로써 산업화 시대를 대표하는 생산 방식으로 자리를 굳히게 됩니다.

분업은 만병통치약인가?

찰리는 공장에서 하루 종일 나사못만 조이는 일을 하는 노동자다. 매일 되풀이되는 단순 작업의 결과 찰리는 눈에 보이는 모든 것을 조여 버리는 정신 이상이 생겨 정신병원으로 끌려가게 된다. 병원에서 퇴원한 그는 억울하게 감옥에 가기도 하고, 감옥에서 나온 후에도 백화점 경비원이나 철공소 일을 해 보기도 하지만 제대로 되는 일이 없다.

불세출의 명배우이자 연출가였던 찰리 채플린의 대표작으로 꼽을 수 있는 〈모던 타임스ModernTimes, 1936년〉란 영화 이야기입니다.

포드식의 분업은 당시로는 그야말로 획기적인 생산 방식의 전환이었습니다. 그러나 이러한 장점의 이면에는 작업장에서 일하는 노동자의 인간성 피폐와 소외라는 어두운 그림자가 있습니다. 하나의 단순 작업만 맡은 노동자는 그저 기계처럼 같은 행동만 반복하다 보니 자신이 도대체 무슨 일을 하고 있는지 모르게 됩니다. 아니, 아예 알 필요도 없습니다. 실제로 자신이 주체적으로 기획한 '일'을 하는 것과, 무엇을 만드는지도 모르면서 같은 동작만 되풀이하는 '단순 노동'과는 하늘과 땅만큼의 차이가 있습니다. 마르크스는 이처럼 인간의 노동이 생산 활동의 목적으로부터 분리되는 현상을 가리켜 '생산 활동으로부터 노동이 소외되는 것'이라고 한 바 있습니다.

기계식 분업에는 또 기계에 의한 인간의 통제라는 문제가 있습니다.

일정한 속도로 계속 움직이는 컨베이어벨트에 맞추기 위해 작업자는 잠시도 한눈을 팔 수가 없습니다. 그랬다가는 한 사람 때문에 불량품이 생기거나 전체 공정의 흐름에 문제가 생기기 때문입니다. 결국 포드식의 극단적 분업은 비인간적인 작업 환경에 대한 노동자들의 저항과 소득 증가에 따른 수요의 다양화로 다품종 소량 생산이 강조되면서 다양한 생산 방식으로 대체되고 있습니다만, 아직까지도 이러한 기계식 분업은 여전히 공장 생산의 지배적 위치를 차지하고 있습니다.

분업과 특화

특화specialization란 '다른 사람보다 더 낮은 (기회)비용으로 재화나 서비스를 생산할 수 있는 용도에 자신이 가지고 있는 생산 요소를 사용하는 것'을 말합니다. '전문화'라고도 하지요. 특화가 가능하기 위해서는 전제 조건이 하나 있습니다. 바로 교환입니다. 즉, 내가 만든 생산물을 다른 사람의 것과 교환하지 못한다면 특화는 무용지물입니다.

그렇다면 특화는 분업과 어떤 관계일까요? 결론부터 말하자면 분업과 특화는 서로 무관합니다. 간단한 예를 하나 들어 봅시다. 땅을 잘 파는 몽룡이와 흙을 잘 나르는 방자가 있습니다. 두 사람이 각자 구덩이를 파고 흙을 나를 수도 있지만, 그보다는 두 사람이 분업을 하면 생산성이 더 높아질 수 있습니다. 그런데 분업을 할 때 기왕이면 몽룡이가 땅을 파고 방자가 흙을 나르게 되면 반대의 분업보다 생산성을 더 높일 수가 있습니다. 즉, 특화된 분업은 특화되지 않은 분업에 비해 훨씬 더 효율적입니다.

하지만 특화는 분업과 상관없이 이루어질 수 있습니다. 그럼에도 이 둘 간에 종종 혼동이 생기는 이유는 양자가 중복되는 경우가 많기 때문입니다. 예를 들어 물고기를 잘 잡는 로빈슨 크루소와 나무 열매를 잘 따는 후라이데이가 같이 산다고 합시다. 두 사람이 각기 물고기와 열매를 다 생산하기보다는 로빈슨 크루소가 물고기 잡고, 후라이데이는 나무 열매를 생산하는 일에 특화한 다음, 각자의 생산물을 서로 교환하면 자급자족을 할 때보다 더 많은 재화를 얻을 수 있습니다. 우리가 종종 사회적 분업이라고 부르기도 하는 이와 같은 업무 분화 현상은 알고 보면 분업이 아니라 특화와 교환인 것입니다.

특화의 기준: 비교우위

그렇다면 특화의 기준은 무엇일까요? 아내가 집 청소를 하는 데는 3시간이 걸리고, 밖에 나가 6만 원을 벌어오는 데는 6시간이 걸린다고 합시다. 그런데 남편이 집 청소를 하는 데는 2시간이 소요되고, 밖에 나가 6만 원을 버는 데는 3시간이 걸린다고 합시다. 이렇게 되면 남편은 두 가지 일을 모두 아내보다 잘 하니까 그것을 혼자 다 하는 것이 좋을까요?

아내가 3시간 동안 집 청소를 하는 대신 밖에 나가 돈을 벌었다면 그녀는 30,000원을 벌어올 수 있습니다. 3시간 동안 청소를 하느라 포기한 소득, 즉 청소의 기회비용은 30,000원, 시간당으로는 10,000원입니다. 그런데 남편이 2시간 동안 청소를 하는 대신 밖에서 일을 했다면 시간당 20,000원씩, 총 40,000원을 벌 수 있습니다. 정리하자면 청소의 시간당 기회비용은 아내가 1만 원, 남편은 2만 원입니다.

따라서 비록 아내가 남편만큼은 청소를 못하더라도 기회비용에서는 남편보다 더 적기 때문에 가정 전체로 볼 때 집 안 청소는 아내가 하는 편이 유리합니다. 즉, 아내는 남편에 비해 돈 버는 일과 청소하는 일에 모두 절대적으로 열위劣位에 있더라도 청소에 있어서는 남편보다 상대적으로 우위에 있는 것입니다. 이를 비교우위comparative advantages라고 합니다. 반대로 남편은 아내에 비해 돈 버는 일에 비교우위가 있겠지요.

이처럼 각자의 능력에 따른 기회비용의 차이가 특정 업무에 대한 비교우위와 비교열위를 결정하고, 그에 따라 특화의 방향도 결정되는 것입니다. 축구의 수비수와 공격수, 야구의 투수와 타자 등의 보직은 모두 자신이 비교우위가 있는 부분에 특화한 것이라고 볼 수 있습니다. 오늘날 기업들이 생산 활동에 필요한 모든 재화나 서비스들을 직접 생산하지 않고 일부분을 시장에서 구입하여 사용하는 아웃소싱out-sourcing도 특화의 이득을 누리기 위함입니다.

특화와 교환, 분업과 협업 등과 같은 구성원들의 상호의존적 관계는 비단 인간 사회에만 해당되는 것은 아닙니다. 지구상에 사는 모든 동물과 식물, 나아가 물과 바위와 같은 무생물까지도 때로는 경쟁하고, 때로는 협동하면서 서로 의존하며 존재하고 있습니다. 우리가 이런 사실을 온몸으로 느끼며 살아갈 때, 우리 사회도 보다 따뜻해질 수 있지 않을까요?

공주의
신랑감은 누구

자원 배분 방식

넓은 세상을 구경하고 돌아온 삼 형제가 진귀한 보물들을 하나씩 가지고 왔습니다. 첫째는 앉아서 천 리를 볼 수 있는 천리경을, 둘째는 어디든지 날아갈 수 있는 양탄자를, 그리고 막내는 어떤 병도 고칠 수 있는 마법의 사과를 구해 왔습니다. 드디어 이 보물을 써먹을 수 있는 기회가 왔습니다. 이 나라의 공주가 중병에 걸리자 왕은 딸의 병을 고치는 사람을 사위로 삼겠다는 포고문을 발표한 것입니다.

천리경으로 세상의 물정을 살피던 첫째가 우연히 포고문을 보았습니다. 형제들은 상의 끝에 공주의 병을 고쳐보기로 하고, 둘째의 양탄자를 타고 궁으로 날아갔습니다. 사경을 헤매고 있는 공주에게 셋째가 가져온 마법의 사과를 입에 넣어주자 공주의 병은 씻은 듯이 나았습니다. 그런데 문제가 생겼습니다. 공주의 병을 낫게 하는 데 기여한 삼 형제 가운데 누구를 사위로 삼아야 할 것인가 하는 문제입니다.

유대인들의 고전인 『탈무드』와 아랍인들의 상상력이 만들어 낸 천일 야화 『아라비안나이트』에 동시에 등장하는 이야기입니다. 한 명의 공주를 세 남자 중 하나에게 보내야 하는 자원 배분 문제이니만큼 경제학자가 모른 체하고 지나갈 수는 없겠죠?

삼 형제 중 한 사람이라도 없었다면 공주가 나을 수 없었던 상황에서, 한 사람을 고른다는 것은 결코 쉬운 일이 아닙니다. 그런데 이야기의 전개와 종말에 있어 『탈무드』와 『아라비안나이트』 간에는 약간의 차이가 있습니다. 『탈무드』에서의 사과는 꼭 먹어야 병이 낫는 일회용이었지만, 『아라비안나이트』에 등장하는 사과는 냄새만 맡아도 병이 낫는 재사용이 가능한 사과였던 것이지요.

먼저 『탈무드』의 답부터 살펴볼까요? 그 나라의 가장 현명한 원로가 선택한 사람은 바로 셋째였습니다. 셋째는 자신의 보물을 공주를 위해

다 소진했기 때문에 여전히 보물을 가지고 있는 두 형들에 비해 더 큰 희생, 더 높은 비용을 치렀다는 것입니다. 그렇다면 이 선택의 바탕에는 어떤 원리가 깔려 있을까요?

어떤 재화에 대해 가장 큰 비용, 즉 가장 높은 대가를 제시한 사람에게 우선적으로 재화를 배분해 주는 방식, 그것은 바로 '시장 원리'입니다. 결국 유대인들은 이런 이야기를 통해 희소한 자원은 가장 높은 가격을 지불하는 사람에게 우선적으로 배분된다는 시장 원리를 은연중 교육했던 셈입니다.

그러면 『아라비안나이트』의 해법은 어땠을까요? 이제는 셋째도 여전히 사과를 보유하게 되어 다른 형제들과 아무런 차이가 없어졌으니 희생의 정도를 따질 수가 없습니다. 『아라비안나이트』에서는 왕이 세 형제들에게 활쏘기 시합을 시켜 여기서 승리한 둘째를 공주와 결혼시키게 됩니다. 우열을 가릴 수 없는 상황에서 활 솜씨로 사위를 정한 걸로 보아 아마도 당시 아랍 사회에서는 내기 활쏘기가 유행하지 않았을까 하는 상상을 해보게 됩니다. 어쨌든 『아라비안나이트』에서는 주최 측이 정한 규칙에 따라 공개경쟁, 즉 콘테스트를 통해 문제를 해결했습니다.

다양한 자원 배분 기준

앞의 이야기에서 우리는 두 개의 서로 다른 자원 배분 방식을 살펴보았습니다. 하나는 시장 원리이고, 다른 하나는 활쏘기와 같은 공개적인 경쟁, 즉 경연contest이었습니다. 우리 주변에서 이러한 경연은 올림픽

경기 종목을 비롯해서 대학 입시, 기업의 신입사원 모집, 각종 오디션 등 무수히 많습니다.

중요한 것은 대회의 종류가 무엇이든 구체적인 경쟁의 기준은 시장의 주도권을 가지고 있는 쪽에서 행사했다는 것입니다. 즉, 수요자들 간의 경쟁이 치열하면 공급자가 주도적으로 기준을 정하는 반면, 공급자들 간의 경쟁이 치열하면 수요자가 원하는 기준이 규칙이 됩니다. 전셋집이 부족하면 집주인이 원하는 사람을 고를 수 있으며, 일할 사람을 구하기 힘든 지역에서는 구직자가 자신의 입맛에 맞는 직장을 고를 수 있습니다.

자원을 배분하는 방식은 이것이 전부일까요? 물론 더 있습니다. 유교문화가 지배하던 조선 시대의 가정에서 자원을 배분할 때는 효孝 또는 장유유서長幼有序 같은 도덕 규범이 기준이 됩니다. 그러면 군대에서는 어떨까요? 군대는 상명하복의 위계질서가 중요한 조직인데, 이런 사회에서는 '명령과 통제command and control'에 의해 자원이 배분됩니다. 군대뿐 아니라 공무원 사회나 기업 등 우리 사회의 많은 조직에서 이 기준이 위력을 발휘하고 있는 곳은 아직도 많습니다.

군대를 다녀온 사람들이 들으면 별로 좋아하지 않을 또 다른 자원 배분 기준이 있습니다. 바로 선착순입니다. 군대에서 주로 얼차려의 한 방법으로 사용되기도 하는 이 기준이 우리 사회에서는 생각보다 꽤 널리 사용되고 있습니다. 선착순에 의한 자원 배분이라면 아파트 모델하우스나 극장 매표소 앞의 긴 줄을 떠올릴지 모르겠습니다만, 공급자가 제안하는 가격을 붙이고 할인점이나 백화점에 진열되어 있는 대부분의 상품은 시장 원리를 기본으로 하면서 선착순을 보조적으로 적용하고 있습니다.

아파트 청약 이야기가 나왔으니까 말인데, 이와 관련해서 빼놓을 수 없는 배분 방식이 있습니다. 바로 추첨입니다. 다른 배분 방식과는 달리 추첨은 일단 신청을 해놓고 나면, 신청자는 행운을 바랄 뿐 특별히 할 일이 없습니다. 모든 사람이 똑같은 당첨 확률을 갖게 되므로 배분 결과에 대해서도 스스로의 불운을 탓할 뿐 달리 큰 불만도 없습니다. 이는 언뜻 보면 매우 평화롭고 공평한 기준처럼 보이지만, 한정된 자원을 놓고 경쟁을 벌이는 사회에서 사람들이 달리 할 일이 없다는 것은 사회 발전에 전혀 도움이 되지 않는 무기력한 방식이라는 점을 염두에 두어야 할 필요가 있습니다. 모든 대학이 추첨으로 학생을 선발한다면 아무도 열심히 공부하려고 하지 않겠지요.

마지막으로 살펴볼 자원 배분 방식은 모든 사람이 자원을 일정량씩 나누어 갖는 배급 또는 할당입니다. 주로 비상시에 사용되는 방식이지만 여기에도 규칙은 있게 마련인데, 만일 독재자가 그 규칙을 정한다면 이는 '명령과 통제'의 한 유형이 될 수도 있습니다.

게임의 법칙: 자원 배분 방식

자원 배분 방식은 두 가지 측면에서 중요한 의미를 갖습니다.

첫 번째는 자원 배분의 기준이 무엇인가에 따라 배분의 결과가 달라진다는 점입니다. 선착순으로 빵을 나누어주면 달리기를 잘하는 사람이 유리하고, 학과 시험 성적으로 신입생을 선발하면 공부를 잘하는 학생이 유리하게 됩니다. 명령과 통제에 의해 자원을 배분하면 복종과 아부를 잘하는 사람이 맨 앞자리를 차지할 것이고, 무작위 추첨에서는 운運이 좋은 사람에게 자원이 돌아가게 됩니다. 그리고 시장 원리가 적용되는 상황에서는 시장의 경쟁력이 강한 사람, 즉 돈이 많고, 생산성이 높고, 가격 경쟁력이 강한 사람들이 우선적으로 자원을 차지하게 될 것입니다.

두 번째는 자원 배분 기준은 각기 고유한 유인을 가지고 있다는 점입니다. 즉, 자원 배분 기준이 요구하는 기준을 충족하기 위해 자원이 다시 이동한다는 것이죠. 대학 입시에서 필기시험이 중요해지면 입시 학원으로 돈이 몰리게 되고, 기업의 입사 시험에서 외모의 비중이 커지면 성형외과로 돈과 사람이 쏠리게 될 겁니다. 또 권력자의 의중에 따라 자원이 배분되면(명령과 통제) 뇌물로 사용되는 자원이 늘어날 것이고, 추첨으로 자원을 배분하면 점술집이 북적일지도 모릅니다.

자원 배분 기준에 따라 사람들의 가치관과 행태가 달라진다는 것은 중요한 의미가 있습니다. 시장에서 사람들이 돈을 벌기 위해 노력하거나, 학생들이 시험을 잘 치기 위해 열심히 공부하는 것은 국가 경쟁력에 도움이 되지만, 외모를 뜯어고치기 위해 성형외과에 다니는 것이나 당첨을 빌기 위해 점술집을 드나드는 것은 국가 발전에 아무런 도움이 되지 않기 때문입니다.

따라서 우리가 어떤 재화에 어떤 자원 배분 원리를 채택하느냐는 자원 배분의 효율성이나 공평성뿐만 아니라, 한 사회의 자원이 얼마나 건전하고 발전적인 방향으로 사용될 것인가까지도 고려해서 결정해야 할 문제입니다. 즉, 자원 배분 기준이 가져올 결과뿐 아니라 유인까지도 염두에 두어야 한다는 것이죠.

시장 원리가 자원을 효율적으로 배분하는 데 효과적이라고 해서 대학 입시에 시장의 경매방식을 적용할 수는 없습니다. 또 시험에 의한 경쟁이 참가자들의 노력을 유발한다고 해서 집안 식구들 간에 그것을 적용할 수도 없을 겁니다. 의무 교육이나 국민 보건과 같이 공공성이 강조되는 재화에서는 시장 원리보다는 구성원들이 동의할 수 있는 다른 원리가 필요할 것입니다. 반면에 당연히 시장 원리를 적용해야 할 분야에서 명령과 통제를 적용하여 관료들의 부패를 유발하거나, 시험을 통해 선발해야 할 자리에 추첨을 적용함으로써 사회 분위기를 사행적으로 몰고 가서는 안 되겠죠.

즉, 우리 주변의 여러 자원을 배분하는 데 있어 가정과 같이 인간의 법칙이 작용되는 세계에 시장 원리가 적용되면 그 사회는 삭막해지게 됩니다. 5장에서 보았던 이스라엘 어린이집의 실험 결과도 그런 예 중의 하나입니다. 하지만 시장 원리가 작동되고 있는 곳에 우정이나 의리 같은 인간의 규칙이 적용된다면 거기에는 불공정과 부정이 싹터 자원이 엉뚱한 곳으로 낭비될 것입니다.

"우리 사회에 자원을 배분하는 방식이 다양하다는 것은 잘 알겠는데요, 그나저나 앞의 공주 이야기 말입니다. 이야기를 듣다 보니 유대인이나 아랍인들 참 답답한 사람들이군요. 그냥 공주한테 '네가 제일 맘에 드는 녀석을 골라봐' 하면 간단할 것을 뭐 그리 복잡하게 따집니까?"

듣고 보니 그럴듯한 말씀입니다. 특히 여성들은 분개할 만도 하겠습니다. 당사자인 공주한테 고르라고 하면 간단했을 것을 말입니다. 두 이야기 모두 결혼 당사자의 의사는 물어보지도 않고, 왕의 마음대로 기준을 정했던 것을 보면 당시의 여권女權도 그다지 신통치 않았나 봅니다.

가성비의
시대

효율성

　가성비 맛집, 가성비 갑, 가성비 끝판왕, 가성비 노트북······.

　무엇이든 뒤에 가져다 붙이면 다 말이 되는 단어, 바야흐로 가성비의 시대입니다. 여기서 나아가 최근에는 가심비(가격 대비 심리적 만족), 가잼비(가격 대비 재미) 등 다양한 신조어들까지 등장하고 있습니다. 국내는 물론 해외 제품들까지도 손바닥 위에서 손쉽게 구매할 수 있게 된 시대에 다양한 대체재들의 가격과 성능을 꼼꼼히 따져보는 것은 당연한 일이라고 볼 수 있습니다.

　가성비價性比란 가격 대비 성능을 줄여서 부르는 말입니다. 여기서 성능을 만족, 또는 효용으로 바꾸면 가성비는 곧 재화를 구입하기 위하여 새롭게 지출한 돈 1원당 효용, 즉 1원당 한계효용이 됩니다. 사실 가심비가 바로 이것이죠.

　모든 재화의 효용을 숫자로 표현할 수 있다는 가정, 즉 기수적 효용을 전제로 한 과거의 소비자 이론에서 효용 극대화 조건은 구입하는 모든 재화의 1원당 한계효용이 동일하게 되도록 지출하는 것입니다. 우리는 이를 '한계효용균등의 법칙'이라고 부릅니다. 그런데 지출된 돈 1원의 효용을 중시하는 가성비 또는 가심비 소비는 한계효용균등의 법칙과 일맥상통한다는 점에서 매우 바람직한 소비 자세라고 할 수 있습니다.

참고로 오늘날에는 기수적 효용같이 비현실적이고 강한 가정 대신 재화의 효용은 단지 어느 것이 크고 작은지 순서만 매길 수 있으면 된다는 보다 약한 가정(서수적 효용)만으로도 기수적 효용이론에서 할 수 있었던 모든 분석을 충분히 수행할 수 있기 때문에 효용의 기수적 표현을 전제로 한 이론은 더 이상 경제학 교과서에 등장하지 않고 있습니다.

효율성efficiency이란 이처럼 가격 대비 효용, 비용 대비 성과, 보다 일반적으로 나타내자면 투입input 대비 산출output의 극대화를 의미하는 개념입니다. 사실 이는 경제 활동을 하고 있는 사람이라면 누구나 원하는 것이기 때문에 효율성은 모든 경제 주체들이 추구하고 있는 공통적인 목표라고도 할 수 있습니다. 우리 주변에서는 효율성을 부정적으로 인식하는 경우가 종종 있는데, 이는 효율성을 추구하는 과정에서 나타나는 부작용에 초점을 맞추기 때문입니다. 하지만 우리가 효율성에 대해 좀 더 정확하게 이해를 하고 나면 이러한 문제는 효율성을 추구하는 방법의 문제이지 효율성이라는 개념 자체의 문제가 아니라는 것을 알게 될 것입니다.

그렇다면 소비와 생산, 그리고 분배의 순환 고리로 이어지는 우리의 경제 활동에서 효율성은 어떻게 정의될 수 있는지를 좀 더 상세하게 살펴보겠습니다.

소비의 효율성: 주어진 예산에서 효용의 극대화

우리가 소비를 하는 것은 재화나 서비스로부터 만족과 행복을 얻기 위함입니다. 이런 주관적인 만족감이나 행복감을 경제학에서는 '효용 utility'이라고 합니다. 그런데 아쉽게도 우리가 사고 싶은 재화는 곳곳에 넘쳐나는 데 비해 주머니 속의 돈은 한정되어 있는 것이 우리의 슬픈 현실입니다. 따라서 이 현실을 받아들일 수밖에 없는 보통 사람들에게 있어, 소비의 문제는 주어진 소득을 여러 재화 간에 어떻게 잘 배분하여 만족을 높일 것인가로 압축됩니다. 이때 주어진 소득을 가지고 효용의 극대화를 달성한 소비를 가리켜 효율적 소비라고 합니다.

그런데 어떻게 돈을 쓰면 영양가 있게 썼다고 소문이 날 수 있을까요? 그냥 '알뜰하게 자~알' 쓰면 된다고 하기는 좀 그렇고, 무언가 그럴 듯한 조건을 제시해 주어야 설득력을 가질 수 있을 것 같습니다.

예를 들어 볼까요? 흥부가 3만 원을 들고 제사상에 쓸 과일을 사러 시장에 갔습니다. 3만 원에 맞추어 여러 과일들을 조합시켜 봤습니다만, 가장 만족스러운 조합은 사과 10개와 배 5개였습니다. 이 조합이 최선이라는 것은 현재보다 사과를 줄이고 배를 더 사거나, 또는 그 반대의 경우에도 지금보다 효용이 감소하게 된다는 것을 의미합니다.

효율적인 소비란 이처럼 주어진 돈으로 효용이 극대화되도록, 더 이상 효용이 증가될 수 있는 여지가 없도록 예산을 배분하는 것을 말합니다.

그리고 이런 상태에서는 사과와 배에 지출한 돈 1원의 효용, 즉 두 재화에서의 가성비는 동일하게 됩니다. 요컨대, 효율적 소비란 주어진 예산을 가지고 효용을 극대화하는 소비, 또는 구입하는 모든 재화에서의 가성비가 동일하게 되는 소비를 말하는데, 우리는 이를 합리적 소비라고 부르기도 합니다.

생산의 효율성: 최소의 비용으로 생산하기

생산에서의 효율성은 어떤 것일까요? 생산은 생산 요소를 투입하여 재화의 가치를 높이는 활동입니다. 따라서 생산이 효율적이기 위해서는 생산 요소가 최대의 생산성을 발휘할 수 있도록 적재적소에 투입되어야 합니다. 이처럼 주어진 생산 요소를 가지고 최대의 생산량을 산출해내는 것을 생산의 '기술적 효율성technical efficiency'이 달성되었다고 합니다.

그러나 생산자의 목적은 무조건 많이 만들어내는 것이 아니라 이윤을 극대화하는 데에 있습니다. 즉, 기술적 효율성만으로는 충분치 않습니다. 이윤을 극대화하기 위해서는 가격을 올리면 된다고 생각할지 모르지만, 자신이 가격을 마음대로 정할 만큼 지배력을 갖지 못한 상황이라면 이윤을 극대화할 수 있는 방법은 하나밖에 없습니다. 바로 생산 비용을 극소화하는 것입니다. 이처럼 최소의 비용으로 재화를 생산하는 상태를 가리켜 '경제적 효율성economic efficiency'이 달성되었다고 합니다.

예를 들어봅시다. 자동차 공장에서 일하는 직원들이 근무 시간 동안 최고의 집중력을 발휘해서 하루 동안 생산할 수 있는 최대의 수량을 만들었다면, 이것은 기술적 효율성을 달성한 것입니다. 하지만 만일 노동자 한 명에게 지급하는 임금의 반으로 같은 생산성을 가진 기계 한 대를 구입할 수 있다면 생산자의 입장에서는 노동을 기계, 즉 자본으로 대체하는 것이 생산비를 줄이는 데 도움이 됩니다. 따라서 이전의 경우는 생산 요소의 기술적 효율성은 달성되었지만, 경제적 효율성은 충족하지 못한 것이 됩니다.

나 대신 자동문을 설치하기로 했다고? 휴!

중요한 것은 생산비를 최소로 하기 위해서는 일단 생산에 투입된 생산 요소들이 최대의 생산성을 발휘해야 하기 때문에, 경제적 효율성은 기술적 효율성이 달성되는 것을 전제로 생각할 수 있는 개념이라는 것입니다. 다시 말해 경제적 효율성은 기술적 효율성을 충족시키는 여러 생산 방식 가운데 가장 비용이 적게 드는 방식이라고 할 수 있습니다.

분배의 효율성: 파레토 효율 분배

마지막으로 분배의 효율성을 살펴보겠습니다. 우리는 앞에서 효율성은 투입 대 산출의 상대적 개념이라고 했습니다. 그렇다면 생산물을 나누는 분배에서는 무엇이 투입이고 무엇이 산출일까요? 네, 당연히 나누어주는 생산물이 투입이고, 그로 인해 발생하는 효용이 산출이 되겠죠.

"그렇다면 앞에서 보았던 소비와 생산의 경우처럼 일정한 생산물을 분배했을 때 구성원들의 효용의 합, 즉 총 효용이 최대가 되는 것이 효율적 분배가 되지 않을까요?" 충분히 합리적인 추론입니다. 그런데 분배의 경우, 그 주체가 사람이라는 점 때문에 생각해 봐야 할 문제가 있습니다.

예를 들어서 살펴볼까요. 이미 생산물을 분배받은 10명의 구성원에게 새로운 방식으로 다시 분배를 했습니다. 그랬더니 9명의 효용이 감소하고 1명의 효용이 증가했습니다. 그런데 효용이 감소한 9명의 총 효용감소분은 900인데 비해, 나머지 한 명의 효용증가분은 1000이어서 전체적으로는 효용이 100만큼 증가하였습니다. 자, 여러분은 이런 분배를 어떻게 생각하시나요? 이런 변화를 보고 전보다 더 효율적인 분배가 되었다고 할 수 있을까요?

"아무리 전체 효용이 증가했다고 하더라도 90%의 사람들이 효용이 감소했다면 그것을 전보다 더 효율적인 분배라고 볼 수는 없을 거 같네요." 네, 아마도 많은 분들이 비슷한 생각을 할 거 같습니다.

그렇다면 반대의 경우는 어떨까요? 새로운 방식으로 분배를 하고 나니 9명의 효용이 증가했지만, 그 증가분이 효용이 감소한 1명의 효용 감소분보다 적은 경우 말입니다. "이 경우도 대다수가 효용이 증가했지만, 사회 전체의 효용이 감소했기 때문에 전보다 더 효율적으로 분배가 이루어졌다고 보기는 어려울 거 같습니다." 네, 그렇습니다.

분배에서는 바로 이처럼 전체 효용뿐 아니라 개개인의 효용까지도 생각해야 하는 점 때문에 효율성을 정의하기가 쉽지 않습니다. 이 문제에 대해 파레토V.Pareto. 1848~1923라는 이탈리아의 경제학자는 다음과 같은 아이디어를 냈습니다.

즉, 하나의 분배 상태가 새로운 분배 상태로 바뀌었을 때 모든 사람이 다 찬성하기 위해서는 아무도 나빠지지 않은 상태에서 누군가는 좋아져야 하는데, 더 이상 그런 여지가 없는 상태를 효율적인 상태라고 하면 어떻겠냐는 것입니다. 여기서 아무도 나빠지지 않은 상태에서 누군가는 좋아지는 변화를 '파레토 개선Pareto improvement'이라고 하는데, 파레토는 더 이상 파레토 개선의 여지가 없는 상태를 효율적인 상태로 정의하자는 것입니다. 바로 그런 상태를 '파레토 효율Pareto efficiency' 또는 '파레토 최적Pareto optimum'이라고 부르는데, 파레토의 이와 같은 제안을 대부분의 경제학자들이 동의를 하고 있기 때문에, 파레토 효율은 오늘날 분배의 효율성을 나타내는 대표적인 개념으로 사용되고 있습니다.

요약하면 파레토 효율이란 '구성원들 가운데 적어도 어느 누군가의 효용을 감소시키지 않고서는 다른 사람의 효용을 증가시킬 수 없는 상태' 또는 '구성원들 중 어느 누군가의 효용을 증대시키기 위해서는 반드시 다른 한 사람 이상의 효용이 감소되어야만 하는 상태', 또는 '파레토 개선의 여지가 없는 상태'로 정의될 수 있습니다.

혹시라도 지금까지의 내용이 잘 이해가 되지 않는 분들을 위해 간단한 예를 들어 보겠습니다. 사과와 배 각 8개씩을 놀부와 흥부에게 나누어주려고 합니다. 어떤 방식이 좋을까요?

"가만 놔두면 놀부가 혼자 다 가져갈지 모르니까 두 사람에게 사과와 배를 각각 절반씩 나눠주면 어떨까요?" 좋은 생각입니다. 그런데 그렇게 분배를 하고 보니 문제가 생겼습니다. 놀부는 사과보다 배를 더 좋아하고, 반대로 흥부는 배보다 사과를 더 좋아한다는군요.

"그럼 잘 됐군요. 놀부가 가진 사과를 흥부의 배하고 맞바꾸면 될 게 아닙니까?" 네, 맞습니다. 진작 그 사실을 알았으면 처음부터 자기가 좋아하는 것을 줄 걸 그랬습니다. 어쨌든 두 사람이 사과와 배를 교환해서 놀부는 배만, 흥부는 사과만 갖게 되면서 두 사람의 효용은 모두 이전보다 더 높아졌습니다. 즉, 사과와 배를 교환하는 것은 파레토 개선을 가져왔습니다.

그런데 이 교환을 하고 난 뒤에는 두 사람의 효용을 동시에 높일 수 있는 방법이 존재하지 않았습니다. 만일 놀부의 효용을 증가시키기 위해서는 흥부의 배를 빼앗아 와야 하는데, 그것은 흥부의 효용을 감소시키게 됩니다. 마찬가지로 흥부의 효용을 증가시키기 위해서는 놀부의 효용이 감소되어야 합니다. 따라서 우리는 현재의 상태를 '파레토 효율 배분'이라고 할 수 있습니다.

이제 분배의 효율성까지 공부하고 나니 우리는 재화의 생산과 소비, 분배까지 포함하는 경제 전체의 효율성도 다음과 같이 정의할 수 있게 되었습니다. '한 사회의 구성원들이 원하는 재화들을 최소의 비용으로 생산하여, 모든 구성원들의 효용이 동시에 증가될 수 있는 여지가 남아 있지 않도록 분배되는 상태'로 말입니다. 물론 이런 상태가 '가장 이상적인 상태'라고 할 수는 없습니다. 왜냐하면 구성원 중 한 사람이 경제 내의 모든 재화를 독차지하고 있는 상태도 이런 경우가 될 수 있기 때문입니다.

"아니, 다 같이 살아가는 세상에 모든 것을 혼자 다 움켜쥐고 있는데도 경제가 효율적인 상태에 있다는 게 말이 됩니까?" 안타깝지만 얼마든지 그럴 수 있습니다. 효율성은 이상적인 상태가 되기 위한 필요조건이지 충분조건은 아니기 때문입니다. 다시 말해, 효율성이 달성되었다고 해서 자동적으로 이상적인 상태가 되지는 않습니다. 하지만 이상적

인 상태는 반드시 효율적인 상태여야만 합니다. 왜냐하면 현재의 상태가 효율적인 상태가 아니라면 아무도 나빠지지 않는 상태에서 누군가는 더 좋아질 수 있는 여지가 남아 있기 때문입니다.

효율성과 시장

효율성이 이렇게 이상적인 상태의 필수 요건이라면 우리는 어떻게 이를 달성할 수 있을까요? 소비나 생산에서의 효율성은 모든 필요한 정보가 충분하게 주어진다면 개인의 선택으로 달성될 수도 있습니다. 그러나 각자의 몫을 가져가는 분배에서는 개인 간의 이해관계가 서로 충돌되는 경우가 많기 때문에 개인의 노력만으로는 불가능한 만큼 특정한 시스템에 의해 이루어져야 합니다.

오늘날 자원과 소득의 분배에서 가장 보편적으로 활용되고 있는 자원 배분 시스템은 바로 시장입니다. 특히 경제 주체들이 서로 대등한 정보를 가지고 공정하게 경쟁할 수 있는 시장, 즉 경쟁시장에서는 자원의 효율적 배분이 가능하다는 장점이 있습니다. 경쟁시장에서 자원이 효율적으로 배분될 수 있는 것은 두 가지 요인 때문입니다.

첫 번째는 시장은 한 사회에서 어떤 재화를 얼마만큼 생산해야 할 것인지를 알려줄 수 있습니다. 사람들이 시장에서 상품을 구매하는 과정에서 자신이 무엇을 얼마나 필요로 하는지에 대해 자발적으로 정보를 제공해 주기 때문입니다. 공급자들은 이 정보를 활용해서 사람들이 원하는 재화를 필요한 만큼 생산해내기 때문에, 불필요하거나 팔리지 않을 상품을 만들어 자원을 낭비하지 않게 되는 것이죠.

두 번째는 참여자들 간에 공정한 경쟁이 이루어지는 시장에서 생산 요소를 제공한 사람은 생산 요소의 기여도에 따라 소득을 분배받게 됩니다. 따라서 남들보다 더 높은 소득을 얻기 위해서는 더 열심히 노력해야 할 유인을 갖게 되고, 그에 따라 노동의 생산성이 높아지게 됩니다.

이처럼 시장에서 자원이 효율적으로 분배되기 위해서는 반드시 참여자들 간에 공정한 경쟁이 이루어져야 한다는 전제가 필요합니다. 정보를 독점하거나 불공정한 경쟁으로 기여도와 분배 몫 간에 괴리가 생긴다면 자원의 효율적 배분은 멀어지게 됩니다. 다시 말해 결과의 효율성을 위해서는 과정의 공정성이 전제되어야 하는 것입니다.

하지만 서로의 이익을 위해 다투는 현실에서, 특히 분배의 총량이 고정되어 있는 제로섬zero sum의 상황에서는 공정한 경쟁이 말처럼 쉽지 않습니다. 결국 자원 배분의 효율성을 위해 정부가 수행해야 할 가장 기본적인 역할은 공정한 경쟁이 이루어질 수 있는 규칙을 만들고 감독하는 일이 되어야 한다는 것을 다시 한번 새기게 됩니다.

영혼들의
합의 사항

공평성

한여름 숲속, 베짱이는 시원한 나무 그늘에서 노래를 부르며 오후를 즐기고 있습니다. 하지만 개미는 쉬지 않고 일만 합니다. 그런 개미를 보고 베짱이는 비웃습니다. 추운 겨울이 다가오자 먹을 것이 없는 베짱이는 개미의 집 문을 두드립니다. 하지만 개미는 베짱이에게 일을 하지 않았으니 식량을 줄 수 없다며 문전박대를 합니다. 베짱이는 결국 추위와 배고픔에 떨다가 죽게 됩니다.

우리에게 너무나 잘 알려진 『이솝우화』 중의 하나입니다. 어차피 한 해살이 곤충이라 겨울에는 죽을 수밖에 없는 베짱이지만, 이 이야기는 '일을 하지 않는 사람에게는 보상도 없다'라는 시장의 분배 원리를 주제로 하고 있다는 점에서 우리의 관심을 끌고 있습니다.

우리는 앞에서 효율성만으로는 이상적인 분배 상태를 달성할 수 없지만, 효율성이 충족되지 않고서는 이상적인 분배 상태가 될 수 없다고 했습니다. 그렇다면 효율적인 분배 상태에서 아쉽고 부족한 것은 무엇일까요? 그것은 바로 구성원들 간에 나타나는 분배분의 격차라고 할 수 있습니다. 효율성이라는 개념 자체가 분배의 분포에는 애당초 관심이 없는 개념이다 보니, 모든 것을 혼자서 독차지하고 있는 극단적인 분배 상태도 파레토 효율 배분이 되기 때문입니다.

그렇다면 한 사회의 생산물을 구성원들 간에 분배하는 문제의 핵심은 무엇일까요? 이를 살펴보기 위해 다시 처음의 이야기로 돌아가서 개미와 베짱이에게 식량을 어떻게 분배하는 것이 좋을까를 생각해 봅시다.

> 갑: 개미와 베짱이 모두 다 같은 자연의 구성원인데 다 같이 나눠 먹도록 합시다.
>
> 을: 말도 안 됩니다. 어떻게 땀 흘리고 일한 개미와 놀기만 한 베짱이를 똑같이 취급할 수 있단 말입니까? 그건 공평하지 않습니다.
>
> 병: 베짱이가 개미처럼 일을 안 한 건 맞지만, 그래도 살아있는 생명을 죽게 놔둘 수는 없으니 생계를 유지할 만큼은 주도록 합시다.
>
> 정: 그래요. 개미한테 줄 걸 조금만 가져와도, 그게 베짱이한테는 엄청 크잖아요?

이 장에서 다룰 주요 내용들이 다 나온 것 같네요. 즉, 개미와 베짱이를 하나의 생명체로서 동일하게 볼 것인지, 아니면 일을 했는지를 기준으로 다르게 볼 것인지의 문제가 나왔고, 현대 복지국가에서 시행되고

무엇보다
공정하게!

있는 복지 정책의 근거가 되는 논리도 등장한 것 같습니다. 한 가지 분명한 것은 투입과 산출의 객관적인 관계로 나타나는 효율성에 비해 공평성은 사람에 따라 의견이 다르게 나타날 수 있는 주관적인 개념이라는 점입니다.

균등, 공정, 그리고 공평

공평성의 개념을 좀 더 깊이 이해하기 위해 우선 이와 유사한 개념들을 먼저 살펴보도록 하겠습니다. 우선 '균등' 또는 '균일equal'입니다. 균등은 수량이나 무게, 부피가 같은 것을 의미하는 것이니 그야말로 객관적이고 단순합니다. 개미와 베짱이가 생산한 식량이 100이라고 할 때, 균등은 둘이 각 50씩을 나누어 갖는 것이 되겠군요.

균등이라는 개념은 분배의 결과를 기준으로 한 것입니다. 따라서 균등한 분배가 바람직한 경우는 분배 대상자들이 동일한 조건에 있을 때입니다. 예를 들어 군대에서 병사들에게 식사를 나누어 줄 때, 수험생들에게 시험지와 답지를 나누어 줄 때, 또 병역 의무자에게 복무 기간을 부여할 때 등입니다. 하지만 개인의 사정이 달라지면 균등한 분배는 더 이상 공정하지도 공평하지도 않은 결과로 이어지기도 합니다.

그렇다면 '공정fairness'은 어떤 개념일까요? 공정의 의미를 이해하기 위해 우선 이 용어가 일상적으로 사용되는 예를 살펴볼까요? '야구 심판은 볼과 스트라이크의 판정을 공정하게 해야 한다', '법관은 공정한 판결

을 내려야 한다', '교수는 학생들에게 공정하게 성적을 주어야 한다.'

이런 예들을 보면 공정하다는 것은 두 가지 요건을 전제하고 있음을 알 수 있습니다. 하나는 모든 사람들이 동일한 기회를 가져야 한다는 것, 즉 기회 균등을 의미합니다. 다른 하나는 주어진 규칙을 어느 쪽에도 편파적이지 않게 중립적이고 균형 있게 적용해야 한다는 것입니다. 특정 대학 출신에게만 응시 기회를 준다거나, 여학생에게 더 유리한 문제를 낸다면 공정하지 못한 평가가 될 것입니다.

마지막으로 '공평성equity'을 살펴보겠습니다. 먼저 이 개념의 정의를 내리자면 '같은 것은 같게, 다른 것은 다르게 취급하는 원칙'입니다. 이 말은 언뜻 듣기에는 그 말이 그 말 같지만, 실제 의미는 매우 다릅니다. 예를 들어보면 확실히 구분이 되겠죠?

대학 신입생들이 출신 지역이나 성별에 관계없이 같은 등록금을 내야 하는 것은 '같은 대학에 다니는 학생들을 같게 취급'하기 때문입니다. 반면에 신입생 중 가정환경이 어려운 학생들에게 등록금을 면제해주는 것은 '가난한 학생들을 일반 학생들과 다르게 취급'하기 때문이지요. 우리는 여기서 '같은 것을 같게 취급'하는 원칙을 '수평적 공평성horizontal equity'이라고 하고, '다른 것을 다르게 취급'하는 원칙을 '수직적 공평성vertical equity'이라고 합니다.

이렇게 구분하고 나면 공평성이란 개념이 아주 간단할 것 같은데, 무엇이 문제일까요? 그것은 바로 무엇을 같게 보고, 무엇을 다르게 보아야 할 것인가에 대해 사람마다 의견이 다를 수 있기 때문입니다. 예를 들어 학생들의 성적 경쟁에서는 남학생과 여학생은 같게 취급됩니다.

하지만 100m 달리기를 하거나 팔씨름을 할 때는 남녀가 다르게 취급됩니다. 이런 것은 누구나 공감하기 때문에 크게 문제될 것이 없습니다.

하지만 사람들의 의견이 일치하지 않는 문제들도 많습니다. 예를 들어 정부에서 저소득계층에게 지급하는 보조금은 그들을 다르게 취급하기 때문입니다. 하지만 소득이 얼마 이하인 사람부터 다르게 봐야 하는가에 대해서는 사람마다 의견이 다를 수 있습니다. 봉급자들의 소득에서 세금 부과를 제외해 주는 소득공제 항목은 각 개인의 다른 사정을 고려해 주기 위한 것입니다. 이런 소득공제는 부양가족이 많은 사람, 의료비가 많이 드는 사람, 자녀 학자금을 많이 지출하는 사람, 대중교통을 많이 타는 사람들에게 정부가 그들의 지출 사정이 일반 사람들과는 다르다는 것을 인정해 주는 제도입니다. 하지만 여기에는 얼마든지 다른 의견들이 있을 수 있습니다. 왜 대중교통비는 소득공제를 해주면서, 외식비는 안 해주느냐고 할 수도 있고, 영화나 공연 관람료는 소득공제해주는데 놀이공원 입장료는 왜 안 해주냐고도 할 수 있습니다. 이처럼 다른 것을 다르게 보는 데는 사람마다 의견이 다를 수 있습니다.

우리 주변에도 수직적 공평성의 원리가 적용되고 있는 분야는 매우 많습니다. 65세 이상 노인에 대한 대중교통 요금 면제, 장애인에 대한 여러 혜택, 지하철의 노약자 전용석, 저소득층에 대한 복지제도 등과 같이 취약계층이나 상대적 약자에 대한 금전적 또는 비금전적 혜택은 모두 수직적 공평성의 차원에서 시행되는 것들입니다.

이처럼 다른 것을 다르게 취급하는 정책들이 구성원들의 동의를 얻기 위해서는 '같은 것'과 '다른 것'을 구분하는 기준에 대해 구성원들의 공감대가 형성되어야 할 필요가 있습니다. 여성에게 병역 의무를 부과하지 않는 데에 대해서는 공감대가 형성되어 있지만, 여성에게 납세 의무를 면제해 준다면 많은 사람들이 불공평하다고 이의를 제기할 것입니다.

공평성과 효율성의 관계는?

수평적 공평성이든 수직적 공평성이든, 공평성의 원칙은 효율성과는 전혀 다른 차원의 자원 배분 기준입니다. 따라서 공평성에 따른 자원 배분이 효율성을 촉진할 수도, 또는 효율성을 저해하는 방향으로 나갈 수도 있습니다. 그러나 현실에서 공평성을 추구하는 정책들이 적어도 단기적으로는 효율성을 저해하는 경우가 많습니다.

다시 말해 공평성을 추구하다 보면 효율성이 저해되고, 효율성을 추구하다 보면 공평성이 희생되는 현상이 자주 나타난다는 것입니다. 이처럼 한쪽이 좋아지면 다른 한쪽이 나빠지는 이런 관계를 우리는 '트레이드오프trade-off'라고 하는데, 효율성과 공평성 간에는 윈윈win-win의 관계보다는 트레이드오프 관계가 더 많이 나타나는 것이지요.

장애인 주차 공간을 예로 들어볼까요? 일반 주차 공간은 꽉 차서 자리를 구하기 어려워도 장애인 주차 공간은 텅 비어 있는 경우가 많습니다. 유용하게 활용될 수 있는 공간을 놀리고 있다는 것은 분명히 자원의 비효율적 활용입니다. 장애인 주차 공간을 없애면 자원 활용의 효율성은 높아지겠지만, 상대적 약자에 대한 배려가 사라진 약육강식의 사회라는 얘기를 듣게 되겠지요. 복지 재원을 마련하기 위해 누진소득 세율을 강화하다 보면 근로 의욕이 저하되어 경제 활동의 효율성이 낮아지는 것 역시 같은 예가 될 수 있겠죠.

공평성에 대한 두 가지 관점

사방이 깜깜한 방에 영혼들이 모였습니다. 잠시 후 삼신할머니가 이름을 부르면 한 명씩 검은 장막을 헤치고 바깥세상으로 나가게 됩니다. 모든 영혼들은 자신이 어떤 집에 어떤 모습으로 태어날지에 대해 매우 불안합니다. 운이 좋은 영혼은 재벌집에 태어날 수도 있지만, 운이 나쁜 영혼은 찢어지게 가난한 집에 태어날 수도 있습니다. 또 머리가 좋고 잘생기게 태어날 수도 있지만, 그 반대로 태어날 수도 있습니다. 그때 장막을 열고 들어온 삼신할머니가 하나의 제안을 합니다.

"너희들이 태어날 세상이 어떤 세상이었으면 좋을지 상의해봐. 그러면 너희를 그런 세상으로 보내주마."

한참이 지난 후, 영혼 대표가 다음과 같은 두 개의 합의 사항이 적힌 쪽지를 가지고 왔습니다.

"첫째, 우리가 나갈 세상은 인간의 기본적인 자유가 보장되면 좋겠습니다. 양심, 사상, 언론, 종교 등의 자유가 보장된 그런 세상 말입니다. 둘째, 우리가 세상에 나가게 되면 외모와 재능, 재산 등 여러 면에서 많은 차이를 보이게 될 것입니다. 그런데 누가 될지는 모르지만, 우리 중 최약자로 태어난 사람이 보호될 수 있는 세상이었으면 좋겠습니다. 그러기 위해서는 좋은 재능을 타고난 사람들이 어떤 이익을 얻을 때는 반드시 우리 중의 최약자에게도 이득이 될 수 있어야만 한다는, 그런 법이 있는 세상이면 좋겠습니다."

이것은 미국의 철학자 롤스J.Rawls. 1921~2002가 제시한 분배 정의에 대한 조건입니다. 즉, 한 사회에서 누군가의 소득이 늘어날 때는 반드시 최약자의 소득도 같이 늘어나야만 하기 때문에, 롤스가 생각하는 분배의 정의는 그 사회의 최약자를 다르게 취급하는 극단적인 수직적 공평성의 원칙에 기초하고 있는 것입니다. 이런 의미에서 롤스의 공평성은 '최약자 보호 원칙' 또는 '최적 차등의 원칙'이라고도 합니다.

이와 정반대의 입장에 있는 관점이 있습니다. 우리에게는 벤담J.Bentham. 1748~1832의 '최대 다수의 최대 행복the greatest happiness of the greatest number'으로 잘 알려져 있는 '공리주의Utilitarianism'입니다. 공리주의는 인간을 쾌락과 고통의 지배를 받는 존재로 보고, 한 사회의 행복이 최대가 되려면 최대한 많은 사람들의 공리(쾌락에서 고통을 뺀 것)가 최대로 되어야 한다고 주장합니다.

즉, 한 사회의 모든 정책이나 제도는 그에 따라 변화되는 사람들의 쾌락(행복)과 고통(불행)의 합의 크기에 따라 좋고 나쁨이 판가름 나게 됩니다. 여기서 중요한 것은 사람들의 공리를 단순하게 더한다는 것은 소득이 같은 사람을 같게 취급하는 정도를 넘어 모든 사람을 같은 비중으로 취급하는 것이기 때문에 공평성에 대한 고려는 전혀 존재하지 않는다는 점입니다.

오늘날 현실에서 시행되고 있는 많은 복지 정책은 극단적인 수직적 공평성을 내세우는 롤스의 관점과 공평에 대한 고려가 전혀 없는 공리주의의 중간 지점에서 출발하고 있습니다. 즉, 같은 10만 원이라도 부자와 빈자가 느끼는 가치는 다르기 때문에 부자의 10만 원을 가난한 사람에게 이전시켜주면 사회 전체적으로 후생 수준이 높아지게 된다는 것입니다.

공평성은 효율성과 달리 주관적인 개념입니다. 누구를 다르게 볼 것인가에 대해 사람마다 생각이 다를 수 있기 때문입니다. 따라서 그만큼 논란의 소지가 많을 수밖에 없습니다. 하지만 어떤 사람을 다른 사람과 다르게 봐 줄 수 있다는 것은 기본적으로 그 사람에 대한 관심과 배려에서 출발하는 것입니다. 사회적 약자에 대한 관심과 배려는 우리 사회를 그만큼 더 따뜻하게 만들어 줄 것입니다. 공정한 경쟁의 바탕 위에 자원을 효율적으로 활용하면서, 경쟁의 장에서 낙오된 사람들을 다르게 봐줄 수 있는 아량을 가진 사회야말로 우리가 추구해야 될 미래의 모습이 아닐까요?

'경제'
육아일기

GDP와 국민경제의 순환

〈20xx년 1월 1일〉

오늘부터는 온 동네 사람들이 관심을 가지고 있는 '경제'라는 아이를 돌봐

주기로 했다. '경제'가 성인으로 성장하는 데는 네 가지 비타민이 필수적

이라고 한다. 첫 번째는 '비타민 C'로 '가계'라는 동네에 살고 있는 사람

들이 만들어 준다. 두 번째 영양소는 '비타민 I'로 '기업'이라는 곳에서 공

급해 주고, 세 번째 영양소인 '비타민 G'는 '정부'라는 곳에서 만들어 준다.

마지막 영양소인 '비타민 X'는 '해외'에 살고 있는 사람들이 보내주고 있

다. 각 비타민의 우리말 명칭은 C가 소비, I는 투자, G는 정부 지출, X는 수

출이라고 한다.

〈20xx년 5월 5일〉

'경제'는 무럭무럭 자라고 있다. '경제'가 성장하는 모습을 살펴보니, 네

가지 비타민이 '경제'의 몸속에서 '생산'이라는 효소를 유발하여 '소득'이라는 성분으로 바뀌는 것을 알 수 있다. '통화'라는 혈액이 이 '소득'을 '경제'의 몸 구석구석에 배달하여 영양분을 제공해 준 다음 몸 밖으로 배출되고 있었다.

어떨 때는 '경제'의 덩치에 비해 혈액이 너무 많아서 건강에 이상이 생기기도 했는데, 병원에 가보니 이런 고혈압 증세를 '인플레이션inflation'이라고 했다. 또 어떨 때는 '경제'의 체구에 비해 혈액이 너무 적어서 빈혈이 생기기도 했는데, 의사들은 이를 '디플레이션deflation'이라고 불렀다. '경제'가 건강하게 자라기 위해서는 덩치에 걸맞은 적당한 혈액이 필요하다는 것을 알 수 있었다.

〈20xx년 10월 3일〉

오늘은 '경제'의 배설물을 관심 있게 살펴보았다. 배설물은 네 개의 성분으로 이루어져 있었는데, C, S, T, M이 그것이다. 'C'라는 성분은 알고 보니 '경제'가 먹는 비타민 C와 동일한 것이었다. 'S'는 '경제'가 먹는 '비타민 I'의 재료로 쓰인다고 한다. 또 'T'라는 성분은 경제가 섭취하는 '비타민 G'의 원료가 된다고 한다. 마지막으로 성분 'M'은 해외에서 구입해오는 것이라고 했다. 이들 성분을 우리말로 번역해보니 C는 소비, S는 저축, T는 조세, M은 수입輸入이라고 한다.

〈20xx년 12월 25일〉

'경제'의 덩치도 많이 커졌다. 경제를 키워보니 경제가 앞으로도 계속 잘 성장할 것인지, 그렇지 못할 것인지는 전체적으로 그가 섭취하고 배출하는 양에 달려 있다는 것을 알게 되었다. 경제가 먹는 영양소($C+I+G+X$)가 배설물($C+S+T+M$)보다 더 많으면 '경제'의 덩치는 계속 늘어날 것이다. 하지만 그가 섭취하는 양이 배설량보다 적으면, '경제'의 덩치는 오히려 줄어들게 될 것이다.

경제의 성장 과정

여러분이 이미 다 짐작하셨다시피, 이 살아있는 '경제'는 바로 우리의 국민경제를 말하는 것입니다. 그리고 '경제'가 먹는 비타민들은 바로 경제 주체(가계, 기업, 정부, 해외)들이 재화를 구입하고자 하는 의사, 즉 수요를 의미하는 것입니다.

이처럼 경제 주체들의 지출은 곧 상품에 대한 주문이 되어 기업의 생산을 유발하고, 기업의 생산은 생산 요소에 대한 고용을 가져와 궁극적으로 국민들의 소득을 증가시키게 됩니다. 이렇게 생겨난 소득은 다시 소비와 저축, 조세, 해외 상품에 대한 지출(수입)로 처분되는 것입니다. 이처럼 국민경제는 '경제 주체들의 지출 의사 ⇒ 재화와 서비스의 생산 ⇒ 소득의 창출 ⇒ 소득의 처분'으로 끊임없는 순환을 하면서 성장해 나가는 것입니다.

중요한 것은 '경제'의 몸에서 빠져나간 다음 다시 돌아오지 않는 부분은 그만큼 '경제'의 덩치를 줄어들게 만든다는 겁니다. 해외로 빠져나가는 돈이 바로 그런 것입니다. 대부분은 생산에 필요한 원재료를 구입하거나 우리 국민들의 인적 자원을 업그레이드시키는 유학 비용 등으로 사용되어 언젠가는 다시 돌아오지만, 그중에는 도피성 자금처럼 영원히 돌아오지 않는 부분도 있습니다. 이런 부분이 많아지면 경제는 영양실조에 시달리게 됩니다.

이와는 반대로 해외에 있는 개인이나 기업이 국내로 보내오는 돈은 '경제'의 몸속에 새로운 혈액을 수혈해 주는 것과 같습니다. 국산품의 수출이나 외국기업의 직접 투자, 외국인들의 이민은 여기에 해당됩니다.

여기서 '경제'를 성장시켜주는 비타민들을 다 더한 것(C+I+G+X)을 '국민경제의 총수요Aggregate Demand' 또는 '경제 주체들의 계획된 지출'이라고 부르고 있습니다. 반면에 경제의 몸속에서 배설되는 것들(C+S+T+M)은 경제 주체들이 자신의 소득을 처분하는 경로인 만큼 실

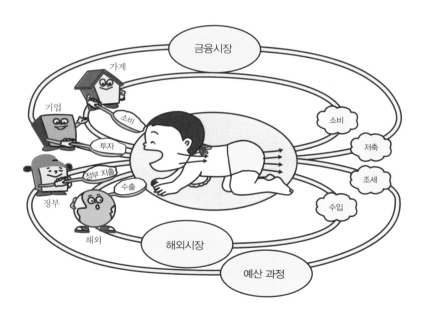

현된 소득과 동일합니다. 만일 경제 주체들이 실현된 소득보다 더 많은 지출을 계획하고 있다면(C+I+G+X 〉 C+S+T+M) 재화의 생산을 더 늘려야 하는데, 이는 곧 더 많은 생산 요소의 고용과 국민소득의 증가를 의미하게 됩니다.

'경제'의 체구를 측정하는 방법: GDP

우리의 체구는 키와 몸무게로 측정하고 있습니다. 그러면 '경제'의 체구는 어떻게 측정할 수 있을까요? 오늘날 모든 국가에서 경제의 체구는 '재화와 서비스를 생산할 수 있는 능력'으로 측정하고 있습니다. 그런데 경제가 생산한 재화와 서비스는 그것을 구입하는 경제 주체들의 총지출과 같기 때문에, 이 관계를 이용하면 다음과 같이 GDP를 구하는 식을 얻을 수 있습니다.

경제 주체들의 총지출(C + I + G + X)
= 국내 생산 공급(GDP) + 해외 수입 공급(M)

이를 GDP로 정리해 보면,
GDP = 소비(C) + 투자(I) + 정부 지출(G) + 수출(X) − 수입(M)
　　　= 국내의 총지출 + 순수출

'GDP Gross Domestic Product'는 '보통 1년 동안 국내에서 거주하고 있는

사람들이 생산한 최종생산물의 시장가치의 합'을 말합니다. 달리 말하면 GDP는 우리 '경제'의 체구가 1년 동안에 얼마나 더 커졌는가를 측정하는 대표적인 지표입니다. 여기서 국내의 거주자는 국적에 관계없이 국내에서 1년 이상 거주하고 있는 사람을 말합니다. GDP의 핵심은 최종생산물(더 이상 다른 재화의 생산에 원료로 투입되지 않는 재화)의 가치인데, 예를 들어 살펴보도록 하겠습니다.

누에를 키우는 양잠업자가 누에고치 1kg을 3만 원에 팔았다고 합시다. 또 방적업자는 이 누에고치를 원료로 견사를 만들어 이를 방직 업자에게 8만 원에 팔았습니다. 방직 업자는 이 실로 옷감을 만들어 디자이너에게 12만 원에 팔았습니다. 마지막으로 디자이너는 이 옷감을 가지고 20만 원짜리 실크 원피스를 만들어 고객에게 팔았습니다.

여기서 생산된 네 가지 상품(누에고치, 견사, 옷감, 옷) 중 GDP에 포함되는 것은 최종생산물인 비단옷의 가치인 20만 원뿐입니다. 왜냐하면 이 20만 원 안에는 누에고치나 견사, 그리고 옷감의 가치가 이미 포함되어 있어 이들의 가치를 추가하면 이중 계산이 되기 때문입니다.

"대충 알겠는데, 하나 이해 안 되는 부분이 있는데요. 실이 옷감의 원료가 되면 중간생산물이라고 할 수 있지만 아기 돌잔치에 쓰일 선물로 팔리면 그 자체가 최종생산물인데 그런 것은 도대체 어떻게 구분할 수 있습니까? 실을 사가는 사람한테 옷감을 짤 건지 돌잔치에 쓸 건지 일일이 물어볼 수도 없지 않습니까?"

이런 문제는 부가가치value added의 개념을 이해하면 쉽게 풀릴 수 있습니다. 부가가치는 말 그대로 '재화의 가치가 늘어난 부분'을 의미합니다. 3만 원짜리 누에고치를 사다가 실을 만들어 8만 원에 판 사람은 5만 원의 가치를 부가시킨 것이고, 12만 원짜리 옷감을 사서 20만 원짜리 원피스를 만든 디자이너는 8만 원의 부가가치를 만들어 낸 것입니다. 그래서 각 생산 과정에서 만들어진 이들 부가가치를 모두 다 더하면 그 것이 바로 최종생산물의 가치가 되는 것입니다.

3원(누에고치의 부가가치) + 5만 원(견사의 부가가치)

+ 4만 원(옷감의 부가가치) + 8만 원(비단옷의 부가가치) = 20만 원

GDP를 이렇게 부가가치의 합으로 이해하면 최종생산물이 무엇이든 크게 걱정할 것이 없습니다. 누에고치든, 실이든, 각 생산 단계에서 창 출된 부가가치만 다 더하면 되니까요.

우리나라에서 1977년 7월부터 시행되고 있는 부가가치세는 위와 같 이 각 생산 단계에서 만들어진 부가가치에 대해 10%의 세금을 부과하 는 것입니다. 중요한 것은 부가가치세를 국세청에 납부하는 사람은 생 산자들이지만, 그것을 실제로 부담하는 사람은 생산자가 아니라 최종 소비자라는 것을 잊지 말아야 합니다. 각 생산자들이 부가가치의 10% 인 3천 원, 5천 원, 4천 원, 8천 원씩 납부하는 부가가치세는 최종적으로 20만 원짜리 옷을 구입한 소비자가 낸 2만 원의 부가가치세를 나누어 납부하는 것이니까요. 따라서 사업자가 부가가치세를 탈세하는 것은 세 금을 대신 내달라는 소비자의 심부름을 제대로 하지 않고 '배달 사고' 를 낸 것이나 다름없습니다.

20세기의 발명품, GDP

GDP 이전에는 GNP국민총생산. Gross National Product가 오랜 기간 동안 국가의 중심 지표로 사용되었습니다. 그러나 1990년대 들어 자본과 노동의 국가 간 이동이 증가하면서 양 지표 간의 괴리가 커지게 되자, 자국민보다는 국내 거주자들의 생산액이 그 나라의 경제력을 더 잘 반영한다고 보아 UN에서도 1993년에 개정된 국민계정체계에서 GNP 대신 GDP를 공식 지표로 사용하고 있습니다.

하지만 GDP도 국민들의 실질소득을 측정하는 데는 미흡한 점이 있어 최근에는 국민총소득GNI:Gross National Income이라는 소득 지표를 보완적으로 사용하고 있습니다. GDP의 한계를 이해하기 위해서는 그 특성을 잘 이해할 필요가 있습니다.

첫째, GDP는 일정한 기간 동안 생산된 재화나 서비스의 가치를 측정하는 지표이므로 토지나 골동품, 중고품 등과 같이 그 기간 내에 생산되지 않은 재화의 거래는 당연히 포함하지 않습니다. 부동산 경기가 좋아서 부동산 거래가 늘고 취득세나 등록세가 많이 걷히더라도 토목이나 건축이 뒤따르지 않는다면 GDP와는 무관한 일입니다.

둘째, GDP는 최종생산물의 시장가치이므로 시장 밖에서 이루어지는 생산물의 가치는 포함하지 않습니다. 대표적인 것이 바로 주부들의 가사 노동입니다. 우리나라에서 주부들의 가사 노동의 가치는 GDP의 약 10% 내외로 추계되고 있습니다.

참고로 주부의 가사 노동과 같은 서비스와는 달리, 사업자가 생산한 재화 중 자가_自家 소비분은 GDP에 포함됩니다. 예를 들어 쌀농사를 지은 농민의 수확물의 일부를 자신이 먹는 경우나 빵집 아들이 상점에 진열해 놓은 빵을 집어먹은 경우 등이 예가 될 수 있습니다. 하지만 직장인이 아파트의 베란다에서 키운 상추와 같이 판매를 목적으로 하지 않는 비사업자의 생산물은 자가소비분이라도 GDP에 포함되지 않습니다.

셋째, 남의 집에 살면서 지불하는 월세는 집주인의 소득이 되므로 GDP에 포함됩니다. 그러면 자기 집에서 살고 있는 사람은 어떻게 될까요? 이 경우 주택 임대료는 집주인이 자신에게 임대료를 지불하는 것으로 간주하여 '귀속임대료_imputed rent'라는 이름으로 GDP에 포함됩니다.

마지막으로 GDP는 국민들의 삶의 질에 큰 영향을 미치는 환경, 여가, 생산 현장의 작업 환경, 소득의 분배 상태와 같은 질적인 요인들은 당연히 반영되지 않습니다. 단순한 생산 지표에 대해 이런 것까지를 기대하는 것은 무리겠지요.

하지만 환경 문제와 관련해서는 이중 계산의 가능성도 배제할 수 없습니다. 예를 들어 기업이 폐수를 배출하여 인근 주민들에게 피해를 끼쳤다면 그 피해액은 마땅히 기업이 만든 부가가치에서 빼는 것이 사리에 맞겠지만, 현실은 반대입니다. 이 폐수를 처리하기 위해 지출하는 비용은 오히려 GDP를 증가시키는 방향으로 작용하기 때문입니다. 이사를 하다가 가구가 망가지면 그 손실만큼을 이사 비용에서 빼줘야 하는 것이 상식인데, 오히려 가구 수리 비용을 이사 비용에 더 추가시키는 것과 같은 경우이지요.

하지만 이런 한계가 GDP의 유용성이나 가치를 훼손시킨다고 생각하는 것은 너무 성급한 생각입니다. GNP, GNI, GDP 등과 같은 국민소득 및 생산계정은 미국 상무부가 '20세기를 대표할만한 발명품'으로 지칭할 만큼 국가의 경제 활동을 측정하는 유용한 지표로 인정받고 있습니다. 실제로 1929년 10월 미국에서 시작되어 전 세계를 휩쓸었던 대공황 기간 동안 미국에서는 국가의 경제 활동 수준이 도대체 어느 정도인지를 측정할 수 있는 지표가 없어 경제 정책을 시행하는 데 많은 어려움을 겪었습니다.

이런 배경에서 미국 상무부는 당시 국가경제연구국NBER에 근무하던 쿠즈네츠S.Kuznets. 1901~1985(1971년 노벨경제학상 수상)에게 지표의 개발을 의뢰한 결과 1937년에 GNP가 개발되었고, 1942년에는 사상 최초로 미국의 GNP가 실제로 추계되었습니다.

이제 80세를 넘긴 국가 경제의 총생산 지표가 과연 100세 이상 장수하며 21세기 디지털 경제에서도 살아남게 될지 같이 지켜보기로 합시다.

음~~ 지금까지 잘 하고 있어! 화이팅!!!

PART 2

시장

화개장터의
제피 김치
시장의 본질

하동, 구례, 쌍계사의 세 갈래 길목이라 오고 가는 나그네로 하여 '화개
장터'엔 장날이 아니라도 언제나 흥성거리는 날이 많았다. 장날이면 지
리산 화전민들의 더덕, 도라지, 두릅, 고사리들이 화갯골에서 내려오고 전
라도 황아장수들의 실, 바늘, 면경, 가위, 허리끈, 주머니끈, 족집게, 골백분
들이 또한 구례 길에서 넘어오고, 하동 길에서는 섬진강 하류의 해물 장수
들의 김, 미역, 청각, 명태, 자반조기, 자반고등어들이 올라오곤 하여 산협
山峽치고는 꽤 성한 장이 서는 것이기도 했으나, 그러나 '화개장터'의 이름
은 장으로 하여서만 있는 것이 아니었다.

장이 서지 않는 날일지라도 인근 고을 사람들에게 그곳이 그렇게 언제나
그리운 것은, 장터 위에서 화갯골로 뻗쳐 앉은 주막마다 유달리 맑고 시
원한 막걸리와 펄펄 살아 뛰는 물고기의 회를 먹을 수 있기 때문인지도 몰
랐다. 주막 앞에 늘어선 능수버들 가지 사이사이로 사철 흘러나오는 그

한 많고 멋들어진 춘향가 판소리 육자배기들이 있기 때문인지도 몰랐다.

- 김동리 『역마』 중에서

화개장터의 정겨운 모습이 눈에 그려지시나요? 불과 몇 년 전까지만 해도 화계장터 초입에 팔순이 넘은 할머니가 운영하던 소박한 밥집이 있었습니다. 언젠가 우연히 그 식당에 처음 들렸을 때, 입맛을 사로잡았던 것은 담백한 재첩국도, 고소한 참게장도 아닌 제피가 들어간 배추김치였습니다. 그런데 다음 해 그 집에 들렀을 때, 웬일인지 김치에 제피 맛이 전혀 나질 않았습니다. 할머니께 이유를 물어보자, 서울에서 오는 손님들이 제피를 싫어해서 당신이 드실 것만 따로 담는다며 따로 제피 김치를 내오신 적이 있었습니다. 그리고 몇 년 뒤, 또다시 화개장터를 찾아가 보니 그 식당 자리에는 다른 상호가 붙어 있었습니다.

시장의 의사 결정 방식

화개장터의 할머니 집에서는 왜 제피 김치가 사라졌을까요? 할머니 말씀에 의하면 좋아하는 사람보다 싫어하는 사람이 많아서라고 합니다. 그렇다면 시장에서는 다수결에 의해 판매되는 상품이 결정되는 것인가요? 그렇습니다. 관객이 많이 몰리는 영화는 상영일을 연장하지만, 관객이 없는 영화는 며칠 만에 간판을 내려버리지 않습니까?

그런데 만일 이런 경우라면 어떨까요? 불과 몇 명이 안 되는 사람들이지만, 그 사람들이 제피 김치에 대해서 아주 높은 값을 쳐준다고 한다면, 그래서 일반 김치보다 제피 김치를 파는 것이 훨씬 더 이익이라면 말입니다. "그러면야 당연히 제피 김치를 팔겠죠. 돈이 더 된다는데 싫다고 할 사람이 있을까요?" 맞습니다. 시장에 영향을 미치는 것은 단순한 사람 수가 아니라 사람들이 지불하고자 하는 금액의 크기입니다.

이런 경우를 볼까요? 농촌 마을 주민 500명이 1만 원씩 모아 마을 입구에 놓을 표지석을 구매하기 위해 돌 주인과 흥정을 하고 있습니다. 그런데 도시에서 온 한 사람이 600만 원을 제시하자 주인은 그 돌을 도시 사람에게 판매해 버렸습니다. 사람 수로는 500 대 1이지만 돈의 수로는 500만 원 대 600만 원, 결과는 우리가 아는 바와 같습니다. 결국 시장의 원리는 다수결이긴 하지만 사람 수가 아닌, 돈의 수에 의한 다수결인 것입니다. 다시 말해 시장은 사람이 아닌 돈으로 말하는 곳입니다.

시장의 다수결은 두 가지 측면을 가지고 있습니다. 하나는 돈을 1원이라도 더 제시한 사람이 당해 재화에 대해 우선권을 갖는 점에서는 일반적인 다수결 선거와 유사합니다. 경매가 바로 그런 것이죠.

다른 하나는 시장의 다수결은 선거의 다수결과는 달리 비례대표제의 성격을 갖는다는 것입니다. 선거에서 51%를 얻은 사람과 49%를 얻은 사람은 천당과 지옥으로 나누어지지만, 시장에서 51%를 얻은 상품은 51%의 점유율을 차지하고, 49%를 얻은 상품은 또 그대로 49%의 점유율을 차지할 수 있습니다. 즉, 비싼 상품은 비싼 대로, 싼 상품은 싼 대로 각각의 고객을 차지할 수 있기 때문에 시장에서는 과반수를 얻지 못했다고 낙담할 필요는 전혀 없습니다.

시장의 속성: 몰인간성沒人間性

시장은 사람을 차별하지 않습니다. 시장에서는 남자든 여자든, 나이가 많든 적든, 잘생겼든 못생겼든, 전라도 사람이든 경상도 사람이든, 흑인이든 백인이든 그런 것은 개의치 않습니다. 다만 한 가지, 돈을 얼마나 많이 지불할 수 있는가가 중요하고 그에 따라 대우가 달라집니다. 즉, 시장은 사람들의 지불 능력에 대해서는 철저하게 차별을 합니다.

시장이 돈 외에는 사람을 차별하지 않는다는 것, 아니 아예 관심이 없다는 것은 매우 바람직한 일입니다. 우리 사회에 존재하는 수많은 차별 요인들이 시장에서는 아무런 힘도 쓰지 못한다는 것은 얼마나 다행인 일입니까? 물론 개중에는 인종이나 외모, 성별에 따라 차별을 하는 사람이 있기도 합니다만, 그것은 시장 참여자의 개인적인 일탈일 뿐 시장 본연의 규칙과는 무관합니다.

하지만 돈으로 사람들을 줄 세우고 차별한다는 것은 그리 가벼운 문제가 아닙니다. 돈이 없는 사람은 당장 생존을 위협받을 수도 있고, 인간으로서의 기본적인 존엄성마저 무시당할 수 있기 때문입니다. 이렇게 볼 때 시장은 비인간적, 아니 몰인간적인 모습을 가진다고 할 수 있습니다. 이런 점 때문에 시장은 항상 정부를 비롯한 비시장 기관의 개입에 의해 조정 보완되고 있습니다. 정부의 복지 정책이 대표적인 사례입니다.

시장의 속성: 결과지향성

　시장은 소비자의 주머니에서 나오는 돈에만 관심이 있지, 재화를 구입하는 동기에 대해서는 관심이 없습니다. 칼을 파는 사람은 구매자가 지불하는 돈이 모자라면 펄펄 뛰지만, 칼을 어떤 용도로 사용하기 위해 구매하는지에 대해서는 관심이 없습니다. 모텔의 주인도 손님에게 투숙하는 이유를 묻지 않습니다. 판매자를 비롯한 어느 누구도 소비자의 구매 동기에 관심이 없다는 것은 바람직한 측면도 있습니다. 하지만 그것은 시장이 관심을 가지는 것은 돈이지 사람이 아니라는 것을 다시 한번 보여주는 것이기도 합니다.

　같은 맥락으로 시장은 결과만 중요시할 뿐 과정에는 관심이 없습니다. 평생 김밥을 팔아 어렵게 모은 돈이라고 해서 복권에 당첨되어 받은 돈보다 더 높은 가치를 쳐주지 않습니다. 돈은 그저 같은 돈일뿐입니다.

시장은 항상 비용과 편익을 계산하여 편익의 합이 비용의 합보다 크면 이로운 것으로 판단합니다. 따라서 자발적인 교환은 거래 당사자 모두를 이롭게 하는 것으로 간주합니다.

시장에서 이루어지는 모든 의사 결정은 비용과 편익이라는 단 두 개의 요인으로 판정됩니다. 이는 마치 공리주의 철학에서 사람들의 쾌락(행복)과 고통(불행)의 차이인 공리의 크기로 선악을 판단하는 것과 동일한 맥락입니다. 여기서 쾌락을 편익, 고통을 비용으로 바꾸면 시장 원리는 곧 공리주의 원리와 동일하다는 것을 알 수 있습니다. 그렇습니다. 시장의 바탕에 깔린 철학은 바로 공리주의utilitarianism입니다.

하지만 시장은 공리주의와 결정적으로 다른 점을 가지고 있습니다. 공리주의는 모든 사람을 동일하게 취급합니다. 보다 정확하게 말하자면 모든 사람들의 욕망을 동일하게 취급합니다. 하지만 시장은 다릅니다. 시장은 사람이 아니라 돈이 동일하게 취급되는 곳이기 때문에 사람들의 욕망은 각자의 지불 능력에 따라 각기 다른 가중치가 부여됩니다. 즉, 돈이 많은 부자의 욕망은 가중치가 크게, 가난한 사람의 욕망은 작게 취급되는 것이죠. 게다가 시장은 취합의 대상이 되는 욕망이 좋은 것인지 나쁜 것이지, 합법적인 것인지 불법적인 것인지에도 관심이 없습니다.

시장의 유인 체계

사회에는 여러 종류의 상벌 체계가 존재합니다. 가장 대표적인 것은 도덕과 관습입니다. 우리 사회의 전통적인 윤리로 존중되어 온 삼강오륜三綱五倫이나 효孝 사상이 이에 해당됩니다. 이런 규범에 귀감이 되는 사람에게는 효자문이나 열녀문과 같은 기념물을 세워 상을 내리는가 하면, 이를 어기는 사람들에게는 비난이 쏟아집니다. 하지만 오늘날 사회의 모든 문제를 이런 윤리 규범으로만 통제할 수는 없기 때문에, 대부분의 국가에서는 공권력을 등에 업은 법으로 상벌을 규정하고 있습니다.

시장은 경제적 이득과 손실이라는 수단을 통해 우리의 일상생활에 매우 밀접한 상벌 체계의 기능을 수행하고 있습니다. 자원을 효율적으로 활용한 기업은 높은 이윤을 상으로 받게 되지만, 부실한 경영을 한 기업은 손실이라는 벌을 받게 됩니다. 또 열심히 일해서 생산에 많은 기여를 한 사람은 높은 소득을 얻게 되지만, 기여도가 낮은 사람에게는 적은 몫이 돌아가게 됩니다. 물론 일은 하지 않은 사람은 소득도 없습니다.

하지만 현실의 시장에서는 이런 신상필벌信賞必罰(공이 있는 사람에게는 상을 주고 죄가 있는 사람에게는 벌을 줌)이 제대로 작동하지 않는 경우가 허다합니다. 가짜 상품으로 소비자를 속여 돈을 버는 기업이 있는가 하면, 최저임금에도 못 미치는 임금으로 노동을 착취해서 이윤을 획득하는 기업도 있습니다. 또 청춘을 바쳐 회사 발전에 큰 공을 세워도 낙하산으로 들어온 새파란 실세 앞에서 허리를 굽신거려야 하기도 합니다.

그렇다면 시장의 신상필벌 체계는 제대로 작동하지 않는 것일까요? 그렇습니다. 적어도 현실의 불완전한 시장에서는 말입니다. 불완전한 시장이라는 것은 참여자들 간에 공정한 경쟁이 이루어지지 않을 뿐 아니라, 보유하고 있는 정보에도 많은 차이가 있는 시장을 말합니다.

반면에 시장 참여자들 간에 정보의 차이가 없고 공정한 경쟁이 이루어지고 있는 시장, 즉 경쟁시장에서는 '보이지 않는 손'에 의해 시장의 상벌 체계가 정확하게 작동됩니다. 하지만 불행하게도 완벽한 경쟁시장은 현실에는 존재하지 않는, 상상 속의 이상적인 시장일 뿐입니다. 게다가 시장에 참여하는 사람들은 모두 도덕적인 사람이 아니고 또 선의로 행동하지도 않습니다. 돈을 벌기 위해서는 자동차의 배출가스로 대기가 오염되는 사실을 교묘하게 숨기기도 하고, 또 그런 사실을 알고 있더라도 연료비만 적게 든다면 망설임 없이 그런 자동차를 구입할 수 있는 것이 보통의 참여자들입니다.

그러다 보니 현실의 시장에서는 '보이지 않는 손'에 의한 공정한 신상필벌보다는 '보이는 주먹과 권력'에 의한 불공정한 일들이 비일비재하게 나타나게 되는 것입니다. 이 때문에 정부는 시장에서 힘으로 다른 사람들의 이익을 가로채거나, 다른 사람들을 속여서 이득을 취하거나, 환경이나 공유자원에 폐해를 입히면서 자신의 이득을 취하는 행위 등을 규제하는 것입니다. 하지만 아무리 정부가 나서서 시장을 감독한다 해도 돈으로 만든 가면을 쓰고 행동하는 사람들의 마음까지를 선의로 만들 수는 없는 만큼, 시장은 여전히 무표정한 돈의 법칙에 의해 지배를 받고 있는 세계일 뿐입니다.

2008년 미국의 서브프라임 모기지 사태를 계기로 유발된 금융위기를 겪으면서 시장의 자정능력과 지속 가능성에 대한 불신은 한층 더 커진 듯합니다. 이에 대한 한 경제학자들의 지적을 읽어보면서 시장의 한계를 다시 한번 생각해 보는 기회를 가져보시길 바랍니다.

시장은 규제가 없으면 제대로 작동하지 못한다. 우리에게는 착한 행동을 강요할 누군가가 필요하다. 왜냐하면 사람들 모두가 선의를 갖고 있는 게 아니기 때문이며 모두가 관대하고 공익정신을 갖고 있는 게 아니기 때문이다.

- 로버트 실러(Robert Shiller), 예일대 교수, 2013년 노벨경제학상 수상

존재하지 않는 시장의
존재 이유

경쟁시장

초능력을 가진 경매인이 있습니다. 아무리 물건의 종류가 다양하고 물량이 많아도 이 사람이 중개를 맡기만 하면 신통하게도 그날의 거래는 남지도 모자라지도 않게 정확히 맞아떨어져서 사는 사람이나 파는 사람이 다 같이 만족합니다. 이 경매인이 어떻게 그렇게 기가 막힌 거래 조건을 찾아내는지 가까이서 관찰해 보았습니다.

그는 아침에 잠자리에서 일어나면 오늘 자신이 중개할 사과에 대해 먼저 하나의 가격을 제시해 봅니다. 그리고 그 가격에서 사람들이 사고팔기를 원하는 물량에 대한 정보를 순식간에 수집해 버립니다(이 사람은 초능력을 가지고 있음을 상기하십시오).

만일 여기서 물량이 남게 되면 그는 이번에는 가격을 좀 낮추어 제시한 다음 다시 물량의 과부족 여부를 살핍니다. 재고가 남으면 가격을 낮추어 보고 모자라면 가격을 약간 높이는 방식으로 몇 번 되풀이하다 마침내 딱 맞아떨어지는 가격, 즉 시장청산가격market clearing price을 찾아내면 그것을 오늘의 가격으로 공시하게 됩니다.

이 가격이 공시되고 나면, 거래자들은 이제 다른 조건들에 대해서는 전혀 신경을 쓰지 않아도 됩니다. 경매인이 이미 똑같은 품질의 사과만 골라 가격을 정해 놓았으므로 품질 걱정을 할 필요도 없고 값을 흥정하느라 시간을 빼앗길 필요도 없습니다. 판매자나 구매자는 오로지 거래 여부를 결정만 하면 될 뿐, 서로 간에 흥정할 일도, 경쟁할 일도 없습니다.

이와 같은 경매인을 처음 상정한 사람은 프랑스의 경제학자 레옹 왈라스Leon Walras, 1834~1910였기 때문에 이 초능력 경매인을 '왈라스 경매인Walrasian auctioneer'이라고도 합니다. 왈라스 경매인이 균형 가격을 찾아내는 과정은 경쟁시장에서 가격이 결정되는 과정을 설명한 것으로, '왈라스의 모색 과정tatonnement process'이라고 부릅니다.

경제학에서 경쟁시장이 차지하는 위상은 매우 큽니다. '시장은 자원을 효율적으로 배분한다'는 현대 경제학의 명제가 전제하고 있는 시장이 바로 경쟁시장이기 때문입니다. 여기서는 경쟁시장이란 무엇이고, 경쟁시장이 경제학에서 갖는 의미를 살펴보도록 하겠습니다.

경쟁시장과 경매

왈라스가 설정한 초능력 경매인 모형은 경쟁시장의 속성이 기본적으로 경매와 동일하다는 것을 말해주고 있습니다. 경쟁시장이나 경매 모두 참여자들의 자유로운 경쟁에 의해 거래가 이루어지기 때문에 기본적인 속성은 동일합니다.

현실에서 경매의 종류는 매우 다양합니다. 한쪽에서 가격을 부르고 다른 한쪽은 응찰만 하는 방식이 있는가 하면, 쌍방에서 가격을 제시할 수 있는 쌍방 경매double bid auction도 있습니다. 또 여러 사람이 보는 앞에서 입찰이 이루어지는 공개 경매도 있고, 비공개적으로 봉투에 넣어 입찰하는 방식도 있습니다. 이외에도 여러 가지 형태의 복잡한 경매들이 있습니다만, 여기서는 공개 경매와 비공개 경매의 대표적인 두 가지 경매에서 나타난 흥미로운 결과를 잠시 소개하고 지나가겠습니다.

우선 공개 경매의 대표적인 형태로 영국식 경매English auction와 네덜란드식 경매Dutch auction를 들 수 있습니다. 전자는 골동품의 경매에서 보듯이 가격이 밑에서 위로 올라가면서 가장 높은 가격을 제시한 입찰자에게 낙찰하는 방식이고, 후자는 경매인이 위에서부터 내려오며 가격을 부르는 도중에 가장 높은 가격으로 끊는 사람에게 낙찰하는 방식입니다. 네덜란드식 경매는 거래가 신속하게 이루어지기 때문에 농산물이나 꽃과 같이 신선도가 중요하고 품목이 다양한 상품에서 주로 사용됩니다. 세계 최대의 화훼시장인 네덜란드의 플로라 홀랜드Flora Holland에서 바로 이 방식을 사용하고 있습니다.

한편 비공개 경매 중에서는 최고가낙찰제first-bid price auction와 차가낙찰제second-bid price auction를 살펴보겠습니다. 전자는 최고가격을 써넣은 사람에게 최고가로 낙찰하는 방식으로 우리나라의 법원 경매나 공사 입찰에서 많이 사용하고 있는 경매입니다. 후자는 최고가격을 써넣은 사람에게 최고가격이 아닌 두 번째의 가격으로 낙찰하는 방식입니다. 이 방식은 1996년에 노벨 경제학상을 수상한 비크리William S.Vickrey 교수가 고안한 것으로 '비크리 경매'라고도 합니다.

같은 물건을 이 네 가지 방식으로 경매에 부쳤을 때 낙찰 가격은 어떻게 나타날까요? 경제학에서도 실험을 하는 경우가 종종 있는데, 실험경제학 분야를 개척한 공로로 2002년에 노벨 경제학상을 수상한 스미스Vernon L.Smith 교수가 이에 대해 실험한 결과가 있습니다. 그 결과를 보면 각 경매에서 나타난 가격은 영국식 경매 〉 차가낙찰제 〉 최고가낙찰제 〉 네덜란드식 경매의 순으로 나타났습니다.

스미스 교수의 실험에서 나타난 또 다른 흥미로운 사실은 영국식 경매에서 나타난 낙찰가격이 바로 경쟁시장에서 형성되는 가격과 가장 유사했다는 점입니다. 이는 다른 사람의 지불 의사를 알 수 없는 네덜란드식 경매나 비공개 경매보다는 경쟁자들의 지불 의사를 알 수 있는 영국식 경매가 경쟁시장의 환경과 가장 유사하다는 것을 의미하는 것이기도 합니다.

이러한 스미스 교수의 실험 결과에서 우리는 두 가지 점에 주목할 필요가 있습니다.

첫째, 공개 경매 중에서는 영국식 경매가 네덜란드식 경매보다 낙찰

가격이 높게 나타난다는 점입니다. 이 둘의 차이는 무엇일까요? 네덜란드식 경매에서 사람들은 오로지 자신의 지불 의사에만 집중하면 됩니다. 이에 비해 영국식 경매에서는 자신의 지불 의사 외에 다른 사람들의 지불 의사까지도 고려하여 입찰할 수밖에 없습니다. 즉, 당초에는 10만 원까지만 입찰할 생각이 있었던 사람도 여러 사람이 앞다투어 10만 원 이상을 제시하는 것을 보다 보면 자신의 지불 의사도 자연스럽게 높아질 수 있기 때문입니다.

실제로 영국식 경매는 골동품이나 미술품과 같이 가치가 정해져 있지 않아 여러 사람의 지불 의사를 참조할 필요성이 큰 물품에 많이 사용되는 반면, 네덜란드식 경매는 어느 정도의 시세가 형성되어 있는 물품에 보다 많이 사용되는 경향이 있습니다.

둘째, 비공개 경매 중에서는 차가낙찰제가 최고가낙찰제보다 낙찰가격이 높게 나타난다는 것입니다. 최고가낙찰제의 경우, 낙찰자가 가장 이득을 보는 경우는 예정가보다는 낮으면서도 차점자보다는 근소하게 높은 가격을 써내는 것입니다. 따라서 입찰자들은 다른 사람들의 지불 의사를 알아내는 것이 무엇보다 중요합니다. 물론 자신의 지불 의사는 꼭꼭 숨긴 채로 말이죠. 그러다 보면 과도한 경쟁으로 인해 담합과 같은 부작용이 나타나기도 하고, 때로는 뜻하지 않은 횡재를 하기도 하지만, 반대로 너무 높은 가격을 써내는 바람에 낙찰을 받고도 손실을 입는 '승자의 저주'가 나타나기도 합니다.

실제로 2014년 9월, 서울 삼성동의 한전 부지에 대한 최고가 입찰에서 최종 낙찰가격은 감정가 3조 3,346억 원을 크게 능가하는 10조

5,500억 원(평당 4억 3,880만 원으로 명동 번화가의 2배 이상)으로 나타나 '승자의 저주'라는 구설수에 오르기도 했습니다.

하지만 차가낙찰제에서는 응찰자들이 다른 사람보다 근소하게 높은 가격을 써내기 위하여 애쓸 필요 없이 자신의 지불 의사를 정직하게 써낼 수 있습니다. 어차피 낙찰이 되어도 자신이 써 낸 가격이 아닌 두 번째 가격으로 낙찰받기 때문이죠. 이 때문에 차가낙찰제의 낙찰가는 최고가낙찰제보다 높게 나타날 가능성이 높은 것입니다.

그런데 여기에도 함정은 있습니다. 1989년 뉴질랜드의 주파수 경매에서 차가낙찰제를 시행한 결과를 보면, 최고가인 10만 달러(NZD)를 제시한 사람이 실제로 낙찰받은 가격은 단돈 6달러(NZD)에 불과해 세상을 놀라게 했습니다. 이것은 경매 방식보다 경매 과정에서 얼마나 실질적인 경쟁이 이루어졌는지가 더 중요하다는 것을 말해주고 있습니다.

보이지 않는 손

현대 경제학의 핵심 명제 중의 하나는 바로 '경쟁시장은 자원을 효율적으로 배분한다'는 것입니다. 그렇다면 경쟁시장의 무엇이 이런 것을 가능하게 할까요? 애덤 스미스Adam Smith, 1723~1790는 그것을 경쟁시장의 '보이지 않는 손invisible hand'이라고 했습니다. 자원을 효율적으로 배분될 수 있도록 사람들의 행동을 이끌어내는 이 손이 무엇인지는 앞에서 보았던 왈라스의 경매인을 살펴보면 답이 나옵니다.

이 경매인이 많은 수요 공급자에게 제시했던 것은 무엇이었나요? 네,

바로 가격이었습니다. 사과의 수요자와 판매자는 바로 이 가격을 보고 자신이 원하는 수량을 제시했고, 경매인은 양자가 일치되는 가격을 찾아내 공표했었습니다. 사람들이 사고팔기를 원하는 물량을 결정한 것은 바로 사과의 가격이었습니다. 즉, 경쟁시장의 가격이 바로 보이지 않는 손이었던 것이죠.

이 사과의 가격에는 여러 가지 정보가 포함되어 있습니다. 사람들이 사과를 얼마나 좋아하는지, 그래서 얼마를 지불할 용의가 있는지(수요), 또 이 사과를 재배하는 데 얼마의 비용이 들었는지, 그래서 공급자들이 얼마를 받기를 원하는지(공급)에 관한 정보도 들어가 있습니다. 따라서 양자가 일치되는 가격 수준에서는 그 사회의 구성원들이 '사과로부터 얻는 편익'과 '사과 생산을 위해 그 사회가 투입한 비용'이 일치하게 됩니다. 이는 곧 사과 생산에 투입된 자원의 양이 가장 적정한 수준이라는 것을 의미하는데, 사과뿐 아니라 모든 재화에 이런 상태가 달성되는 것을 가리켜 우리는 '자원이 효율적으로 배분되었다'라고 하는 것입니다.

"궁금한 게 하나 있는데요. 그렇다면 그 '보이지 않는 손'이 작동한다는 경쟁시장이 현실에서는 존재하나요? 만일 존재한다면 어떤 시장이 있나요?" 아쉽게도 현실에서는 완전한 경쟁시장은 존재하지 않습니다. 다만 이와 비슷하게 생긴 유사 경쟁시장이 있을 뿐입니다.

쌀이나 사과 같은 농산물이나 목욕탕, 미용실, 대중식당 같은 서비스 시장을 보면 수요자나 공급자가 비교적 많아서 어느 누구도 독불장군처럼 행동하기가 쉽지는 않습니다. 그렇다고 해도 공급자들이 모두 완전히 똑같은 상품을 취급하는 것도 아니기 때문에 가격도 균일하지 않습니다. 이런 시장은 기본적으로는 경쟁시장의 구도에 가깝지만 공급자들이 약간씩 독점력을 행사한다고 해서 '독점적 경쟁시장monopolistic competition'이라고 부르고 있습니다. 그러니까 독점적 경쟁시장은 경쟁시장의 현실적인 모습이라고 볼 수 있습니다.

그나마 현실에서 완전경쟁시장에 가장 가까운 시장을 찾아보라면 주식 시장을 들 수 있습니다. 대형주의 경우, 수많은 투자자들이 주식을 사고팔기 때문에 혼자서 가격을 조작하기는 거의 불가능합니다. 하지만 이 주식 시장에서도 외국인 투자가와 기관 투자가, 그리고 개인 투자가들 사이에는 기업에 대해 알고 있는 정도가 다르고, 이 때문에 상대적으로 정보력이 약한 개인 투자가들이 항상 손해를 보고 있습니다. 바로 이런 정보의 비대칭성 때문에 주식 시장도 완전한 경쟁시장이라고 할 수는 없습니다.

완전경쟁시장의 존재 이유

"그럼 현실에는 있지도 않은 경쟁시장을 왜 그렇게 강조하시나요?" 당연히 그런 질문을 할 만합니다. 그 이유는 이렇습니다. 완전경쟁시장이 비록 현실에는 존재하지 않지만 이론적으로 매우 중요한 의미를 갖기 때문입니다.

이렇게 생각해 보면 어떨까요? 우리가 연필과 컴퍼스를 가지고 백지 위에다 아무리 동그랗게 원을 그려봐도 돋보기로 자세히 살펴보면 그것은 완전한 원이 아닙니다. 하지만 우리가 이 도형으로부터 현실에 유용한 결론을 얻고자 기하학의 이론을 전개해 나가기 위해서는 그것을 원이라고 가정하고 상상을 해야만 합니다.

완전경쟁시장도 이와 같습니다. 여기서 자세히 소개하지는 않겠지만, 완전경쟁시장이 성립하는 데 필요한 까다로운 조건들을 현실에서 다 갖춘 시장이 존재하지 않더라도, 경쟁시장이 어떤 기능을 하는지를 이론적으로 추론해 나가기 위해서는 아무 구김살도 없는 완전한 형태의 이상적인 경쟁시장을 전제해야 하는 것입니다. 고대 그리스의 철학자인 플라톤은 일찍이 사물의 완벽한 기하학적인 형상을 가리켜 이데아idea 라고 했다지요? 시장이 자원을 효율적으로 배분할 수 있다는 것을 증명해 보이기 위해서는 이와 같은 경쟁시장의 이데아가 필요하게 되는데, 그것이 바로 완전경쟁시장인 것입니다.

어쨌든 완전경쟁시장이 아닌 시장, 즉 불완전경쟁시장(독과점 시장)에서 형성되는 가격은 자원의 사회적 편익과 비용을 일치시키는 수준에서 결정되지 않고 공급자의 이윤을 늘리는 데 유리한 방향으로 설정되다 보니, 자원의 효율적 배분을 유도하는 신호등의 역할을 제대로 하지 못하게 됩니다. 그래서 시장이 자원을 효율적으로 배분하지 못하게 되면, 우리는 이를 시장이 본연의 기능을 제대로 수행하지 못했다고 하여 '시장의 실패market failure'라고 부릅니다. 시장이 실패하면 정부가 시장에 개입할 수 있는 명분이 생기게 되지만 정부가 개입했다고 해서 반드시 이전보다 더 나아진다는 보장은 없습니다. 오히려 정부가 개입하지 않은 것만 못한 결과가 나타날 수도 있습니다. 이럴 경우 우리는 그것을 '정부의 실패government failure'라고 부릅니다.

　현실에서 시장의 실패는 일상적으로 나타나는 일이고, 따라서 그것을 명분으로 한 정부의 개입 역시 너무 당연하게 되었습니다. 정부의 개입으로 인해 자원 배분의 효율성이 개선되었는지를 알 수가 없는 상황에서, 효율성을 기준으로 정부 개입의 타당성을 판단한다는 것은 불가능에 가깝게 되었습니다. 우리가 정작 관심을 갖는 것은 정부의 개입으로 인해 시장 거래의 이득과 손실의 귀속이 어떻게 변했는가 하는 점입니다.

　이동통신 시장의 과열 경쟁을 막고 소비자의 통신비 부담을 줄인다는 명분으로 시행된 단말기 유통 개선법이나, 대형 온·오프라인 서점의 과도한 할인 마케팅을 제한하기 위해 개정된 도서정가제가 결과적으로 소비자의 부담을 높여 기업의 이익을 늘린다면, 그것은 정책의 선의만을 앞세운 정부의 개입이 가져온 정부 실패의 전형이라고 할 수 있습니다. 시장경제 체제에서 정부의 기본적인 역할은 경쟁을 제한하는 것이 아니라 공정한 경쟁을 촉진하는 데 있음을 염두에 둘 필요가 있습니다.

블루 매직과
금주령

시장의 기능

아편, 모르핀, 헤로인, 코카인, 대마초, 메스암페타민, LSD……

이것이 무엇인 줄 아시겠죠? 네, 바로 마약입니다. 종류에 따라 차이는 있지만, 궁극적으로 인간의 육체와 정신을 병들게 하는 유해 물질입니다. 따라서 마약은 세계 어느 나라를 막론하고 제조, 유통, 소비에 대해 강력한 처벌을 가하는 불법 제품입니다. 그런데 말입니다. 만일 마약에 브랜드가 있다면 어떨까요?

"하하, 그건 말도 안 되죠. 날 잡아가라는 말과 다를 바 없잖아요."

하지만 실제로 미국에서는 그런 일이 있었습니다. 이 실화는 2007년에 〈아메리칸 갱스터〉라는 제목으로 영화화되었는데, 영화를 통해 당시의 상황을 잠시 살펴보겠습니다.

영화는 뉴욕의 부패한 경찰들이 마약 조직으로부터 압수한 마약을 다시 그들에게 되팔아 사리사욕을 채우던 1968년을 배경으로 하고 있습니다. 그즈음 두목의 갑작스러운 죽음으로 할렘의 암흑가 보스가 된 프랭크 루카스는 파격적인 아이디어로 마약계를 평정하게 됩니다. 베트남전의 혼란한 상황을 틈타 직접 태국과 베트남에서 순도 100%의 마약을 전사한 군인들의 관을 통해 들여와 '블루매직'이라는 브랜드를 붙여 반값에 판매한 것입니다. 그는 블루매직의 순도를 떨어뜨려 돈을 벌고 있는 친척들까지 응징하면서 브랜드의 신뢰 유지에 노력을 합니다. 당시는 물론 지금도 상상하기 어려운 일이지요.

2000년 4월 27일 우리나라의 헌법재판소는 과외 금지가 부모의 자녀교육권과 행복추구권에 위배된다며 위헌 판결을 내렸습니다. 이로써 현직 교원을 제외하고는 누구나 관할 교육청에 신고만 하면 과외 교습을 할 수 있게 되었습니다. 이 판결은 경기도 신도시 지역의 고등학교 평준화와 맞물려 서울의 강남 일대를 세계적인 상업적 사교육의 메카로 부상시키는 결정적 계기를 제공하게 됩니다.

우리나라에서 과외가 금지된 것은 1980년 제5공화국이 출범하면서부터였습니다. 입시 경쟁의 과열을 방지하고 학부모의 사교육비 부담을 덜어준다는 명분으로 시행된 과외 금지 조치는 당시 서슬 시퍼런 정권의 위세에도 불구하고 다양한 비밀 과외를 낳았습니다. 승용차 과외, 별장 과외, 심야 과외와 같은 기상천외한 007식 과외들이 등장했는가 하면 급기야는 부모가 과외를 받아 자식에게 가르쳐 주는 간접 과외까지 나타났습니다.

여기서 우리는 과외의 폐해나 과외 금지 조치의 공과를 논하고자 하는 것이 아니라, 합법적이었던 재화가 어느 날 갑자기 불법화될 때 나타나는 현상들을 통해 시장은 과연 무엇이며, 어떤 기능을 하고 있는가를 살펴보고자 합니다.

금주령 시대

1920년 1월 16일, 미국에서는 수정헌법 18조에 의해 이날부터 모든 술의 제조와 판매, 수송, 수출입 등이 모두 금지되었습니다(실제로는 1919년 10월 28일부터 앞당겨 시행되었죠). 단, 의학용이나 종교의식을 위한 술 생산과 가구당 연간 200갤런의 가정용 와인 생산은 예외적으로 허용되었습니다. 이 때문에 많은 가정에서 와인을 담그는 것이 유행하였고, 캘리포니아산 포도가 동부 지역으로 대량 이송되었습니다.

어쨌거나 어제까지만 해도 합법적이었던 상품이 하룻밤 사이에 갑자기 불법으로 바뀌고 만 것이지요. 갑자기 술이 사라져 버린 세상에서는 과연 무슨 일이 일어났을까요? 당시 미국의 상황을 잠시 살펴보겠습니다.

일단 공식적으로는 술의 공급과 유통, 그리고 판매가 완전히 금지되었으니 당장 각종 술집과 술을 파는 가게들이 문을 닫았습니다. 하지만 곳곳에서 밀주가 거래되고 외국으로부터 불법 반입되는 술이 암시장에서 유통되기 시작합니다. 당장 나타난 현상은 술 가격의 폭등입니다. 물론 술의 공급이 줄어들었기 때문인데, 이를 다른 측면에서 보면 밀주 제조자나 비밀 술집의 주인이 적발될 경우에 치러야 할 처벌의 위험까지를 모두 술값에 포함시켜 놓았기 때문이기도 합니다. 공급곡선이 곧 한계비용이라는 사실을 상기해보면, 공급곡선이 어떻게 이동하였는지를

상상할 수 있을 겁니다.

그러면 술에 대한 수요는 어떨까요? 술의 수요가 이전보다 감소하는 것은 틀림이 없지만 어느 정도의 수요는 여전히 남아 있습니다. 포도주 한 잔을 얻어먹기 위해 주일에 성당을 찾는 사람들이 2배 이상 늘었다고 하는데, 그 한 잔으로는 물론 양이 차지 않았겠지요.

가장 답답한 문제는 술을 구해보려 해도 누가 무슨 술을 파는지에 대한 정보를 얻기가 어려워졌다는 것입니다. 간혹 아는 사람의 소개로 밀주를 구했다 하더라도 상표가 붙어 있을 리 없고, 설사 상표가 붙어 있더라도 아무도 책임질 사람이 없는 판에 그것을 믿을 수는 없었겠죠.

자연히 공업용 메틸알코올로 만든 저질 술이 만연하게 되고, 그로 인해 목숨을 잃거나 실명하게 되는 사례가 빈번하게 발생했습니다. 그뿐만 아니라 암거래되는 대부분의 술은 거래의 편의와 효과를 높이기 위해 도수가 높은 독주로 거래되다 보니 알코올 중독자의 수도 크게 증가하였습니다. 단속의 위험을 줄이기 위해 제품의 부피를 줄이고 성분을 강하게 하는 것은 불법재의 일반적인 특징이기도 합니다.

안타까운 것은 이런 저질 술의 피해자들이 대부분 저소득 서민들이라는 점입니다. 부자들은 단지 전보다 돈이 좀 더 들어서 그렇지 여전히 스코틀랜드산 위스키나 프랑스산 와인을 즐길 수가 있었지만, 그럴 형편이 못 되는 서민들은 싸고 빨리 취할 수 있는 술을 마실 수밖에 없었기 때문입니다.

이런 일은 옛날에만 있었던 게 아닙니다. 2000년 초 아프리카 케냐의 수도 나이로비 근처의 빈민가에서는 공업용 메틸알코올로 만든 밀주를 마시고 140여 명이 숨지고 수십여 명이 실명한 일이 발생했습니다. 더 놀라운 것은 이런 일이 처음도 아니고 지난 3년 동안 밀주를 마시고 숨진 사람이 약 500여 명에 이를 만큼 상습적으로 발생한 일이라는 것입니다.

이 동네에서는 왜 이런 일이 반복적으로 일어났을까요? 케냐에서는 1979년부터 토속주의 생산과 판매를 금지하는 법이 시행되어 왔습니다. 그런데 문제는 시중에서 판매하는 맥주의 가격이 한 병에 약 50실링(750원)으로 가난한 사람들이 마시기에는 매우 부담스러웠습니다. 그러다 보니 토속 밀주의 유통이 끊기질 않았는데, 소비자들이 보다 싼 값에 빨리 취할 수 있는 술을 원하게 되면서 밀주업자들이 경쟁적으로 강력한 원료를 사용한 결과 이런 참극이 일어난 것입니다.

시장 기능의 핵심은 정보

이들 예에서 나타난 공식은 수요가 건재한 재화가 불법화되어 시장이 사라지면 재화에 대한 모든 정보도 같이 사라지게 되고, 그에 따라 암시장에서는 다양하고 교묘한 방법으로 저질 상품이 유통됨에 따라 그로 인한 부작용과 피해가 저소득층을 중심으로 확산되었다는 것입니다. 이러한 사례는 시장의 핵심 기능이 단순히 재화를 사고파는 것이 아니라 재화에 대한 모든 정보를 집결하여 그것을 필요한 사람들에게 전달해 주는 데 있다는 것을 보여주고 있습니다.

시장이 이러한 정보 전달 기능을 수행할 수 있는 근본적인 이유는 모든 사람들이 제 발로 시장에 찾아와서 재화에 대한 정보를 제공해 주기 때문입니다. 즉, 소비자들은 시장에서 자신이 좋아하는 물건의 특징과 필요한 수량까지도 구체적으로 알려주고 있으며, 생산자들은 소비자들의 이런 정보를 바탕으로 그들이 좋아할 만한 물건을 만들어놓고 많은 돈을 들여가며 상품을 홍보하고 있습니다.

시장의 핵심적인 기능이 바로 정보의 집결과 전달이라고 본다면, 정보통신기술의 비약적인 발전이 시장과 무관할 리 없습니다. 정보의 획득과 전달이 종전과는 비교가 되지 않게 편리해지다 보니, 이제는 수요 공급에 관한 정보만 모일 수 있는 곳이면 때와 장소를 가리지 않고 시장이 형성될 수 있게 되었습니다. 인터넷 쇼핑몰을 비롯하여 중고품 시장이나 동호인들 간의 직거래 시장 등 다방면에서 시장이 활성화됨에 따라 소비자들은 거래 비용을 크게 줄일 수 있게 되었습니다. 나아가 소비자들은 세계의 모든 지역을 대상으로 정보가 닿는 곳이면 어디든 '직구'의 손을 뻗칠 수도 있게 되었습니다.

시장의 범위가 전 세계를 대상으로 확대됨에 따라 공급자들 간의 경쟁도 훨씬 더 치열해질 수밖에 없게 되었고, 이러한 변화는 생산자와 소비자 모두에게 엄청난 기회와 위기를 동시에 가져다 주고 있습니다. 좋은 아이디어를 가지고도 판로 걱정에 사업을 주저했던 소규모 사업자들에게는 전 세계를 대상으로 하는 엄청난 시장이 새로 생긴 반면, 제품의 경쟁력보다는 지리적 이점에 힘입어 존속해 왔던 사업자들에게는 세찬 경쟁의 태풍이 되어 다가오고 있습니다. 양날의 칼이 되어 다가오고 있는 시장의 확대를 나의 기회로 만들기 위해서는 자신만의 희소성을 키워 나가야 할 것입니다.

사격과
양궁

가격 원리

8강전, 한국 대 우크라이나 227 : 220 한국 승리

준결승전, 한국 대 미국 219 : 224 한국 패배

3, 4위전, 한국 대 멕시코 224 : 219 한국 동메달 획득

결승전, 이탈리아 대 미국 219 : 218 이탈리아 금메달 획득

2012년 런던 올림픽에서 우리나라 양궁 남자 단체전 8강전부터의 경기 전적입니다. 이 결과를 보면 만일 결승에 오른 8팀이 동시에 사대_{射臺}에 올라 활을 쏘는 기록경기를 벌였다면 한국팀이 금메달을 딸 수도 있었겠다는 생각이 듭니다. 같은 런던 올림픽에서 남자 공기권총 10m에 출전한 진종오 선수는 결선에 오른 8명 가운데 최고 점수인 688.2점으로 금메달을 획득했습니다.

양궁과 사격은 활과 총이라는 도구만 다를 뿐, 누가 목표물을 정확히 잘 맞히는 지를 가리는 경기입니다. 따라서 경기 규칙이 다를 이유가 없습니다. 하지만 현실은 그렇지가 않죠. 사격은 결선에 오른 8명이 동시에 총을 쏜 다음 과녁의 점수로 순위를 가리는 데 비해, 양궁은 일대일 토너먼트 대결을 통해 승부를 가리고 있습니다. 상대방과의 대결을 통해 승부를 가리는 격투기나 구기 종목에서 채택되는 이런 방식이 개인 기록경기에서 채택되고 있는 예는 없습니다. 그럼에도 불구하고 양궁에서 이러한 방식이 채택되고 있는 이유는 단 하나, 우리나라 선수들이 너무 강하기 때문입니다.

양궁도 1988년 서울 올림픽까지는 거리별 점수를 더해 메달을 결정했으나, 우리나라 선수들이 메달을 휩쓸어가기 시작하면서 92년 바르셀로나 올림픽부터는 토너먼트 방식으로 바뀌었고, 런던 올림픽에서는 승부 결정 방식까지도 배구와 같은 세트제로 변경되었습니다. 다행히도 한국 양궁은 세계양궁협회의 온갖 방해 공작에도 불구하고 올림픽을 지배해 오고 있는데, 이대로 가다가는 서부 시대의 결투처럼 서로를 향해 쏘는 방식으로 바뀌지나 않을지 걱정됩니다.

경기 규칙 속의 가격 원리

우리가 스포츠를 좋아하고 즐기는 이유는 다양합니다. 자신이 좋아하는 선수의 화려한 플레이를 보면서 대리 만족을 느끼기도 하고, 응원하는 팀을 통해 유대감과 소속감을 느끼기도 합니다. 하지만 보다 중요한 것은 정해진 규칙을 지키면서 경쟁을 통해 정정당당하게 승부를 가린다는 스포츠 정신 때문이 아닐까 합니다. 실력만으로는 성공이 보장되지 않는 현실과는 달리, 스포츠의 세계에서는 오직 실력으로 승부를 가리니까요.

그렇다면 스포츠의 규칙은 무엇보다 선수들의 실력을 공정하고 정확하게 판정할 수 있어야 합니다. 즉, 훌륭한 플레이에는 높은 점수와 보상이 주어지고 실책에 대해서는 그에 상응하는 대가를 치르도록 해야합니다. 이는 시장에서 품질과 디자인이 우수한 제품은 높은 가격을 받고, 품질이 떨어지는 제품에는 낮은 가격이 매겨지는 것과 같은 것으로 우리는 이를 '가격 원리'라고 부르고 있습니다.

그렇다면 여러 스포츠 종목의 경기 규칙 속에는 가격 원리가 어떻게 녹아 있을까요?

우선 육상이나 수영, 사이클, 사격과 같은 기록경기는 선수들의 실력이 바로 점수로 수치화되어 나타나는 만큼 가격 원리가 정확하게 작동하고 있습니다. 선수들의 성적은 백분의 1초 단위까지 측정되어 순위가 결정되고 그에 따라 차등적인 보상이 주어지게 됩니다. 그런가 하면 상대편 선수와 직접 몸을 부딪치며 겨루는 격투기 종목이나 각종 구기 종목에서도 선수들의 성과는 점수로 나타나고 있습니다. 하지만 선수들의 실력이나 활약의 성과가 얼마나 정확하게 수치화되어 나타나는가는 종목에 따라 많은 차이를 보입니다.

구기 종목 중에서는 골프나 테니스 같은 개인 경기의 경우, 선수들의 성과는 스코어에 정확하게 반영되므로 가격 원리가 잘 작동된다고 볼 수 있습니다. 단체 종목 가운데 가격 원리가 가장 잘 작동하는 종목은 바로 야구입니다. 야구에서는 타자가 얼마나 좋은 타구를 쳤는가에 따라 1루에서 홈베이스까지 진루할 수 있는 보상을 받게 됩니다. 물론 그중 상당 부분은 점수와 승부에 반영됩니다.

이에 비해 구기 종목 가운데 가격 원리가 가장 미약하게 작동되는 종목은 축구입니다. 즉, 축구에서는 선수의 플레이와 결과 간에 직접적인 인과관계가 잘 나타나지 않습니다. 야구에서는 야수가 실수를 하면 실점으로 이어지는 경우가 많지만, 축구에서는 드리블 도중에 공을 뺏기거나 패스 미스를 했다고 해서 실점으로 이어지는 경우는 흔치 않습니다. 손으로 공을 다루는 농구나 배구, 핸드볼 등에 비해 축구는 발과 머리로만 공을 다루기 때문에 그만큼 실수와 우연적 요소가 많기 때문입니다.

실제로 복싱이나 레슬링, 유도, 태권도 등과 같은 격투기에서는 난이도가 높거나 파괴력이 큰 기술에 대해서는 더 높은 점수를 부여하는 차등적인 점수제를 채택함으로써 경기의 박진감을 높이고 있습니다. 점수가 열세인 선수도 큰 기술 하나로 일거에 전세를 역전시킬 수 있도록 해 놓은 것이죠. 단순한 점수제에 고위험 고수익이라는 가격 원리를 추가함으로써 선수들은 위험을 무릅쓴 고난도의 기술에 도전하게 되고 경기는 그만큼 재미있게 됩니다. 농구에서 슛의 거리에 따라 2점과 3점으로 차등을 두는 것도 이와 비슷한 효과를 낸다고 볼 수 있습니다.

하지만 축구 경기에는 이러한 가격 원리가 거의 없습니다. 점수에서도 필드 골이나 페널티킥에 의한 골, 그리고 프리킥에 의한 골 모두 다 평등하게 1점일 뿐입니다. 이렇게 점수에 차등이 없다는 것은 경기를

지루하게 만드는 요인으로 작용하기도 합니다.

경기 운영의 가격 원리

스포츠는 크게 두 가지 유형으로 분류해 볼 수 있습니다. 하나는 육상이나 수영과 같은 기록경기이고, 다른 하나는 격투기나 구기 종목과 같이 상대방과 공방을 벌이면서 승부를 가리는 경기입니다. 기록경기는 비록 다른 선수와 경쟁을 하지만 기본적으로는 자신과의 싸움입니다. 이에 비해 상대방과 승부를 겨루는 종목은 상대의 행동에 따라 나의 행동이 달라질 수 있는 전략적 상황에서 순간순간 의사 결정을 해나가야 합니다. 이 때문에 대부분 혼자 하는 경기보다는 상대방이 있는 경기가 더 재미있습니다.

문제는 기록경기는 모든 선수들의 기록에 따라 예선 통과를 결정하고, 결선에서도 가장 좋은 기록 순으로 등수가 결정되기 때문에 실력이 떨어지는 선수가 좋은 성적을 거둔다는 것은 불가능합니다. 하지만 상대와 겨루는 종목에서는 상대를 결정하는 과정에서 실력과는 관계없는 '운'이라는 새로운 요소가 개입될 소지가 발생합니다. 소위 말하는 대진운입니다.

2015년에 캐나다에서 개최되었던 여자 축구 월드컵의 8강 대진표를 보면 세계 랭킹 1~3위인 독일, 미국, 프랑스가 중국과 함께 같은 조에 배치된 반면, 반대편 조에는 일본, 캐나다, 호주, 잉글랜드가 배치되어 의혹의 눈길을 사기도 했었죠. 어쨌든 대진운이라는 요소를 포함하고 있는 토너먼트는 가격 원리를 희석시키는 효과를 갖는 경기 방식이라고 할 수 있습니다.

이런 관점에서 본다면, 1988년 올림픽 이후 여자 양궁의 경기 방식은 가격 원리를 최대한 배제하는 방향으로 변해 왔다는 것을 알 수 있습니다. 양궁이라는 기록경기를 날씨의 영향을 많이 받는 야외 경기장에서, 격투기와 같은 토너먼트 방식으로 맞대결을 벌이게 하고, 승부의 결정도 점수 합산이 아닌 세트제로 하면서, 그것도 모자라 발사 화살 수와 출전 선수 수까지 제한하는 것은 하나같이 어떻게 하면 선수들의 실력을 상쇄시킬만한 우연적 요소를 확대시킬 것인가에 초점이 모아져 왔습니다. 승부가 뻔히 예측되는 경기를 관람할 때 흥미가 줄어드는 것은 사실이지만, 그렇다고 우연에 의해 승부가 결정되는 것은 경기가 아니라 추첨이나 다를 바 없기 때문에 공정한 경쟁을 생명으로 하는 스포츠에서는 있을 수 없는 얘기입니다.

말이 나온 김에 올림픽의 종목별 메달 수를 보면, 왜 올림픽을 스포츠 행사가 아닌 정치 행사라고 하는지를 알 수 있습니다. 육상(47개)과 수영(34개)에 메달이 집중되어 있는 것은 그렇다 쳐도, 양궁(4개)보다 월등히 많은 사격의 메달 수(15개)나 카누(16개)와 조정(14개), 요트(10개)에 무려 40개의 메달이 걸려 있는 것, 그리고 사이클(18개)과 펜싱(10개)에 30개에 가까운 메달이 걸려 있는 것 등은 올림픽 종목이 모두 서구의 선진국 중심으로 이루어져 있다는 것을 말해줍니다.

나는 가수다 vs 불후의 명곡

가격 원리와 운이라는 우연적 요소는 우리 생활 곳곳에서 때로는 경쟁적으로, 때로는 보완적으로 작동하고 있습니다. 숨 막히는 시장경제 속에서 운이라는 요소는 잠시 숨을 돌릴 수 있는 여유를 갖게 해줍니다. 운이 작동하는 그 순간만은 경쟁을 하지 않아도 되니까요. 그런 의미에서 로또는 시장의 경쟁에서 뒤처진 사람들에게 잠시나마 파라다이스의 꿈을 꾸게 해주는 도피처라고도 할 수 있습니다.

시장의 자원 배분 원리인 가격 원리는 TV의 오락 프로그램에서도 찾아볼 수 있습니다. 가요 프로그램의 쌍벽을 이루었던 〈나는 가수다〉와 〈불후의 명곡〉이라는 프로그램은 여러 가수가 나와 특정 주제의 노래를 불러 승자를 가린다는 점에서 유사한 프로그램이지만 승자를 결정하는 방식은 서로 달랐습니다.

〈나는 가수다〉에서는 7명이 노래를 부른 후, 청중단의 평가 점수에

콩도르세
Condorcet.1743~1794.
프랑스의 계몽주의
철학자이자 정치가

따라 순위를 정합니다. 이 방식은 사격에서 선수들의 과녁 점수로 순위를 정하는 것과 같습니다. 다시 말해 가격 원리가 정확하게 작동하는 것이죠. 하지만 〈불후의 명곡〉에서는 두 명의 가수를 대결시켜 다수결로 승자를 정했습니다. 다수결 투표에서 여러 안건을 동시에 투표하지 않고, 둘씩 짝지어 투표하는 방식을 가리켜 '콩도르세 다수결 방식'이라고 하는데, 초기 〈불후의 명곡〉 판정 방

식이 바로 이랬습니다.

이 방식은 기본적으로 토너먼트 방식의 변형이기 때문에 출전 순서와 대결 상대에 따라 승패가 달라질 수 있는 운의 요소가 매우 높았습니다. 특히 가장 늦게 출전하는 가수는 단 한 번의 승리로 우승을 따낼 수 있었기 때문에 기회의 불균등이라는 공정성 문제도 가지고 있었습니다. 한마디로 가격 원리가 제대로 적용되지 않는 방식이었죠. 결국 나중에는 이 프로그램에서도 가수의 점수(득표수)를 공개하여 최고 점수가 우승을 차지하는, 가격 원리를 적용하는 방식으로 규칙을 변경함으로써 대진운 논란을 잠재웠습니다.

지금까지 스포츠와 오락 프로그램에 나타난 승부 결정 방식을 통해 한 가지 알 수 있는 것이 있습니다. 양자 모두 선의의 경쟁을 통해 승자와 패자를 가리는 일종의 게임인 만큼 참가자의 실력에 대한 평가가 공정하게 이루어지고, 그에 따른 차등적인 보상이 이루어져야 한다는 것입니다. 만일 그렇지 못할 경우, 참가자는 물론 그것을 지켜보고 있는 사람들도 게임의 규칙이 불공정하다는 생각을 하게 됩니다.

즉, 현실의 시장에서 이루어지는 경쟁은 그 사회의 자원을 누가 차지할 것인가를 두고 벌이는 경쟁이니만큼 여기서 뒤처지는 사람은 빈곤한 생활을 해야 하고 나아가 생존을 위협받게 됩니다. 이 때문에 시장의 원리와는 전혀 다른 차원에서 경쟁의 낙오자를 감싸줄 수 있는 사회 안전망이 필요하게 되는 것입니다. 경쟁력이 뒤처지는 사람들을 '다르게' 인정해 주는 수직적 공평성의 원리가 적용되는 것이죠.

하지만 스포츠와 오락에서의 경쟁은 생존보다는 재미를 위한 것인

만큼 여기서는 가격 원리에 따른 공정한 경쟁이 이루어지지 않을 경우, 관중들은 게임의 룰이 불공정하다는 생각을 하게 됩니다. 게임의 흥미를 위하여 일부 '운'의 요소를 도입할 수도 있지만, 그것은 어디까지나 가격 원리의 근간을 해치지 않는 범위 내에서 양념 정도로 사용되어야지, '운'이 주가 되어서는 게임의 공정성도, 흥미도 모두 잃는 결과를 가져오게 됩니다. 양궁 경기 규칙을 점심 식사 메뉴 바꾸듯이 바꾸는 세계 양궁협회 관계자들이 명심해야 할 얘기입니다.

좋은 사과는
다 어디로 갔는가

상대 가격

미국에서 사과의 최대 생산지 하면 태평양 연안에 위치한 워싱턴 주를 꼽습니다. 그런데 1975년 10월 19일, 이 워싱턴 주의 중심 도시인 시애틀에서 발행되는 『시애틀 타임스Seattle Times』의 일요판 독자 투고란에 다음과 같은 어느 소비자의 불평이 실렸습니다.

> 우리 지역에서 팔리는 사과는 왜 이렇게 작고 시든 것들만 있죠? 일전에 과수원 하는 친구가 가져온 사과는 시장에서 파는 것보다 훨씬 크고 좋던 데, 대체 이렇게 크고 맛있는 사과는 다 어디로 갔나요? 우리 지역에서도 이런 사과 살 수 없을까요?

그로부터 며칠 뒤인 10월 28일 자 신문에는 다음과 같은 한 경제학자의 설명이 실렸습니다.

며칠 전 어느 분이 말씀하신 '좋은 사과는 어디로 갔는가?'하는 문제는 최근 몇 년간 워싱턴 대학 경제학과에서 즐겨 써먹던 단골 시험문제였다는 사실을 알면 아마 놀라실 겁니다. 이렇게 생각해 봅시다.

사과 산지인 우리 지역에서 상품上品은 개당 10센트이고 하품下品은 개당 5센트라고 합시다. 그러면 상품 사과 1개는 하품 2개와 맞먹죠? 그런데 이 사과를 동부로 실어 나르는 데 드는 비용이 개당 5센트씩이라고 해봅시다(비싼 사과라고 해서 운송비를 더 내는 것은 아니니까요). 그러면 동부에서의 사과 값은 도매가격으로 상품이 15센트, 하품은 10센트가 됩니다. 이렇게 되니 이제는 상품 사과 2개는 하품 4개가 아닌 3개의 가치와 맞먹게 됩니다.

즉, 동부에서는 수송비 때문에 사과 값이 전체적으로 오르기는 하였지만 좋은 사과의 가격은 상대적으로 저렴해지게 된 것입니다. 그러다 보니 좋은 사과는 우리 지역보다는 동부지역에서 더 잘 팔리게 되고, 따라서 좋은 사과들이 외지로 많이 나갈 수밖에요. 결국 우리 지역에 좋은 사과들이 귀해진 것은 바로 상대 가격의 차이 때문에 그렇게 된 것입니다.

어떻습니까? 여러분도 이 경제학자의 말에 동감을 하십니까? 이야기의 핵심은 일정한 상대적 비율을 유지하고 있던 가격에 어떤 고정비용이 추가되면서 상대 가격이 종전과 달라지고, 그에 따라 그 재화들에 대한 수요도 달라진다는 것입니다. 여기서 우리가 눈여겨봐야 할 것은 바로 상대 가격입니다.

상대 가격과 뉴메레르

'상대 가격'이란 말 그대로 가격의 상대적 비율입니다. 한 개에 1,000원인 배와 500원인 사과의 상대 가격은 2 또는 1/2입니다. 사과의 단위로 나타낸 배의 가격은 2가 되고, 배의 단위로 나타낸 사과의 가격은 1/2이 됩니다. 이처럼 상대 가격이 존재하기 위해서는 기준이 되는 재화가 필요합니다.

이 기준이 되는 재화는 자연히 화폐의 역할을 수행하게 되는데, 2차 세계대전 당시 독일에 있는 연합군 포로수용소에서는 담배가 이 역할을 담당했던 적이 있었습니다. 포로들 간에도 서로 보급품을 교환할 필요성이 대두되었고, 이때 물물교환에서 나타나는 불편을 줄이기 위해 모든 보급품을 담배 개비 수로 표시한 것입니다. 그러다 보니 비흡연자들도 재화로서가 아닌 화폐로서의 담배를 보유하였다고 합니다.

노인정의 고스톱 판에서도 잔돈이 없으면 바둑알을 동전 대신 사용하기도 합니다. 담배든 바둑알이든 이처럼 회계의 기본 단위가 되는 것을 우리는 '뉴메레르numeraire'라고 합니다. 그런데 경제 내에 존재하는 수많은 재화를 상대 가격으로 표시하기 위해서는 그중에 하나는 반드시 뉴메레르가 되어야 하니까 상대 가격의 수는 항상 재화의 수보다는 하나가 적습니다. 재화가 3개면 상대 가격은 2개, 재화가 4개면 상대 가격은 3개, 일반적으로 n개의 재화에서는 n-1개의 상대 가격이 존재하게 됩니다.

또한 상대 가격은 그 자체로 기회비용을 나타냅니다. 즉, 배의 사과에 대한 상대 가격이 2(=1,000원/500원)라면 배 한 개를 먹는다는 것은 곧 두 개의 사과를 포기한다는 것을 의미합니다. 선택에서 의미 있는 진정한 비용이 기회비용이라는 것을 상기해보면, 우리의 선택에서 중요한 것은 상대 가격이지 절대가격이 아니라는 것을 알 수 있습니다.

이 상대 가격, 즉 기회비용은 실제로 사람들 간에 교환이 이루어지지 않아도, 그리고 시장이 없어도 존재합니다. 예컨대 로빈슨 크루소처럼 무인도에서 혼자 사는 사회에서도 상대 가격은 존재하고 있습니다. 코코넛을 20개 딸 시간에 물고기를 10마리 잡을 수 있다면 코코넛을 기준으로 한 물고기의 상대 가격은 2가 되니까요.

왜 상대 가격인가?

중남미는 처음이다. 앞으로 현지 사정에 익숙해질 동안은 가져온 돈으로 지내야 한다. 이곳의 화폐단위는 '렘피라(1렘피라=50원)', 일단 넉넉하게 환전해 두었다. 현지에 도착한 첫날 생필품을 구입하기 위해 시장으로 갔다. 우선 현지 음식을 파는 식당에 들어가 점심을 먹고 120렘피라를 지불했다. 음식은 먹을 만했지만 원화로 따져 봐도 6천 원이면 결코 싸지 않은 가격이었다.

시장에서 처음 집어 든 화장지 1개가 30렘피라, 수건은 50렘피라, 포크와 스푼 세트는 80렘피라, 이 나라 물가가 만만치 않다는 생각을 하며 과일 가게로 갔다. 그런데 20개도 더 달린 바나나 한 손이 10렘피라, 아이 머리보다 큰 코코넛은 5렘피라, 한국에서는 구경도 못한 파파야도 5렘피

라. 그야말로 과일은 거저였다. 그제서야 점심때 먹은 음식이 얼마나 비싼 것이었나를 알았다.

중남미의 온두라스를 배경으로 낯선 곳에서 처음 생활하게 된 사람이 현지에서 마주한 상황을 가상의 일기로 써 본 것입니다. 우리가 해외의 낯선 여행지에서 물건을 구입할 때 가격을 인지하는 과정은 어떻습니까? "그야 일단 원화로 환산해보면 되지요." 맞습니다. 대부분의 사람들이 그렇게 하지요. 그런데 그것은 현지 가격이 한국에 비해 얼마나 싼지 또는 비싼지를 인식하는 데는 도움이 되겠지만, 현지에서의 기회비용을 아는 데는 별 도움이 되지를 않습니다.

우리가 낯선 외국에서 생소한 화폐 단위의 가격을 들었을 때, 우리는 그 숫자가 무엇을 의미하는지 금방 파악하기 힘듭니다. 기준이 없기 때문입니다. 그러다 보니 자연히 환율 계산을 통해 원화 가치로 환산해 보고는 비싸다, 싸다를 판단하게 됩니다. 그런데 잠시 다녀올 여행자라면 모를까, 위의 예처럼 현지에서 한동안 살아야 할 사람의 입장에서 보면, 한국 물가에 대한 상대적 수준은 별 도움이 되질 않습니다. 정작 중요한 것은 현지의 다른 상품들에 대한 상대 가격 수준입니다. 그것이야말로 자신이 살아가야 할 사회에서의 기회비용을 나타내 주기 때문입니다.

사람은 누구나 자신이 사는 지역의 상대 가격 체계에 익숙해 있다 보니, 가격을 하나의 절대적인 수치로 생각하는 경우가 많습니다. 하지만 우리가 익숙해져 있는 가격표의 가격은 우리의 소득 수준과 상점에 진열되어 있는 다른 모든 상품들에 대한 상대적 수준을 나타내고 있다는 사실을 기억할 필요가 있습니다. 우리가 해외에서 물건을 구입할 때 본능적으로 원화로 환산을 해보는 것은, 그 상품의 가격을 우리나라의 상대 가격 체계에 포함시켜 판단하는 것에 불과합니다.

담뱃값 속의 상대 가격

원래의 가격에 일정한 고정 금액이 추가되어 상대 가격이 달라지는 경우는 담배 가격의 변동에서도 찾아볼 수 있습니다.

2015년 1월 1일부터 담배 가격이 약 2,000원 정도씩 일률적으로 인상되었습니다. 그 결과 담배 한 갑에는 담배소비세 1,007원, 지방교육세 443원, 국민건강증진부담금 841원, 개별소비세 594원 등 총 2,885원의 각종 조세 및 부담금이 정액으로 부과되고 있습니다. 담배의 최종 판매 가격은 담배의 출고 원가에 정액의 조세 및 부담금을 더하고, 여기에 다시 10%에 달하는 부가가치세까지 부과되어 결정됩니다. 하지만 부가가치세는 정률세인 만큼, 여기서는 정액으로 부과되는 세금 등만을 고려해서 담배의 세전·세후의 가격을 비교해 보기로 하겠습니다. 참고로 세금에는 물건 가격을 기준으로 일정 비율의 세금을 거두는 정률세定率稅와 수량을 기준으로 일정액을 균일하게 부과시키는 정액세定額稅가 있는데, 담배소비세는 후자의 예가 됩니다.

현재 한 갑에 5,000원인 C 담배와 4,000원인 E 담배를 살펴봅시다. 두 담배의 최종 판매 가격의 상대적 비율은 5,000/4,000=1.25입니다. 그런데 정액의 세금과 부담금이 부과되기 전의 상대 가격을 보면

(5,000-2,885)/(4,000-2,885)=1.90이 됩니다. 즉, 정액세가 없었더라면 C 담배를 한 갑 살 돈으로 E 담배를 거의 두 갑이나 살 수 있었지만, 정액세가 부과된 후에는 C 담배 한 갑 살 돈으로 E 담배를 1.25갑밖에 살 수 없게 된 것입니다. 즉, 담배에 부과된 정액의 세금과 부담금은 고급 담배를 상대적으로 저렴하게 만들어 고급 담배의 소비를 늘리는 데 기여하고 있는 것입니다.

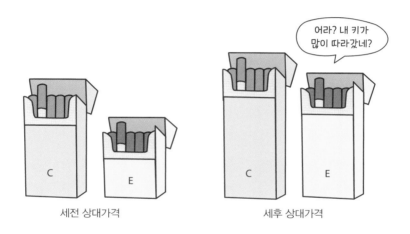

세전 상대가격   세후 상대가격

참고로 가격 인상 전 담배 한 갑당 정액세 및 부담금은 1,338원 이었고, 여기에 출고 원가와 부가가치세가 더해진 최종 가격은 고급 담배가 3,000원, 보통 담배가 2,500원이었습니다. 따라서 세전에 (3,000-1,338)/(2,500-1,338)=1.43이었던 상대 가격 비율이 세후에는 3,000/2,500=1.20으로 낮아져 고급 담배의 가격을 상대적으로 저렴하게 만들었습니다.

기왕 상대 가격을 살펴본 김에 담배 가격이 인상되기 전과 인상된 후에 고급 담배와 보통 담배 간의 상대 가격이 어떻게 달라졌는지도 한번 살펴보기로 할까요? 가격 인상 전과 후에 고급품과 보통품의 상대 가격 비율은 1.20에서 1.25로 조금 높아졌습니다. 다시 말해 고급 담배의 가격이 상대적으로 더 비싸졌습니다.

그런데 이번에는 담배 가격이 거의 두 배가 될 정도로 큰 폭으로 인상되었기 때문에 흡연자의 경우 담배 구매로 인한 실질소득의 감소, 즉 '소득 효과'를 무시할 수 없습니다. 게다가 고급 담배의 경우 상대 가격의 인상으로 인한 소비 감소(대체효과)까지 나타난 것을 감안한다면, 2015년의 담배 가격 인상은 상대적으로 5천 원짜리 고급 담배의 소비를 더 크게 감소시키지 않았을까 하는 예측을 해보게 됩니다.

생활 속의 상대 가격

안압정이나 포석정 등 경주의 유적지에 입장하려면, 외지에서 온 관광객은 일정액의 입장료를 내야 합니다. 그런데 경주 시민에게는 입장료를 받지 않습니다. 비단 경주뿐 아니라, 이와 유사한 사례는 전국의 많은 지역에서 어렵지 않게 찾아볼 수 있습니다. 이처럼 같은 상품에 대해 사람에 따라 다른 가격을 적용하는 것은 가격차별의 관점에서 볼 수도 있지만, 상대 가격의 차이라는 요소도 가지고 있습니다(가격차별에 대해서는 다음 편을 참조).

외지의 관광객이 경주에 오려면 교통비나 숙박비와 같은 비용을 지출해야 합니다. 이미 이런 비용을 지출한 사람에게 1,000원이나 2,000원의 입장료는 상대적으로 큰 비용이 되지 않습니다. 하지만 그런 비용을 부담하지 않은 지역 주민에게는 같은 요금이라도 체감 비용에서는 큰 차이가 날 수 있습니다. 마찬가지로 제주도 주민이 현지의 호텔에 묵을 일이 생겼을 때와 비행기를 타고 온 외국 관광객이 호텔에 묵게 될 때 어느 쪽이 일류 호텔을 선택할 가능성이 클까요? 값비싼 땅에 짓는 집은 비용을 많이 들여 매우 근사하게 짓고, 넓은 아파트로 이사 가는 사람들은 멀쩡한 세탁기나 냉장고도 아낌없이 바꾸어 버립니다. 단순히 돈이 많고 적고 만의 문제가 아니라 상대 가격이 다르게 느껴지기 때문입니다.

우리의 일상생활에서는 시시각각으로 선택의 상대 가격이 변하고 있습니다. 선택의 환경과 대안이 달라지기 때문입니다. 여러분도 이러한 상대 가격의 변화를 잘만 활용한다면, 자신이 원하는 바를 의외로 쉽게 달성할 수 있을지도 모릅니다.

시혜와
꼼수 사이

가격차별

"시장은 사람을 차별하지 않는다. 아니 아예 관심이 없다." 우리가 앞에서 보았던 시장의 특성입니다. 그런데 만일 시장에서 사람을 차별한다면, 그것도 고객의 특성에 따라 또는 고객이 구매하는 재화의 양에 따라 차별을 한다면 소비자는 불리한 차별을 당하지 않기 위해 바짝 긴장하지 않을 수 없습니다. 여기서는 시장, 아니 시장의 공급자가 소비자를 차별하는 다양한 유형을 통해 시장의 행태를 보다 깊이 있게 살펴보도록 하겠습니다.

자칭 '지구상에서 가장 행복한 장소The happiest place on earth'라고 하는 디즈니랜드는 미국의 L.A. 근처인 애너하임이라는 작은 도시에 있습니다. 이 안에 재미있는 구경거리들이 많다 보니 하루로는 부족하고 보통 며칠간의 일정으로 보게 되는 경우가 많습니다. 그런데 10세 이상의 입장객들이 모든 시설물을 무료로 이용할 수 있는 하루 입장권은 159달러,

이틀 입장권 290달러, 사흘 입장권 365달러, 나흘 입장권 395달러, 그리고 닷새 입장권은 415달러입니다(2020년 2월 11일 기준). 여기서 중요한 것은 입장료가 얼마인 가가 아니라 입장권을 매일 새로 사는 것보다 며칠 분을 한꺼번에 구입할 경우 추가되는 관람 일수에 대해서는 할인이 된다는 것입니다.

우리나라에서도 무슨 '랜드'나 '월드' 같은 위락 단지에서는 대부분 들어갈 때 입장료를 받고 안에서 시설물을 이용할 때마다 추가로 돈을 받는 방식을 채택하고 있습니다. 이런 방식은 기본요금과는 별개로 추가 요금을 받는다고 하여 '이원가격제two part tariff'라고 부릅니다. 한때는 디즈니랜드에서도 이런 방식을 채택했지만 이러한 이원가격제가 독점사업자의 가격차별이라 하여 경제학자들의 입에 오르내리자 오늘날과 같은 방식으로 바꾸었습니다. 이 내용은 이 장을 조금 더 읽어보면 이해가 갈 것입니다(디즈니랜드의 이원가격제를 가격차별이라고 지적한 논문 「A Disneyland Dilemma: Two-Part Tariff for a Micky Mouse Monopoly, Oi, W.Y.」).

가격차별이라니? 여러분은 의아하게 생각할지도 모르겠습니다. 도대체 누가 누구에게 어떻게 가격을 차별했다는 것인가요? 이 이야기를 하기 위해서는 우선 가격차별이란 무엇이며 왜 시도되는가에 대해 알아봐야 할 것 같습니다.

'가격차별price discrimination'이란 똑같은 제품의 가격을 다르게 판매하는 행위를 말합니다. 자신이 팔고 있는 상품의 가격을 마음대로 바꾸려면 일단은 판매자가 상당한 독점력을 행사할 수 있어야 하는 것은 기본입니다. 가격차별은 그 방식에 따라 크게 두 가지로 구분해 볼 수 있는데, 하나는 소비자의 특성에 따라 가격을 달리하는 방식(3차 가격차별)이고, 다른 하나는 상품의 판매 단위마다 다른 가격을 적용하는 방식(1차 가격차별)입니다. 물건에 흠이 있는 것도 아닌데 왜 사람 봐가면서, 그리고 물건 사는 것 봐 가면서 값에 차이를 두냐고요? 이유는 간단합니다. 이렇게 하는 것이 단일 가격으로 파는 것보다 더 많은 이윤이 생기기 때문입니다.

3차 가격차별

우선 소비자의 특성에 따라 가격을 달리 책정하는 3차 가격차별의 예를 통해 가격차별에 숨어있는 속셈을 살펴보도록 합시다.

우리나라에서는 그다지 많이 통용되고 있지 않지만, 미국에서 신문이나 잡지를 보면 특정 상품에 대한 할인권이 붙어 있는 경우를 흔히 볼 수 있습니다. 햄버거에서부터 휘발유에 이르기까지 다양한 상품에 적용되고 있습니다. 또 대형 할인점에서는 정기적으로 할인 쿠폰북을 보내기도 합니다. 이런 것들을 잘 모아 놓았다가 할인 기간 내에 해당 상점을 찾아다니면 돈을 꽤 절약할 수가 있습니다.

그런데 그게 말처럼 쉽지만은 않습니다. 우선 신문을 꼼꼼히 잘 살펴서 이런 할인 쿠폰들을 잘 챙겨 놓아야 할 뿐 아니라 그 상점이 조금 먼 거리에 있더라도 달려갈 수 있는 시간과 성의가 있어야 하는데, 시간이 자유롭지 않은 직장인들이 그렇게 하기란 쉽지가 않습니다. 그러다 보니 이런 할인 쿠폰을 이용하는 주 고객은 비교적 한가할 뿐 아니라 가격에 대해 매우 민감한 사람들, 즉 수요의 가격탄력성이 큰 사람들이라는 특징이 있습니다. 아마도 백수라면 이 조건에 딱 맞겠군요.

판매자의 입장에서는 누가 탄력적이고 비탄력적인 수요를 가졌는지를 잘 알 수가 없다 보니, 소비자로 하여금 자신의 수요의 탄력성을 스스로 노출하도록 유도하기 위하여 이런 할인 쿠폰을 미끼로 던져놓는 것입니다. 이렇게 해서 쿠폰을 잊지 않고 챙겨오는 수요가 탄력적인 소비자들에게는 할인해서 싸게 팔고, 쿠폰을 들고 오지 않는 비탄력적인 소비자들에게는 비싸게 판매함으로써 이윤을 극대화하자는 전략입니다.

이렇게 본다면 백화점의 세일도 지참할 할인 쿠폰만 없다 뿐이지 기본적으로 동일한 역할을 수행하고 있다는 것을 알 수 있습니다. 내일모레 결혼을 앞두고 세일 때까지 기다릴 여유가 없는 비탄력적인 수요를 가진 사람에게는 제값을 다 받고, 마음에 드는 물건이 있어도 가격이 비싸 못 사고 있는 탄력적인 수요를 지닌 사람들에게는 세일 기간을 통해 값을 조금 낮춰줌으로써 이윤을 높이는 것이지요.

그런데 재화에 따라서는 굳이 이와 같은 분류 작업을 하지 않아도 소비자의 특성이 자연스럽게 드러나는 경우들이 많이 있습니다. 항공권이나 기차표처럼 이용 일시가 정해져 있는 경우가 대표적입니다. 당장 내일 미국으로 가는 항공권을 구입하려면 정가를 다 지불해야 하지만, 같은 비행기 편을 몇 개월 전에 미리 예약하면 매우 저렴하게 살 수 있습니다. 미리미리 항공권을 구입해 놓는 사람은 비행기를 타는 목적 자체가 급한 일이 아닐뿐더러 여러 항공사의 티켓을 충분히 비교해 볼 것이기 때문에 당연히 가격에 매우 민감할 수밖에 없습니다. 즉, 수요의 가격탄력성이 매우 큰 사람입니다.

호텔이나 열차의 주말과 평일 요금 차이, 극장의 오전 오후 요금 차이, 수출가와 국내 가격의 차이, 그리고 열차의 일반실과 특실 요금의 차이 등도 모두 3차 가격차별의 예가 됩니다. 어느 쪽이든 가격이 비싼 쪽이 수요가 비탄력적이고, 싼 쪽이 수요가 탄력적이라는 공통점이 있습니다.

"잠깐만요, 다른 건 다 좋은데 열차의 경우는 좀 이상한데요. 특실은 시설이나 분위기가 일반실하고는 다르지 않습니까?" 당연히 그런 질문이 나올 만합니다. 물론 특실과 일반실은 객실을 꾸미는 데 들어간 비용이 다른 만큼 다른 상품으로 볼 수 있기 때문입니다. 그러나 만일 양자 간의 가격 차이가 객실을 꾸미는 데 들어간 비용의 차이보다 더 크다면, 그 나머지는 수요자의 특성 차이에 기인한 것이므로 가격차별이라고 볼 수 있습니다. 가격차별의 핵심은 수요자의 특성에 따른 가격의 차이이기 때문입니다.

1차 가격차별: 소비자잉여를 잡아라

처음에 나온 디즈니랜드 예로 다시 돌아가 볼까요? 하루 입장권 가격이 159달러, 이틀 치 290달러, 사흘 치 365달러, 나흘 치 395달러, 그리고 닷새 치 입장권은 415달러였습니다. 이를 하루가 추가될 경우의 비용, 즉 한계비용을 구해보면 첫날은 159달러를 지불하지만, 이틀째는 131달러(=290-159), 사흘째는 75달러(=365-290), 나흘째 30달러

(=395-365), 그리고 닷새째는 20달러(=415-395)만 추가로 지불하면 됩니다. 즉, 디즈니랜드에서는 다양한 기간의 패키지 입장권을 통해 추가되는 관람일의 가격을 할인해 주고 있는 것입니다.

관광객들이 하루를 더 관람하기 위해 추가로 더 지출해야 하는 비용, 즉 한계비용을 그래프로 그려보면 마치 수요곡선처럼 우하향하는 모습으로 나타나는 것을 볼 수 있습니다. 이 한계비용이 소비자들의 지불의사와 같다고 가정한다면, 디즈니랜드의 다양한 입장권 묶음 정책은 소비자들의 지불액(수요곡선 아래에 있는 면적)을 기업의 수입으로 가져감으로써) 이윤을 극대화하는 방법이 되는 것이죠.

이를 그림으로 나타내면 이렇습니다. 붉은색으로 표시된 사다리꼴 부분은 소비자의 구매량에 대한 지불 의사를 나타내고 있습니다. 만일 공급자가 단일 가격으로 판매할 경우, 소비자가 지불하는 금액은 짙은 붉은색의 사각형으로 나타나지만, 위의 경우처럼 단위마다 제품의 가격

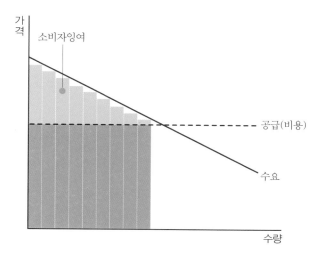

을 낮추어 다르게 책정한다면 소비자잉여(옅은색 삼각형 부분)까지도 이윤으로 흡수해 가게 되는 것입니다. 바로 이런 식의 이윤극대화를 추구하기 위해 판매자가 동원하는 각종 가격 정책들이 바로 1차 가격차별인 것입니다.

참고로, 만일 디즈니랜드에서 입장권 가격을 지금처럼 차별적으로 책정하지 않고 하루 100달러로 똑같이 받는다면 어떻게 될까요? 그렇게 되면 아마도 3일 이상 관람하는 사람은 크게 감소할 것입니다. 하루나 이틀만 관람하는 사람들은 지금보다 싼 가격으로 입장할 수 있으니까 좋아하겠지만, 관람객들의 지불의사(즉, 한계효용)가 75달러로 줄어드는 3일째부터는 소비자잉여가 음(-)이 되기 때문입니다.

1차 가격차별을 통해 이윤을 극대화하는 방법은 다양합니다. 그중 가장 직선적인 방법은 바로 한계 단위마다 가격을 낮추어 주는 것입니다. 그런데 이런 방식을 서투르게 사용하다가는 오히려 소비자들의 불평을 살 우려가 있습니다. 그래서 좀 더 세련된 방법으로 등장한 것이 바로 디즈니랜드처럼 다양한 묶음을 제시하는 것입니다. 실제로 500원어치를 살 때는 5개를 담아주다가 1,000원어치를 사면 12개를 담아 주는 길거리 군밤 장수도 알고 보면 같은 방법을 사용하고 있는 것입니다.

두 번째로 생각해 볼 수 있는 방법은 소비자의 총지불 의사를 두 부분으로 나누어 각기 다른 명목으로 가격을 징수하는 것입니다. 이런 방식을 '이원가격제two-part tariff'라 하는데, 놀이공원의 입장료나 콘도의 회원권처럼 미리 일정액을 받아놓은 다음, 이들이 실제 이용할 때 추가 비용을 받는 경우가 이에 해당됩니다.

세 번째의 방법은 판매 단위를 세분하지 않고 하나의 패키지로 묶어 놓은 다음 소비자들의 지불 의사에 근접한 가격을 제시하는 판매 방식으로, 이를 '전부 아니면 무all or nothing'의 방식이라고 합니다. 뷔페 음식점에서는 각종 음식과 음료, 장소, 분위기까지를 통틀어 하나의 단위로만 판매하고 있습니다. 그런 곳에서 불고기 한 접시만 먹었다고 값을 깎아 달라 할 수는 없습니다. 패키지여행 상품 역시 같은 속성을 가지고 있습니다.

네 번째는 '끼워팔기tied-in-sale'입니다. 이는 비인기 제품을 인기 제품에 같이 포함시키는 그런 종류의 끼워팔기가 아니라 서로 보완관계에 있는 연계 상품을 같이 파는 것을 말합니다. 지금은 역사의 뒤안길로 사라진 필름 카메라가 코닥사에서 처음 개발되었을 때는 필름과 카메라는 사실상 하나의 상품이나 마찬가지였습니다. 마치 카메라가 코닥 사진 클럽의 회원권이고 필름 가격은 그 회원들의 1회 사용료와 같다고 볼 수 있습니다.

이외에도 칫솔과 치약, VCR과 비디오테이프, 컴퓨터와 소프트웨어 등과 같이 보완성이 큰 상품들이 독점적으로 공급될 때 나타납니다. 이런 상품들에 대한 소비자의 궁극적인 수요는 어느 한 개별 품목에 대한 것이 아니라 두 재화가 합쳐질 때 만들어 내는 상품, 즉 '깨끗한 이'나 '영화 감상', '컴퓨터의 편리함'이라고 볼 수 있습니다. 하지만 초창기에 나타났던 하드웨어와 소프트웨어의 독점적 연계는 소프트웨어의 표준이 제정되면서, 이런 끼워팔기의 위력도 거의 쇠퇴하였습니다. 하지만 아직도 첨단 전자 및 기계제품들 가운데는 자사 제품 전용의 배타적 소프트웨어나 부품으로 제한하고 있는 경우를 찾아볼 수 있습니다.

마지막으로 이도 저도 마땅치 않을 때는 아예 터놓고 '낼만큼 내주십사'하고 손을 벌리는 경우도 있습니다. 소위 기부금이라는 이름으로 말입니다. 유진 오르먼디Eugene Ormandy가 지휘자로 있던 전성기의 필라델피아 오케스트라는 세계 3대 교향악단의 하나였습니다. 하지만 필라델피아시의 보조금이 줄어들면서 재정난을 겪게 되자 이를 타개하기 위한 방안으로 모금 콘서트를 하곤 했는데, 이때 소정의 입장료를 받았던 콘서트에 비해 무료입장 후 자발적인 기부금을 내도록 하는 방안이 더 많은 수입을 가져왔다는 기록이 있습니다.

하지만 방법이 워낙 점잖고 소비자의 양심에 호소해야 하는지라 아무 데서나 통할 수 있는 것은 아니고, 구매자들의 자발적 기부가 쉬운 절이나 교회 같은 곳에서라면 제대로 효력을 발휘할 수 있을 듯합니다. 만일 교회에서 1만 원의 입장료를 내야만 목사님의 설교를 들을 수 있다면, 또는 절에서 부처님께 예배를 올리는 요금이 1만 원이라면 여러분은 어떻게 하시겠습니까? 5,000원 정도의 헌금을 하고 싶었던 사람은 아예 교회에 들어가지도 못할 뿐 아니라, 1만 원 이상의 금액을 절에 보시하고 싶었던 사람도 1만 원만 내고 나올 가능성이 많지 않겠습니까?

가격차별은 독점력을 가진 공급자가 이윤을 극대화하기 위한 수단인 만큼 소비자에게는 이 정책이 좋을 수만은 없습니다. 공급자의 이윤이 커지는 만큼 소비자들의 주머니는 얇아지기 때문입니다.

다음 표에서 보는 것처럼 극성수기, 준성수기, 비성수기에다 금요일과 토요일까지 구분하여 차등 요금을 적용하고 있는 숙박업소들을 보면서, 이제 세상에 어수룩한 구석이라고는 조금도 없음을 아쉬워할 수밖에 없게 되었습니다. 시장 원리가 더 철저하게 작동할수록 인간미나 정이 사라지는 것은 시장의 타고난 특성이니 그러려니 생각해야겠지요.

■ 펜션 객실 이용료

– 비수기 할인 가격(단위: 원)

정상가	요일별 가격			
	주중	금요일	토요일	연휴
330,000	119,000	179,000	189,000	199,000

– 성수기 할인 가격(단위: 원)

정상가	준성수기 (7/17~23, 8/16~23)	극성수기 (7/24~8/15)
330,000	219,000	259,000

정상가 330,000원

준성수기
(7/17~23, 8/16~23)
219,000원

극성수기
(7/24~8/15)
259,000원

열정페이에서
공정페이로
시장의 임금 결정 원리

　'무급 또는 최저 시급에도 미치지 못하는 아주 적은 월급을 주면서 청년들의 노동력을 착취하는 행태를 비꼬는 신조어', '취업을 희망하는 취업 준비생을 무급 혹은 저임금 인턴으로 고용하는 관행' 무엇인지 아시겠습니까? 바로 '열정페이'라는 단어의 뜻입니다.

　"너는 이 일을 하고 싶은 열정이 있지 않니? 그런데 네가 취업을 하려면 경력이 있어야 하는데, 경력도 쌓을 겸 내 밑에서 그 일을 한번 해봐. 단, 돈은 줄 수 없어" 이런 열정페이는 국제기구나 국가기관 등과 같이 취업 희망자들이 쉽게 직무 경험을 하기 어려운 곳에서 많이 이루어집니다. 우리나라의 국회에서도 입법보조원을 채용하면서 중식 제공과 무급이라는 조건을 당당하게 내세워 권위를 과시한 바 있습니다. 특히 학생들의 현장 실습이나 인턴이라는 이름으로 종종 이루어지고 있는 노동 착취는 열정페이의 전형적인 모습들입니다.

우리나라의 2021년 최저임금은 8,720원입니다. 1인 이상의 근로자를 사용하는 모든 사업장에서 지켜야 할 법적 기준입니다. 노동계는 현정부의 공약인 1만 원을 주장했고, 경영계는 삭감을 주장했지만, 전년도의 8,590원보다 1.5% 오른 수준에서 결정되었습니다.

최저임금의 10년간 변동을 보면, 2011년의 4,320원에서 매년 한 자리 수의 상승률을 이어오다가 2018년과 19년에 각각 16.4%와 10.9%로 두 자리 수의 상승률을 보였지만, 최근에는 3% 이내로 둔화되고 있습니다. 재임 중 1만 원을 달성하겠다는 정부의 공약이나 저임금 노동자의 삶을 개선하겠다는 아름다운 명분도 시장의 힘 앞에서는 어쩔 수가 없었던 모양입니다.

시장경제에서 임금은 노동시장에서 고용주와 피고용인의 계약에 의해 결정됩니다. 하지만 상대적으로 약자의 위치에 있는 피고용인이 부당한 고용계약으로 피해를 보는 경우가 많은 현실을 감안하여 매년 법으로 최저임금 수준을 정하고 있습니다. 그렇다면 시장에서는 어떤 원리에 의해서 임금이 결정되고, 시장에서 결정되는 임금에 정부가 과도하게 개입하면 어떤 문제가 나타날 수 있는지를 살펴보도록 하겠습니다.

경쟁시장의 이윤 극대화 고용 조건

시장에서 임금이 결정되는 원리는 두 가지 측면을 가지고 있습니다. 하나는 시장에서 노동이라는 생산 요소의 가격이 결정되는 원리이고, 다른 하나는 임금이라는 소득이 분배되는 측면입니다.

시장의 임금 결정 원리는 일단 많은 수요자와 공급자가 존재하여 한두 명이 임의로 임금을 정할 정도의 힘이 없는 노동시장, 즉 경쟁적인 노동시장을 전제로 살펴보도록 하겠습니다.

간단한 예를 하나 들어보겠습니다. 개당 5천 원짜리 인형을 만드는 공장이 있습니다. 경기가 좋아져서 물건 수요가 많아지자 사장은 직원을 추가로 채용하려고 합니다. 현재 노동시장에서 인형 봉제공의 월급은 150만 원이라고 합니다(노동시장이 경쟁시장이기 때문에 시장의 임금은 이렇게 정해져 있습니다). 일단 한 명을 채용해 보았더니, 월 생산량이 400개가 더 늘었습니다. 그러면 사장은 이 직원을 채용함으로써 이득을 얻었나요, 손해를 보았나요?

그렇죠, 당연히 이득을 얻었습니다. 직원의 월급으로 나가는 비용은 150만 원인데 비해 이 직원이 회사의 수익에 기여한 금액은 200만 원(=5,000원×400개)이기 때문입니다. 사장은 새로 채용한 직원이 이득을 가져다주는 한 계속 채용하기로 하고 한 명씩 채용을 늘려가기 시작했습니다. 그런데 이렇게 노동이 새로 추가되면 어떤 현상이 나타난다고 했었지요? 예, 바로 '한계생산성 체감의 법칙'입니다. 새로 채용된 직원들의 한계생산물이 400개에서 380개, 350개, 330개와 같이 계속 줄어드는 것입니다. 생산 시설이나 장비는 그대로 둔 채 사람만 늘렸을 때 나타나는 현상입니다.

이제 사장이 어디까지 직원을 채용해야 할지는 짐작이 가시지요? 바로 추가로 채용한 사원에 들어가는 비용(임금)과 그가 회사에 벌어다주는 돈(한계생산물의 가치)이 같아지는 수준에서 채용하는 것이 이윤을 극대화할 수 있습니다.

고용의 한계비용(임금) = 고용의 한계수입

= 노동의 한계생산물 × 생산된 재화의 시장가격

= 한계생산물의 시장가치

이 식에서 눈여겨볼 것은 '노동의 한계생산물'은 노동자의 생산 기여도를 나타내고, '재화의 시장가격'은 노동자가 종사하는 업종을 나타낸다는 것입니다. 임금은 노동자가 어떤 업종에서 얼마나 회사 수익에 기여하고 있는가에 의해 결정된다는 것입니다.

그러다 보니 회사의 수입에 아무리 큰 기여를 하는 노동자라 하더라도 그 회사에서 생산하는 재화의 가치가 낮을 경우 소득은 낮을 수밖에 없습니다. 비닐봉지를 생산하는 중소기업에서 20년간 근무한 부장의 월급이 일류 전자회사에 갓 들어간 신입사원의 월급보다 낮은 경우가 바로 이런 예가 될 수 있겠죠. 실제로 최근 한 취업 포털의 조사에 의하면, 평균 8.9년을 근무해야 승진하는 중소기업의 과장급 평균 연봉은 3,944만 원으로 주요 대기업 신입사원의 연봉에 못 미치는 것으로 나타났습니다.

프로 스포츠 선수들의 연봉도 마찬가지입니다. 선수들의 연봉은 어떤 종목에서 뛰는지와 팀 내에서 얼마나 기여도가 높은지에 의해 결정됩니다. 우리나라의 프로 스포츠 중에서 평균 연봉이 가장 높은 분야는 프로 축구(2019년 평균 연봉은 1억 9,911만 원)로 가장 낮은 여자 프로 배구의 9,300만 원보다 2배 이상 높습니다. 그러다 보니 프로 축구의 후보 선수라도 여자 프로 배구의 주전 선수보다 더 높은 연봉을 받는 것이 전혀 이상하지 않습니다. 바로 생산하는 재화의 가격 차이 때문이지요.

착취: 기여도와 소득 간의 괴리

앞에서 보았던 임금 결정 공식은 경쟁적인 노동시장에서 성립하는 것입니다. 하지만 노동시장이 경쟁적이지 않고 노사 중 어느 한쪽이 주도권을 행사하게 될 경우, 임금이 '노동의 한계생산물의 가치'와 일치하지 않고 차이를 보이게 되는데, 경제학에서는 이런 현상을 가리켜 '착취 exploitation'라고 합니다. 흔히 착취라고 하면 노예를 채찍질하며 부려먹는 비인간적인 장면이 연상될지 모르지만, 이론적으로는 이렇게 임금과 한계생산물 간의 상대적인 차이로 명료하게 정의될 수 있습니다.

착취의 방향은 노동시장의 상황에 따라 다르게 나타납니다. 즉, 노동의 공급자보다 수요자인 고용주의 영향력이 더 크게 작용하는 시장(수요독점적 시장)에서는 노동자가 착취를 당할 가능성이 높고(임금 〈 노동의 한계생산물의 가치), 반대의 경우에는 노동자가 고용주를 착취하는 현상(임금 〉 노동의 한계생산물의 가치)이 나타나게 됩니다. 열정페이는 두말할 나위 없이 노동자가 고용주에 의해 착취를 당하는 대표적인 사례가 되겠지요.

물론 현실적으로는 노동시장의 속성상 노동력을 팔아서 생계를 유지해야 하는 공급자보다는 노동력을 고용하는 자본가의 사회경제적 지위가 더 우위에 있을 수밖에 없고, 그러다 보니 자본가에 의해 노동이 착취를 당하는 경우가 일반적일 수밖에 없습니다. 그리고 노동의 수요 공급자 간에 사회경제적 격차가 커지면 커질수록 노동시장의 독과점 구조는 심화되고 따라서 착취의 가능성도 높아지게 됩니다. 열정페이라는 것도 흔해 빠진 아르바이트 자리에서 발생하기보다는 전문성이 크고 우월한 지위를 가진 채용 기관에서 주로 발생하는 것도 이 때문입니다.

착취는 상대적인 개념이기 때문에 노동자가 받는 소득의 절대적인 수준과는 무관합니다. 아무리 많은 연봉을 받고 있는 프로 선수라도 자신이 구단에 벌어다 준 수입이 연봉보다 많다면 그 역시 착취를 당하고 있는 것이며, 또 아무리 적은 임금을 받는 노동자라 하더라도 일은 하지 않고 놀기만 한다면 그것은 노동자가 자신을 고용한 고용주를 착취하고 있는 것이 됩니다.

최저임금제의 명암

최저임금제는 노동시장에서 나타나는 최저가격제로 정부가 가격의 하한선을 정하는 규제입니다. 이러한 제도는 보통 노동시장이나 농산물 시장과 같이, 시장에서 형성되는 가격이 너무 낮아 공급자들이 피해를 입을 가능성이 있을 때 그들을 보호해 준다는 선의의 취지에서 출발합니다. 하지만 이는 어디까지나 시장의 경쟁을 다른 방식으로 바꾼 것일 뿐 경쟁 자체가 없어지는 것은 아니기 때문에, 문제를 근본적으로 해결하는 것은 아니며 경우에 따라서는 더 나쁜 결과를 초래할 수도 있습니다.

최저임금제를 살펴보기 전에 먼저 최고가격제도 간단하게 살펴보고 가겠습니다. 정부에서 은행의 가계대출 이자율이 지나치게 높다고 판단해서 이를 시장금리 이하로 규제했다고 합시다. 당연히 낮은 금리에 대출을 받고자 하는 희망자가 몰려 대출자금에 대한 초과수요가 나타날 것입니다. 상황이 이렇게 되면 돈을 빌려주는 은행으로서는 당연히 자신들이 선호하는 수요자를 고르게 될 것이고, 그러다 보면 신용도가 높고 담보가 확실한 고객이 우선권을 갖게 될 것입니다.

문제는 이로 인해 피해를 보는 사람이 누구인가 하는 점입니다. 그것은 은행 대출은 꼭 필요한데 담보나 신용 상태가 그다지 좋지 못해서 대출의 우선순위가 뒤로 처진 사람들입니다. 대출 금리의 규제는 신용 상태가 좋지 못한 상대적 약자에게 이자를 좀 더 부담하더라도 자금을 빌릴 수 있는 기회 자체를 앗아가는 결과를 가져오기 때문입니다. 이는 곧 자금이 필요한 경제적 약자들에게 적정한 이자로 자금을 제공해 준다는 정책의 취지와는 달리 약자의 기회를 강자에게 이전시켜주는 셈이 됩니다.

이제 본론으로 돌아와 최저임금제를 살펴보겠습니다. 정부가 저임금 근로자들을 보호하기 위해서 시장임금 수준보다 높은 수준에서 최저임금을 정했다고 해봅시다. 그러면 이렇게 높아진 임금 수준에서는 노동의 수요량은 감소하는 데 비해 공급량은 늘어나면서 노동의 초과공급, 즉 실업이 나타나게 됩니다. 그런데 고용주가 직원을 줄이고자 할 때는 숙련공과 비숙련공 중 누구를 먼저 해고할까요? 당연히 비숙련공부터 해고하게 될 겁니다. 단순 노동력이 하던 일은 다른 직원에게 쉽게 떠맡길 수 있지만, 특별한 기능을 필요로 하는 숙련공이 하던 일은 그렇게 하기가 어렵기 때문이지요.

이렇게 볼 때, 최저임금제는 저임금 근로자의 소득을 높여준다는 당초의 취지와는 달리 오히려 경제적 약자의 고용 기회를 빼앗는 결과로 이어지는 경우가 많습니다. 나아가 고용주의 입장에서는 인건비를 줄이기 위해 노동을 자본으로 대체하려는 유인을 갖게 됩니다. 실제로 아파트 경비원 같은 경비 단속직에도 최저임금제가 적용되기 시작한 2007년에 실직을 비관해 자살한 경비원이 있었는가 하면, 이 제도를 계기로 많은 아파트에서 경비원의 수를 줄이기 위해 자동 출입문을 도입하기 시작했습니다.

최저임금제가 시행되면 당연히 고용되어 있는 직원들의 임금은 올라가게 됩니다만, 따지고 보면 그것은 결국 감원된 직원들의 봉급을 나누어 가진 것에 지나지 않습니다. 즉, 결과적으로는 노사勞使 간의 소득재 분배가 아닌 노노勞勞 간의 재분배로 끝나게 됩니다.

최저임금제 때문은 아니었지만 외환위기 직후 단행된 기업의 구조조정에서도 이와 유사한 일이 일어났던 것을 우리는 기억하고 있습니다. 기업의 감원 바람에서 살아남은 직원들은 퇴직한 동료들의 빈자리를 메우느라 근로시간이 더 늘어나긴 했어도, 기업이 정상화되면서 전보다 더 높은 임금을 받을 수 있었습니다. 반면, 해고당한 직원들의 일부는 이전의 직장에 비정규직으로 다시 취업하기는 했지만 전보다 훨씬 못한 근로조건과 대우를 감수해야 했습니다. 이 역시 살아남은 직원들의 높아진 소득은 퇴직한 동료들의 임금으로부터 온 것입니다. 이런 일들이 되풀이될 경우, 노동시장의 양극화는 가속화될 수밖에 없습니다.

이처럼 노동시장의 현실과 괴리된 최저임금제는 노동시장에서의 상대적 약자, 즉 숙련 노동자보다는 비숙련 노동자, 남성보다는 여성, 유경력자보다는 무경력자, 그리고 인종에 있어서도 그 사회의 소수 인종에게 불리한 결과를 가져다줍니다. 시간이 자유롭지 못한 아르바이트 대학생들도 불리하기는 마찬가지입니다. 미국의 경우도 최저임금제의 가장 큰 피해자가 바로 흑인 청소년 계층이라는 사실이 이러한 결과를 잘 말해주고 있습니다.

지금 세계는 정보통신기술의 발전과 그로 인한 산업구조와 생산 방식의 변화로 인해 노동시장에 많은 혼란이 발생하고 있습니다. 가장 대표적인 현상은 청년실업으로 대표되는 젊은 세대의 사회 참여가 소외되는 현상입니다. 노동시장에서의 이러한 소외는 연애와 결혼의 소외로 이어져 결국은 저출산의 근본 원인이 되고 있습니다. 부족한 일자리를 단기간에 늘리는 것은 어렵다고 치더라도 생산 요소 소유의 기득권을 이용하여 젊은이들의 열정과 희망을 짓밟는 일만은 사라져야 하겠습니다. 열정페이를 공정페이로 바꾸어나가는 첫걸음은 공정한 시장 거래를 위한 최소한의 기준인 최저임금법과 근로기준법부터 준수하려는 고용주의 마음가짐이 아닐까 합니다.

사람에게는
얼마만큼의 땅이 필요한가

지대

이제 해가 막 서쪽 지평선에 걸렸습니다. 온몸이 땀에 젖은 채로 발이 상처투성이인 한 사내가 절뚝거리며 금방이라도 쓰러질 듯 빠르게 해를 향해 뛰어가고 있습니다. 해가 지기 전까지만 돌아가면 오늘 다녀온 곳에 표시해 둔 모든 땅을 가질 수가 있습니다. 하지만 출발점에 도착한 사내는 그 자리에서 쓰러져 숨을 거두고 말았습니다. 그가 묻힌 곳은 한 평도 안 되는 땅이었습니다.

러시아의 세계적인 문호 톨스토이의 1885년 단편 소설집 『사람은 무엇으로 사는가와 다른 얘기들』 중 한 편인 「사람에게는 얼마만큼의 땅이 필요한가?」라는 소설의 한 장면입니다. 악마의 꾐에 빠진 바흠이라는 농부가 땅을 차지하기 위해 과욕을 부리다가 비참한 최후를 맞는 이야기입니다.

토지와 지대

개인이나 국가를 막론하고 땅은 동서고금을 통해 가장 오래된 다툼의 대상이었습니다. 땅은 인간이 축적할 수 있는 모든 부의 원천에서 빼놓을 수 없는 핵심 요소이기 때문입니다. 그러다 보니 땅은 인간 사회에서 나타나는 모든 사회경제적 불평등의 원인이자 상징이기도 합니다.

토지는 경제학에서 노동, 자본과 함께 생산의 3대 요소로 불리고 있습니다. 여기서 토지는 인간의 손이 닿지 않은 자연 상태의 땅과 그 땅에 속한 모든 부속물을 망라하는 것입니다. 즉, 지상의 흙이나 돌, 물, 거기에 뿌리를 내리고 있는 모든 식물과 동물, 그리고 지하에 묻혀있는 석유, 석탄 등 온갖 종류의 개발되지 않은 모든 지하자원을 다 포함하는 것입니다. 이 때문에 최근에는 토지보다 천연자원natural resources이라는 용어가 더 많이 사용되고 있기도 합니다.

우리는 토지의 매매가격을 지가地價, 그리고 임대가격을 지대地代라고 부릅니다. 그런데 우리가 토지라는 생산 요소의 가격을 지가라고 하지 않고 지대라고 하는 것은 생산에서 필요한 것은 토지 그 자체가 아니라 토지가 가진 생산 능력이기 때문입니다. 토지가 가진 생산력을 사용하기 위해서는 일단 토지를 빌려야 하기 때문에 토지라는 생산 요소의 가격을 지가가 아닌 지대라고 부르는 것입니다. 이것은 인간의 몸이 가진 생산적인 서비스(노동력)를 생산에 활용하기 위해 인간을 근무 시간 동안 생산 현장에 빌려오는 대가로 지불하는 것을 임금이라고 부르는 것과 같은 논리입니다.

지대라는 소득

지대의 본질이 무엇이고, 어떻게 형성되는가를 살펴보기에 앞서 스포츠 스타들의 소득을 잠시 살펴보도록 하겠습니다.

2010년에서 2020년까지 11년간 세계에서 가장 돈을 많이 번 스포츠 스타는 누구일까요? 미국의 포브스지에서 발표한 소득 순위를 보면, 1위는 복싱 역사상 최초로 다섯 체급을 정복한 플로이드 메이웨더로 총 9억 1,500만 달러(한화 약 1조 원, 환율 1,100원 기준)을 벌었습니다. 2위와 3위는 축구의 메시와 호날두로 각각 8억 달러와 7억 5천만 달러를 벌었습니다. 10위권 내에는 권투, 축구, 골프, 농구가 각 2명씩이고 테니스와 자동차 경주가 1명씩을 차지하고 있습니다.

스타들의 이런 엄청난 고소득을 보고 있노라면 궁금해지는 게 있습니다. 경제 이론에 의하면 소득은 부가가치를 창출해야 발생하고, 부가가치는 생산으로부터 나오며, 생산은 생산 요소들이 결합되는 것입니다. 생산의 3대 요소를 노동(인적자원), 자본(물적자원), 토지(천연자원)라고 하는데, 스타들의 이런 소득은 도대체 무슨 요소를 어떻게 제공했기에 이렇게 높은 걸까요? 노동을 제공하고 받는 임금wage 입니까, 자본을 빌려주고 받는 이자interest 입니까? 아니면 땅을 빌려주고 받는 지대rent 입니까?

언뜻 생각하면 자신의 몸으로 버는 돈이니까 노동의 대가가 아니냐고 할 사람도 있을 겁니다. 그렇다면 만일 여러분이 유명 가수 대신 무대에서 노래 한 곡 불러주고 내려오면 돈을 얼마나 받을 수 있을까요?

아마 돈을 받기는커녕 밴드에 반주 비용을 지불해야 할지도 모릅니다. 어떤 사람은 노래를 불러주고 돈을 버는데 같은 시간 동안 노래하느라 애쓴 다른 사람은 오히려 돈을 내야 한다면 유명 가수의 소득은 분명히 임금은 아니겠지요?

결론부터 말하면 그것은 바로 '지대'입니다. "아니 스타들이 부동산을 빌려준 것도 아닌데 무슨 지대를 받습니까?" 이 질문에 답하기 위해서는 우선 지대가 왜 발생하는지부터 살펴볼 필요가 있습니다.

지대의 탄생 조건

지대는 왜 생기는 것일까요? 이 문제는 경제학의 오랜 관심거리이고 몇 가지 이론도 있습니다만, 여기서는 우리의 논의에 가장 적합한 이론을 중심으로 얘기를 하겠습니다.

아메리카 대륙이 발견되기 이전의 인디언들의 경우를 생각해 봅시다. 유럽 사람들이 몰려오기 전에는 인디언들에게 부족 단위의 영역 개념은 있었지만, 땅에 대한 개인 소유의 개념은 없었습니다. 인구에 비해 땅이 엄청나게 넓었기 때문입니다. 땅도 신이 내려준 공기나 물처럼 항상 그렇게 있는 것 정도로 알고 사는 세상에서는 땅을 사용하는 데 돈을 내야 한다는 생각이 들 리 없었겠지요.

그러나 이런 세상에서도 인구가 늘어나면서 땅도 끝없이 있는 것이 아니라는 사실이 인식되고 여기저기 말뚝이 박히기 시작하면서, 지대가 발생할 첫 번째 조건이 성립됩니다. 즉, 토지의 부존량이 그것을 원하는

사람에 비해 상대적으로 부족해지기 시작한 것입니다. 토지가 희소해지면서 땅을 사용하는 데도 가격이 생겨나게 되었는데 그것이 바로 지대입니다.

미국 중남부의 위치한 오클라호마주는 남한 면적의 1.8배지만 인구는 350만 명에 지나지 않습니다. 매년 봄에 무시무시한 토네이도가 자주 지나가는 지역으로 유명하기도 합니다. 이 오클라호마 주립대학에서 직영하는 호텔이 수너호텔Sooner Hotel이고 이 대학의 미식축구팀 애칭이 '더 수너스The Sooners'입니다. 여기서 '수너'가 도대체 무슨 의미일까요? 그것은 바로 '먼저 오는 사람'이라는 뜻입니다. 미국의 서부 개척 시절 곳곳에 지천으로 널려있던 땅은 곧 '수너'가 임자였습니다. 그 시절에는 톨스토이의 소설에 나오는 이야기처럼 주민들의 서부 이주와 개척을 촉진하기 위하여 주어진 시간에 말을 타고 다니면서 말뚝 꼽은 지역을 모두 가질 수 있는 그런 이벤트가 실제로 있었다고 합니다.

지대가 발생하기 위한 두 번째 조건은 토지마다 특성이나 가치가 달라야 한다는 것입니다. 농사짓는 사람들에게는 땅의 비옥도가 가장 중요한 가치일 것이고, 금광을 찾는 사람에게는 물 한 방울 없는 사막이라도 금맥만 있으면 최고의 땅이 될 것이며, 상업용 토지가 필요한 사람에게는 사람이 많이 다니는 땅이 가치가 높겠죠.

지대가 발생하기 위해서는 바로 이 두 가지 조건, 즉 자원의 특성이나 가치가 각기 달라야 하고, 또 그것들이 한정되어 있어 희소해야 합니다. 하지만 다행인지 불행인지 모르겠지만, 땅은 이 조건을 완벽하게 갖추고 있습니다. 이 세상에 있는 모든 땅은 같은 것이 하나도 없기 때문입니다. 최소한 위치라도 조금씩 다르니까요.

이처럼 등급이 다른 토지 간의 상대적인 생산성의 격차로부터 발생되는 지대를 '차액지대differential rent'라고 합니다. 이러한 지대의 발생 원리는 토지와 유사한 특성을 지닌 다른 생산 요소에도 적용될 수 있습니다. 다만 토지 이외의 다른 요소들에서 발생되는 지대를 토지의 그것과 구분하기 위하여 '경제적 지대economic rent'라고 부르기도 합니다.

오늘날 유명 스타들이 받는 소득이 바로 이 경제적 지대입니다. 그들은 보통 사람들이 갖지 못한 희귀한 특성(외모, 음악성, 뛰어난 운동신경 등)을 가졌기 때문에, 여기서 발생하는 소득은 비옥도가 높은 희소한 토지에서 발생하는 지대와 같다고 보는 것입니다. 지대가 신이 내려준 천연자원의 희소성으로부터 발생하는 소득이라면 스타들의 소득은 신이 내려준 희소한 재능으로부터 발생하는 것이라는 차이가 있을 뿐입니다.

지대의 기회비용: 전용수입

　유명한 스타들을 인터뷰할 때 단골로 등장하는 질문이 있습니다. '당신이 이 길로 들어서지 않았다면 지금쯤 무엇을 하고 있을까요?'라는 질문이 바로 그것입니다. 스타들이야 기왕이면 현재의 인기에 도움이 되는 쪽으로 대답을 하겠지만, 우리야말로 그것을 상상해 볼 필요가 있습니다. 만일 타이거 우즈가 골프 선수가 되지 않았다면 지금쯤 무엇을 하며 살고 있을까요? 제아무리 용한 점쟁이라도 이런 것까지 알 수 없다 하지만, 우리는 지금까지 이야기한 것을 토대로 추측을 해 볼 수 있습니다.

　미국에서 그 나이 또래의 흑인이 받을 수 있는 평균적인 소득을 가정해 보겠습니다. 만일 그들의 평균 연봉이 3만 달러라고 한다면, 이는 타이거 우즈가 골프 선수가 되는 바람에 포기한 금액, 즉 골프 선수라는 직업에 대한 기회비용이 되는데 우리는 이를 전용수입transfer income이라고 부릅니다. 따라서 타이거 우즈의 연간 수입을 1억 달러라고 한다면, 여기서 골프 선수로서의 기회비용인 3만 달러를 뺀 9,997만 달러는 바로 그가 희소한 재능으로 벌어들인 경제적 지대입니다.

　지대는 이처럼 자연적으로 희소하든 또는 인간이 만든 제도에 의해 인위적으로 희소해진 것이든 생산 요소가 가진 희소한 특성에서 발생하는 것입니다. 변호사나 의사와 같이 자격증을 필요로 하는 직업에서 볼 수 있듯이 진입의 장벽이 있는 모든 직업에는 정도의 차이는 있지만 일정한 경제적 지대가 있기 마련입니다.

지대를 주인에게: 헨리 조지의 통찰

헨리 조지Henry George, 1839~1897라는 미국의 경제학자가 있었습니다. 활동 영역이 주로 언론계와 정계였기 때문에 경제학자라고 부르기가 어색한 면도 있습니다만, 중학교 중퇴라는 학력에도 불구하고 꾸준한 독서와 독학으로 토지 문제에 대한 예리한 통찰이 담긴 『진보와 빈곤Progress and Poverty』이라는 불후의 명저를 남김으로써 오늘날 세계 각국에 '헨리 조지협회'가 구성되어 있을 만큼 후대에 많은 영향을 끼친 사람입니다.

어린 시절을 주로 동부의 대도시에서 보낸 그가 개척 중인 서부에 와서 가지게 된 하나의 의문이 있었습니다. 막 개척 단계에 있는 서부 지역의 생활 수준은 전반적으로 낮기는 했지만 사람들이 큰 격차 없이 비슷하게 살아가고 있는데 반해, 왜 당시 가장 부유한 도시라고 하는 뉴욕에서는 고층 빌딩의 그늘 속에 수많은 빈민과 부랑자들이 있는가 하는 점이었습니다.

이 질문에 대해 헨리 조지가 찾아낸 답은 바로 지대의 차이였습니다. 한쪽(동부)에서는 그 사회의 생산물 중 상당 부분이 지대라는 명목으로 토지 소유자에게 집중되는 반면, 아직까지 토지 소유권이 제대로 확립되지 않은 다른 한쪽(서부)에서는 생산물이 모두 구성원들에게 귀속되기 때문이라는 것이 그의 통찰이었습니다.

1849년은 미국 서부 개척 시대의 골드러시gold rush가 극에 달하던 해입니다. 미국의 프로 풋볼팀 샌프란시스코 포티나이너스(SF 49ers)도 이 해에 금을 찾아 서부로 온 사람들을 말합니다. 이 1849년에 캘리포니아 주의 주인 없는 땅에서 사금이 발견되자 주변 지역의 임금이 폭등한 일이 있었습니다. 샌프란시스코의 요리사 월급은 당시 노동자 평균 임금의 10배에 가까운 500달러까지 올랐다고 합니다. 월급을 웬만큼 올려주지 않고서는 직장을 때려치우고 사금을 채취하러 나서는 사람들을 잡아 놓기 어려웠기 때문이겠지요.

그런데 10년 뒤인 1859년에는 이보다 더 풍부한 광맥이 네바다 주의 컴스탁로드Comstock Lode에서 발견되었습니다. 그런데 이 광산에서 광부들의 일당은 주변 지역과 별반 다를 것이 없는 4달러에 불과했다고 합니다. 양 지역의 차이는 무엇일까요? 한쪽은 땅 주인이 없어서 금의 혜택이 모든 사람에게 돌아간 반면, 다른 한쪽에서는 땅 주인 한 사람만 횡재를 하게 되었습니다. 그 원인은 바로 지대가 누구에게 돌아갔는가에 있습니다.

이런 지대는 누가 만들어 주는 것일까요? 운이 좋게도 새로 개발되는 지역에 조상으로부터 물려받은 땅을 가진 사람이 있다고 합시다. 그는 아무 일도 하지 않고 가만히 있는데도, 하룻밤 자고 날 때마다 사람들이 자꾸 몰려와서는 앞다퉈 땅값을 올려 주겠다고 합니다. 이때 땅 주인이 누리게 되는 부富는 누가 만들어 준 것입니까? 그것은 바로 그 지역에 사는 사람들, 즉 사회 전체가 만들어 준 것입니다. 헨리 조지는 이런 지대 소득을 모두 세금(지대 조세)으로 거두어 원래 주인인 그 사회 전체에 환원시키자는 주장을 하는 것입니다.

여기서 우리가 유의해야 할 것은 지대 소득이 불로소득이라 해서 지대 자체가 불필요하다거나 나쁘다는 것은 아니라는 점입니다. 도심의 비싼 임대료는 그런 지대를 지불하고도 수익을 남길 만한 사업 계획을 가지고 있는 사람들만 그 땅을 사용하게 만듭니다. 만일 지대라는 가격이 없다면 그 땅은 누구의 텃밭으로 사용될지도 모릅니다. 이처럼 지대는 토지의 효율적 이용을 위해 반드시 필요한 가격입니다. 문제는 지대가 누구에게 귀속되어야 하는가입니다. 헨리 조지는 바로 이 지대를 조세로 환수해서 지주가 아닌 사회 전체에게 돌려주어야 한다고 주장한 것입니다.

스타들의 소득은 스스로가 자신의 희소한 특성을 갈고 닦기 위하여 많은 밑천을 들이고 노력을 한다는 점에서 땅 주인과는 다른 측면이 있습니다. 하지만 스타들의 소득도 기본적으로는 하늘이 준 희소한 특성을 바탕으로 하고 있다는 점에서, 그리고 그 사회가 만들어 준 인기를 먹고 산다는 점에서 지대의 속성을 가지고 있다고 하는 것입니다.

하지만 이런 지대 소득이 구성원들의 자유로운 경쟁에 의해 자연스럽게 형성된 희소성이 아니라 인위적으로 조작된 희소성에 의해 발생되는 것은 결코 바람직하지 않습니다. 동업자가 많아지면 자신의 몫이 줄어들 것을 염려한 끝에 권력과 결탁하여 새로운 경쟁자의 진입을 막는 것은 경쟁을 통한 지대의 추구가 아니라 경쟁의 제한을 통한 지대추구라는 점에서 바람직하지 않습니다. 거기에는 항상 뇌물과 같은 이권추구rent-seeking 행태가 수반될 수 있기 때문입니다.

땅이든 사람이든 희소성에 대한 평가는 사회마다 다르고, 한 사회에서도 고정되어 있지 않습니다. 농경 사회와 산업 사회에서 땅의 가치가 같은 기준으로 평가되지 않는 것처럼 말입니다. 넘치는 천재성에도 불구하고 불우한 삶을 살았던 모차르트 같은 사람이 오늘날 태어났다면 엄청난 부를 누렸을 것인 반면, 불멸의 스타라고 하는 엘비스 프레슬리나 마이클 잭슨이 200년 전에 태어났더라면 그저 평범한 생을 보냈을지도 모릅니다.

정보화 사회가 진전되면서 예전의 희소한 능력이 컴퓨터에 의해 대체된 것들도 많습니다. 하지만 이를 거꾸로 보면 컴퓨터가 대신할 수 없는 영역의 일들은 희소성이 더 커졌음을 의미합니다. 정보화 사회에서 창의성을 강조하는 것도 이 때문입니다.

골드러시가 있었던 1849년으로부터 약 150년이 지난 20세기 말, 미국 서부의 실리콘 밸리에서는 IT 벤처를 꿈꾸는 제2의 골드러시가 있었습니다. 그리고 다시 20년 뒤, 세계는 인류 문명의 모습을 획기적으로 바꿀 4차 산업혁명의 초입에 도달해 있습니다. 금이 기술로 바뀌었을 뿐, 소득의 핵심은 여전히 지대가 차지하고 있습니다. 앞으로 100년 뒤, 전 세계의 부의 지도는 바로 이 시대의 지대를 누가 많이 창출하고 차지했는가에 따라 완전히 달라지게 될 것입니다.

샤일록의
푸념

자본과 이자

　『베니스의 상인』은 영국이 인도와도 바꾸지 않는다고 하는 윌리엄 셰익스피어Shakespeare, 1564~1616의 작품으로 우리에게도 잘 알려져 있는 희곡입니다. 이 작품의 줄거리를 잘 모르는 사람도 다른 것은 몰라도 샤일록이라고 하는 고리대금업자의 이름 정도는 들어 보았을 것입니다.

　잠시 이 소설의 줄거리를 간단히 정리해 보겠습니다. 알 파치노와 제레미 아이언스가 출연한 영화로도 나왔으니 시간 여유가 있는 분들은 영화로 보는 것도 괜찮겠군요.

　베니스의 상인 안토니오는 친구 바사니오가 포샤라는 돈 많고 예쁜 여자에게 청혼하러 가는 데 필요한 돈을 구해주기 위하여 샤일록이라는 유태인 고리대금업자에게 돈을 빌리게 됩니다. 평소 안토니오에게 좋지 않은 감정을 가지고 있던 샤일록은 돈을 빌려주는 대신 기한 내에 돈을 갚지 못할 때는 가슴살 1파운드를 도려내기로 계약을 하고 돈을 빌려줍니다.

　바사니오의 구혼은 성사되지만 자신의 배가 난파되어 돈을 기한 내에 갚지 못한 안토니오는 살 1파운드를 떼어 줘야 하는 위기에 처하게 됩니다. 이때 바사니오의 약혼녀 포샤가 법학박사로 변장을 하고 법정에 들어가 안토니오의 살 1파운드를 떼어 내되 피 한 방울도 흘려서는 안 될 것과 정확히 1파운드의 살을 떼어 내지 못할 때는 샤일록을 살인죄로 사형에 처하겠다는 판결을 내리게 됩니다. 이로써 샤일록은 뜻을 이루지 못하고 나머지 사람들은 잘 먹고 잘 살았다는 해피엔딩으로 끝을 맺게 됩니다.

　비록 작품 속의 인물이긴 하지만 이 작품 이후 샤일록이라는 이름은 악의 상징으로, 그리고 고리대금업자는 피눈물도 없는 나쁜 사람으로 인식되고 있습니다. 도스토옙스키Dostoevsky, 1821~1888의 『죄와 벌』에 나오는 고리대금업자인 전당포 노파 역시 악의 표본으로 등장하는 것을 볼 수 있습니다. 실제로 중세 기독교에서는 이자를 주고받는 것을 죄악시하여 교회법으로 금지했습니다.

　이런 이야기를 듣다 보면 다른 사람에게 돈을 빌려주고 이자를 받는 것은 일하지 않고 버는 불로소득이며, 대출업자들은 선량한 사람들을 착취하는 나쁜 사람들이라는 생각을 자연스럽게 가질 수 있습니다. 여기서는 과연 이자interest와 이자율interest rate의 본질은 무엇이며, 그것은 어떤 역할을 하는가에 대해 생각해 보겠습니다.

　이자利子를 영어로 'interest'라고 합니다. 그런데 이 단어를 영어 사전에서 찾아보면 '관심'이라는 의미가 첫머리에 나오는 것을 볼 수 있습니다. 아마 이자에 대해서는 예나 지금이나 사람들의 관심이 많았던 것이 아닌가 생각됩니다. '이자'는 일반적으로 다른 사람에게 돈을 빌리는 대가로 지불하는 금액을 의미하고, 그것을 원금으로 나눈 것을 '이자율'이라고 부릅니다.

시간선호율: 손 안의 새 한 마리가 숲속의 두 마리보다 낫다

동서고금을 막론하고 이자는 항상 존재해 왔습니다. 즉, 이자율은 항상 양의 값으로 나타났습니다. 그러면 사람들은 왜 이자라는 대가를 지불하면서까지 굳이 돈을 빌리려고 할까요?

"그야 당장 구입할 물건이 있는데 돈이 없으니까 그렇지요."

물론 그렇습니다. 금고에 넣어두기 위해 돈을 빌리는 사람은 없지요. 나중에 돈이 생길 때까지 기다리지 못하고 필요한 재화를 지금 구입하기 위해 돈을 빌리는 것이라면, 이자라는 것은 바로 '미래의 재화를 현재로 당겨쓰는 데 대해 지급하는 일종의 프리미엄premium, 즉 가격'이라고 할 수 있습니다. 그리고 '미래의 특정 시점에 값을 지불하기로 약속하고, 재화를 현재 시점으로 당겨쓸 수 있는 능력'을 우리는 신용credit이라고 합니다.

미래보다는 현재를 선호하는 정도가 큰 사람일수록 재화를 현재로 당겨쓰기 위해 지불하려는 프리미엄은 높을 것이고, 현재를 미래나 별 차이 없다고 생각하는 사람에게는 그 프리미엄이 낮을 것입니다. 그리고 평소 신용이 좋은 사람일수록 미래의 소득을 당겨쓰는 데 지불해야 할 비용이 적을 것입니다.

이렇게 본다면 이자율은 현재와 미래 또는 과거와 현재처럼 서로 다른 시기의 재화들을 연결해 주는 중요한 매개체가 된다는 것을 알 수 있습니다. 현재의 가치가 이자율만큼 늘어나면 미래의 가치가 되고, 미래의 가치를 이자율로 할인하면 현재의 가치와 동일하게 되는 것입니다.

여기서 미래에 비해 현재를 선호하는 정도를 우리는 시간선호율time preference rate이라고 하는데, 이는 이자율의 중요한 본질 중 하나입니다. 그러면 사람들은 왜 미래보다 현재를 선호하는 것일까요? 다시 말해 시간선호율은 왜 항상 양(+)으로 나타날까요? 그 이유는 간단합니다. 미래가 불확실하기 때문입니다.

내일 당장 지구가 멸망할지도 모르고, 설사 지구는 괜찮다 하더라도 내가 혹시 교통사고를 당할지도 모릅니다. '손 안의 새 한 마리가 숲속의 두 마리보다 낫다'는 말처럼 사람들은 누구나 불확실한 것보다는 확실한 것을 더 선호합니다. 이렇게 본다면 돈을 빌려준 사람이 받는 이자는 미래의 불확실성을 무릅쓴 대가라고도 해석할 수 있을 것입니다.

자본의 생산성: 그물을 사용하면 더 많은 고기를 잡을 수 있다낫다

이번에는 다른 질문을 하나 해 보겠습니다. 이자율의 본질이 시간선호율이고, 미래의 불확실성 때문에 항상 양(+)으로 나타난다면, 미래의 불확실성이 전혀 없을 경우 이자율은 영(0)이 될 수 있을까요? 예컨대 신분이나 건강 상태가 확실하여 절대로 돈을 떼일 염려가 없는 사람이 있다고 한다면 수천만 원의 돈을 무이자로 빌려줄 수 있겠습니까?

"어림없는 말씀입니다. 은행에 맡겨만 놓아도 이자를 주는데 왜 공짜로 돈을 빌려줍니까?"

옳은 말씀입니다. 꼭 은행이 아니더라도 다른 곳에 투자하면 더 많은 수익을 올릴 수 있을지도 모릅니다. 그런데 한 가지 이상한 게 있습니다. 시간선호율이 영(0)에 가까운데도 이자율은 여전히 양의 값으로 존재하니까 말입니다. 이런 사실은 이자율의 본질에는 시간선호율 말고 또 하나의 다른 중요한 속성이 내재해 있음을 말해주고 있습니다. 바로 자본의 한계생산성입니다. 여기서 잠시 생산의 3대 요소 중 하나인 자본에 대해 생각해 보고 지나가겠습니다.

우리는 종종 '장사를 하려고 해도 자본이 있어야 하지'라는 말을 듣습니다. 이때 '자본capital'은 무엇인가요? 그렇죠. 바로 '돈'입니다. 그런데 생산에 투입되는 것은 기계나 장비와 같은 자본재이지, 돈이 직접 투입되는 것은 아닙니다. 그러면 자본재는 또 무엇일까요? '자본재capital goods'는 '생산된 생산 요소, 즉 생산 요소가 투입되어 생산된 생산물 중에 다른 재화의 생산에 다시 투입되는 것'을 의미합니다. 따라서 산에 있는 나뭇가지는 자본재가 아닌 천연자원이지만, 이를 꺾어서 열매를 따는 도구로 사용한다면 그것은 자본재가 되는 것입니다.

이처럼 실제 생산 요소로 작용하는 것은 자본재인데, 우리는 왜 생산의 3대 요소에 자본재를 대신 자본을 넣을까요? 그것은 자본재의 존재 형태가 워낙 다양해서 공통적인 단위를 사용할 수가 없기 때문입니다. 노동은 투입 시간, 토지는 평방미터 같은 면적의 단위가 있는데, 자본재는 개, 대, 척, 동, 리터, 그램 등 워낙 다양한 단위로 존재하다 보니 공통적인 단위를 찾을 수가 없어, 할 수 없이 화폐 단위를 자본재의 일반적인 단위로 사용하고 있습니다.

어쨌든 자본재를 먼저 생산한 다음, 이 자본재를 사용하여 생산하게 되면 노동만을 사용할 때보다 더 많은 재화를 생산해 낼 수 있습니다. 맨손으로 물고기를 잡기보다는 먼저 그물을 만든 다음, 그 그물을 사용해서 고기를 잡게 되면 전보다 훨씬 더 많은 물고기를 잡을 수 있다는 것이죠. 이렇게 자본을 사용하면 생산량이 더 증가하게 되는 현상을 가리켜 우리는 '자본의 한계생산성이 양(+)'이라고 하는데, 이것이 바로 이자율을 양으로 만드는 요인이 됩니다.

지역과 시대에 따라 달라지는 이자율

만일 이 세상에 생산 활동이 없고 소비만 있다면 이자율에는 시간선호율만 있을 것입니다. 하지만 생산 활동이 있는 한 자본의 한계생산성은 양(+)으로 나타나게 마련이므로 이자율에는 이 양자가 모두 다 반영되어 있는 것입니다. 설사 돈을 빌려주는 사람이 그 돈으로 다른 재화의 생산에 투자할 생각이 없었다고 하더라도, 한 사회에는 그러한 생산의 기회로부터 얻을 수 있는 보편적 수익률이 이미 금융기관과 같은 전문 투자가들에 의해 평가되어 있습니다. 따라서 은행이 지급하는 이자에는 이미 그 같은 투자 기회의 수익률이 반영되어 있는 것입니다. 즉, 돈을 빌려주는 사람의 개별적인 동기와는 상관없이 자본의 기회비용, 즉 한

시간선호율 　　　이자율　　　 자본의 생산성

계생산성은 항상 양(+)으로 나타나는 것입니다.

결국 이자율이라고 하는 현재와 미래 간의 연결 고리에는 불확실한 미래의 소비보다 확실한 현재의 소비를 더 선호하는 시간선호율이라고 요인과 그 사회에서의 평균적인 자본의 수익률이 동시에 내포되어 있습니다. 그렇게 본다면 사회마다, 시대마다 이자율이 다르게 나타나는 것은 쉽게 이해할 수 있습니다.

내전 중인 시리아나 아프가니스탄과 같이 당장 내일이 어떻게 될지 모르는 불확실한 사회에서는 시간선호율이 높기 때문에 이자율 또한 매우 높게 나타날 것입니다. 반면 정치적으로나 사회적으로 아주 안정되어 있어, 많은 사람들이 내일도 오늘과 별다를 바가 없을 것이라고 생각하는 사회에서는 이자율이 상대적으로 낮게 나타날 것입니다. 또한 높은 수익을 올릴 수 있는 투자 기회가 곳곳에 널려있는 사회의 이자율은 매우 높을 것이며, 돈이 있어 봐야 마땅히 투자할 곳이 없는 사회에서는 이자율이 상당히 낮을 것으로 예상할 수 있습니다. 이제 막 경제

개발이 시작되는 개발도상국에서 이자율이 높게 나타나는 이유이기도 합니다.

이자율은 현재와 미래의 가치를 연결해 주는 매개체이므로, 우리의 경제 활동에서 없어서는 안 될 꼭 필요한 가격입니다. 만일 그러한 가격이 존재하지 않는다면, 우리 사회에 있는 모든 자본은 매우 비효율적으로 사용될 뿐 아니라 불확실한 미래를 대상으로 이루어지는 우리의 선택을 크게 위축시킴으로써 경제의 발전 또한 크게 지체될 것입니다.

만일 이자율에 대한 지금까지의 이야기를 샤일록 씨가 듣고 있었다면 한마디 할지도 모르겠습니다. "그것 보슈, 이자 받아먹고 사는 게 전혀 나쁜 일이 아니고 아주 합리적인 경제 행위라는 데도 사람들은 나만 보면 공연히 미워하니 이렇게 억울할 데가 어디 있습니까?" 이자를 수입원으로 한다는 자체가 나쁠 것은 없습니다. 자신의 소비를 유보함으로써 불확실성 떠안고 자본의 잠재적 소득을 포기한 데 따른 정당한 대가를 받는 것이니까요.

하지만 돈을 빌리는 사람과 빌려주는 사람 간에는 경제적 사정에서 차이가 날 수밖에 없고, 그에 따라 돈을 빌리는 사람이 불리한 계약 조건을 떠안을 가능성이 큰 것도 엄연한 사실입니다. 그러다 보면 채권자는 급한 사람의 어려운 처지를 야박하게 이용해서 자신의 이득만을 챙긴다는 비난을 받을 수도 있습니다. 하지만 채무자가 항상 약자의 위치에 있는 것만은 아닙니다. 대부 금액이 커지다 보면 채무자가 도리어 큰소리를 치고, 채권자는 고개를 숙이고 들어가는 경우가 생기기도 합니다. '앉아서 주고 서서 받는다'는 우리 속담도 이런 경우를 말하는 것이겠지요.

아마 이런 문제들 때문에 이자의 가치를 그 누구보다도 잘 알고 있는 유대인들의 경전인 『탈무드』에도 다음과 같은 구절이 있는가 봅니다.

"친구를 잃는 지름길은 친구에게 돈을 빌려주는 것이다."

너는 어제 내가 한 일을 모르고 있다

정보의 비대칭성

"여러분, 제 몸이 왜 이렇게 단단한지 아십니까? 바로 이것 때문입니다. 어렸을 때 역병을 앓은 뒤 비실비실했던 제가 아침저녁으로 이 약을 먹고 단련을 하면서부터 지금과 같은 무쇠 몸을 가지게 되었습니다. 이 약으로 말씀드릴 것 같으면, 스승님이셨던 백발 도인께서 계룡산에서 평생에 걸쳐 개발한 신비의 영약으로, 50년 묵은 황구렁이와 불개미, 그리고 깊은 산속에서 자생하는 온갖 약초들로 만든 신비의 영약입니다. 평소 까닭 없이 몸이 피로하고 기운이 없으신 분, 조금만 움직여도 여기저기가 쑤시고 아프신 분, 자다가 깜짝깜짝 놀라고 식은땀 흘리시는 분, 환절기에 밥맛 입맛 없으신 분, 병치레 후 회복 중이신 분, 이런 분들 이 약 한번 잡숴~봐! 단번에 몸이 날아갈 거 같고, 힘이 불끈불끈 솟으면서......."

꽤 오래전에 보았던 약장수의 모습입니다. 요즘에 이런 약장수는 거의 사라졌지만 아직도 노인이나 농촌의 관광버스를 상대로 이와 비슷한 속임수 판매를 하는 사례는 여전한 실정입니다. 이런 일이 발생하는 이유는 무엇일까요?

"그야 약장수가 소비자들이 약의 성분을 잘 모른다는 점을 이용하여 바가지를 씌웠기 때문이 아닙니까?" 맞습니다. 약장수는 약의 성분이나 효능을 잘 알고 있는데 비해, 소비자들은 그것을 잘 알 수가 없습니다. '정보의 비대칭성asymmetry of information'이란 이처럼 거래 당사자 간에 정보의 차이가 존재하는 현상을 말합니다. 정보의 비대칭성이 발생하게 되면, 상대적으로 정보를 많이 가지고 있는 쪽에서 상대방을 속이거나 이용하여 부당하게 상대방의 이익을 편취하게 되고, 그런 일이 되풀이되다 보면 자원 배분이 왜곡되는 것은 물론 시장의 존립마저 위협받게 됩니다. 앞의 예에서도, 만일 구경꾼들이 약의 정확한 성분이나 효능을 잘 알고 있었다면, 약은 거의 팔리지 않았을 것이고 결국 그런 약 시장도 사라졌을 것입니다.

이런 현상은 약 외에도 농산물이나 귀금속, 중고차 등과 같이 일반인들이 겉으로 봐서는 품질이나 성능을 파악하기 어려운 재화들에서 쉽게 찾아볼 수 있습니다. 사실 엄밀히 따지면 시장에서 거래되는 거의 모든 재화에서 공급자는 수요자에 비해 더 많은 정보를 가지고 있습니다만, 특히 정보의 비대칭성이 빈번하게 나타나는 재화들에 대해서는 보다 엄격한 규제가 가해지고 있습니다. 약의 성분이나 부작용을 명기하도록 한 것이나, 귀금속의 품질 보증서 첨부 의무, 시장에서 판매하는 농산물이나 식당에서 사용하는 식자재의 원산지 표기 의무 등이 그런 것들입니다.

숨겨진 특성에 대한 정보의 비대칭: 역의 선택

보험이라는 상품의 특성상 보험시장은 정보의 비대칭성이 만연한 곳입니다. 하지만 그 모습은 일반 재화의 경우와는 좀 다른 면이 있습니다. 즉, 일반 재화의 경우 상대적으로 정보를 많이 가지고 있는 쪽은 재화를 판매하는 공급자들인데 비해, 보험시장에서는 보험을 구입하는 수요자들이 더 많은 정보를 가지고 있기 때문입니다. 예를 들어 볼까요?

보험회사에서 생명보험이 출시되면 주로 어떤 사람들이 관심을 보일까요? 아마도 불치병을 앓고 있거나 죽을 날을 받아 놓은 사람들이 맨먼저 달려올 것이고, 평소 아픈 곳이 많은 병약자들이 그 다음으로 줄을설 겁니다. 수해보험을 판매하면 저지대에 사는 상습 침수 지역 주민들만 가입하려 할 것이고, 도난보험에는 우범지역 주민들이 주 고객이 될 것입니다.

이처럼 파는 보험마다 보험금을 받을 가능성이 높은 집단들만 모여들게 되면 보험회사는 얼마 가지 않아 망하게 될 것이고, 결국 보험시장은 없어지게 될 것입니다. 문제는 보험시장에서 나타나는 이런 수요자의 특징을 공급자인 보험회사는 수요자만큼 모르고 있다는 사실입니다. 따라서 상대적으로 정보를 많이 가지고 있는 수요자들이 이런 점을 악용한다면 사고 발생 위험이 높은 사람들만 선별적으로 보험을 구입하는 현상이 나타나게 됩니다. 이처럼 '보험 수요자의 숨겨진 특성'에 대한 정보의 비대칭성으로 인해 발생하는 왜곡된 선택을 가리켜 '역의 선택adverse selection'이라고 합니다.

숨겨진 행동에 대한 정보의 비대칭: 도덕적 해이

보험시장에서 정보의 비대칭성으로 인해 나타나는 문제는 역의 선택 외에 또 있습니다. 바로 '도덕적 해이moral hazard'라고 하는 현상입니다.

일단 가입하면 병원에서 본인 부담이 없는 의료보험이 있다고 합시다. 그러면 이 보험에 가입한 사람들은 간밤에 꿈자리만 뒤숭숭해도 병원을 찾아가려 할 것이고, 찾아간 병원이 마음에 차지 않으면 몇 군데고 계속 다닐 것입니다. 그러면 어떻게 되겠습니까? 보험회사는 이러한 의료 쇼핑객들에게 보험금을 지급하다가 얼마 가지 않아 망하게 되고 보험시장도 결국 문을 닫게 될 것입니다. 문제는 보험 가입자의 이러한 행동이 실제로 몸이 아파서인지 아니면 심심풀이로 하는 것인지를 보험회사는 알 수가 없다는 것입니다. 이처럼 보험회사가 제대로 관찰할 수 없는 보험 가입자의 숨겨진 행동으로 인해 당사자 또는 제3자가 입게 되는 위해hazard를 가리켜 도덕적 해이라고 하는 것입니다.

자동차보험에 가입하고 난 뒤 부주의한 운전으로 사고가 늘어난다거나, 화재보험에 가입한 뒤 불조심을 소홀히 하여 화재 발생이 늘어나는 것 등이 그런 예가 됩니다. 도덕적 해이는 화재보험에 가입한 후 불조심을 소홀히 하는 사전적인 행동으로 나타날 수도 있고, 불이 난 후에 최선을 다해 진화하지 않는 사후적인 행태로 나타나기도 합니다. 또 투자

심심한데 병원에 가서
물리치료나 받아야겠군.
어차피 내 돈 내는 것도 아닌데……

실손보험증

가와 투자 대행사, 변호사와 의뢰인 간의 관계에서도 상대적으로 정보를 많이 가진 쪽(대행사나 변호사)에서 최선을 다하지 않는 것도 모두 도덕적 해이가 됩니다.

최근에는 도덕적 해이를 이렇게 당사자 간의 정보 비대칭성에 국한하지 않고, '계약이 완전하지 않아 불확실성이 존재할 때, 다른 사람에게 피해를 주면서 자신의 이득을 추구하는 행위'로 보다 넓게 해석하기도 합니다.

예를 들자면 여러 명이 모여 같이 식사를 할 때 비용을 N분의 1로 부담할 경우입니다. 이런 방식에서는 각자가 먹는 음식값에 따라 자신이 부담하는 비용이 달라지는 불확실성이 존재합니다. 이런 불확실성 때문에 사람들은 평소 같으면 시키지도 않을 비싼 음식을 시키게 되고, 그로 인해 다른 사람들에게 피해를 주게 됩니다. 그러다 보면 각자 자신이 먹은 음식값을 지불하는 더치페이 방식보다 더 많은 비용을 지불해야 할 뿐 아니라, 음식까지 남아도는 비효율성이 발생하게 될 것입니다.

도덕적 해이가 역의 선택이나 일반 재화에서 나타나는 정보의 비대칭성에 비해 해결하기가 더 어려운 것은, 그것이 밖에서는 관찰 가능하기 어려운 숨겨진 행동과 그 뒤에 자리 잡고 있는 마음가짐의 문제이기 때문입니다. 즉, 보험 가입 후에 얼마나 주의가 해이해졌는가는 그야말로 본인만이 알 수 있는 문제이기 때문에 그것이 위법만 아니라면 다른 사람이 왈가왈부할 수 있는 성격의 문제가 아니라는 것입니다.

실제로 사람들이 자동차 보험에 가입하는 이유 중 상당 부분이 사고 걱정으로부터 벗어나기 위한 것인 만큼, 보험 가입 후에 운전자가 전보다 다소 부주의해졌다고 해서 그것을 탓할 수도 없는 문제입니다. 이 때문에 도덕적 해이를 해결하기 위해서는 사람들이 자발적으로 행동을 바꿀 수 있도록 유인 체계를 보다 정교하게 디자인해야 할 필요성이 있습니다.

공공재의 도덕적 해이

'공공재public good'는 등대나 공원, 도로, 야구장, 영화관 등과 같이 여러 사람이 같이 사용하는 재화를 말합니다. 이런 재화는 등대나 도로와 같이 돈을 내지 않고도 사용할 수 있거나, 영화관 같이 돈을 내고 들어가더라도 여러 사람들이 서로 방해받지 않고 동시에 같은 재화를 모두 향유할 수 있는 특징을 가지고 있습니다. 10명이 피자를 먹으면 10분의 1씩밖에 돌아가지 않는 데 비해, 불꽃놀이는 10명이 아니라 10만 명도 동시에 볼 수 있습니다.

이러한 공공재에서도 개인의 수요에 대한 정보의 비대칭성으로 인해 도덕적 해이는 자주 발생하게 됩니다. 예를 들어 보겠습니다. 두 지역에서 각각 공공 수영장 건설을 계획하고 있습니다. 설문 조사를 통해 주민들의 반응과 예상 이용객을 조사해 보았더니 두 지역 간의 예상 이용객의 수는 3배의 차이가 났습니다. 그렇다면 양 지역의 수영장은 어떤 규모로 건설하는 것이 좋을까요?

"그거야 수영장의 레인 수도 3배 차이가 나게 건설하면 되겠군요."

다들 동의하십니까? 그런데 막상 수영장을 건설하려고 보니, 예산이 바닥나서 주민들에게 모금을 해서 건설비를 충당하기로 방침을 바꾸었습니다. 수영을 좋아하는 사람은 더 많은 비용을 부담할 의사가 있을 테니까 수영이 인기 있는 지역에서는 돈도 더 많이 걷힐 것으로 예상하면서 말입니다. 참고로 자신의 선호도, 즉 수요의 크기에 따라 건설 비용을 차등적으로 부담하는 것은 바로 시장 원리입니다.

자, 이제 모금 결과는 어떻게 되었을까요? 과연 수영장 건설에 충분한 돈이 모금되었을까요? 그리고 두 지역의 모금액에는 3배의 차이가 나타났을까요?

"내가 수영을 좋아해서 수영장을 자주 이용하겠지만, 그렇다고 해서 그걸 이마에 써 붙이고 다니는 것도 아닌데 군이 수영장 건립 기금을 많이 내야 될 필요가 있나요? 내가 안 내도 누군가가 낼 텐데, 다 짓고 나면 그때 가서 이용하지요."

좀 비양심적이긴 하지만 남들이 자신의 속마음을 알 수 없다는 정보의 비대칭성을 이용한 이기적 행위, 바로 도덕적 해이입니다. 이런 도덕적 해이의 이면에는 무임승차free ride 심리가 자리 잡고 있습니다.

이렇게 공공재를 시장 원리에 의해 공급하려다 보면 이런 무임승차를 노리는 도덕적 해이 때문에 사람들이 자신의 수요를 정직하게 밝히지 않으려는 현상이 나타나게 됩니다. 모든 사람들이 다 그렇게 행동하다 보면 수영장은 실제 수요보다 형편없이 작은 규모로 지어지거나 아니면 아예 건립 자체가 무산될 수도 있습니다. 이것이 바로 공공재에서 나타나는 시장의 실패입니다.

시장의 실패를 자세히 들여다보면 하나의 공통점을 발견할 수 있습니다. 바로 정보의 불완전성입니다. 정보의 비대칭성으로 인한 시장의 실패는 두말할 필요가 없고, 공공재의 경우도 남들이 나의 속마음을 알 수 없다는 것을 이용한 도덕적 해이가 있었습니다. 그러고 보니 시장의 실패는 시장의 탓이라기보다는 정보가 완전하지 않은 현실에서 불가피하게 나타나는 현상이라고 볼 수도 있습니다. 다만 그런 정보의 불완전성이 특별한 종류의 재화나(약, 농산물, 보험, 공공재 등) 불확실한 계약에서, 그리고 독과점과 같은 시장 구조에서 보다 흔하게 나타난다는 것뿐입니다.

다음 장에서 살펴볼 외부성의 문제도 핵심은 결국 정보에 있다는 것을 알게 될 것입니다.

고지가 눈앞에 보인다. 으랏차차 10일 남았다

PART 3

경제문제

시장의
안과 밖

외부성의 경제학

한 장소에서 60년이 넘도록 과자를 만들어 온 제과점이 있습니다. 이 제과점의 주방에는 오래된 분쇄기가 있었는데, 얼마 전 새로 개업한 의원에서 제과점의 주방 맞은편에 새로 진찰실을 만들면서 문제가 발생했습니다. 주방에 설치된 분쇄기에서 나오는 소음과 진동 때문에 의사가 제대로 진찰을 할 수 없게 된 것입니다. 참다못한 의사는 법원에 소송을 제기했습니다.(Sturges vs. Bridgman)

40년간 아무 문제 없이 잘 지내던 이웃이 있었습니다. 그런데 한 집에서 주택을 개축하면서 지붕을 높이자, 이웃집의 굴뚝에서 연기가 제대로 빠져나가지 못하게 되었습니다. 불을 땔 때마다 집안으로 연기가 들어오자 피해를 본 이웃에서는 집을 개축한 이웃을 고소하게 되었습니다.(Bryant vs. Lefever)

시카고 대학에 재직하면서 1991년에 노벨 경제학상을 수상했던 코즈Ronald Coase 교수의 대표적인 논문인 「사회적 비용의 문제The Problem of Social Cost, 1960」에 인용된 실제 판례입니다.

이 두 사례의 공통점은 무엇일까요? 바로 한 경제 주체의 일방적인 행동이 다른 사람에게 영향을 미치고 있는 현장입니다. 조금 어렵게 표현하자면, '어느 한 경제 주체의 행동이 시장을 통하지 않고 다른 경제 주체의 효용이나 생산에 직접 영향을 미치는 현상'으로, 경제학에서는 이를 '외부성externality' 또는 '외부효과external effect'라고 부릅니다.

외부성의 유형

시장 원리의 핵심은 가격 원리입니다. 우리가 외부성이라고 부르는 것들은 바로 이런 가격 원리가 적용되지 않는 현상, 즉 시장 밖의 현상입니다. 만일 외부성에 가격 원리가 적용되어 당사자들 간에 거래가 이루어지게 될 경우, 우리는 외부성이 '내부화internalization'되었다고 합니다. 외부와 내부를 가르는 경계가 바로 시장이라는 말입니다.

외부성은 크게 다른 사람들에게 좋은 영향을 미치는 '외부경제external economy'와 나쁜 영향을 미치는 '외부불경제external diseconomy'로 구분할 수 있습니다. 어두운 골목길을 밝혀주는 이웃집의 정원 등은 외부경제의 예가 됩니다. 과수원 주인과 양봉업자처럼 외부경제를 서로 주고받는 경우도 있습니다. 과수원에 꽃이 활짝 피면 양봉업자는 꿀을 쉽게 채취할 수 있어서 좋고, 과수원 주인은 벌이 과일이 열릴 수 있도록 수정을 도와주어 좋습니다. 누이 좋고 매부 좋은 경우입니다.

이에 반해 자신의 흡연이 타인에게 끼치는 피해, 수업 시간에 떠드는 행위, 아파트의 층간 소음, 공장에서 배출되는 매연이나 폐수 등은 모두 다른 사람들에게 일방적으로 피해를 주는 외부불경제입니다. 교통 체증으로 인한 도로의 혼잡은 차량들 상호 간에 서로 외부불경제를 주고받는 경우입니다.

또 외부성은 그 영향이 특정인에게만 제한적으로 나타나는 '사적 외부성appropriable externality'과 대기오염이나 악취와 같이 사람에게 동시에 영향을 미치는 '공공재적 외부성joint externality'으로 구분해 볼 수도 있습니다. 이 구분은 조금 있다가 살펴볼 외부성의 내부화와 관련해 중요한 의미가 있습니다.

사이비 외부성: 금전적 외부성

그러면 이제 우리가 외부성을 얼마나 잘 이해하고 있는지 점검해 볼까요?

소도시에서 월 30만 원의 원룸에 살면서 직장을 다니고 있는 총각이 있습니다. 그런데 집 부근에 대학이 생기면서 학생들이 늘어나자 월세가 50만 원으로 오르게 되었습니다. 결과적으로 이 총각은 새로 생긴 대학 때문에 20만 원의 월세를 더 부담하는 피해를 입게 되었습니다. 이것은 외부성일까요? 아닐까요?

두 번째 사례입니다. 이쑤시개를 만들어 파는 영세 제조업자가 있습니다. 그런데 갑자기 목조 주택 붐이 일면서 목재 가격이 올라 이쑤시개의 제조 비용과 가격이 상승하였습니다. 이는 외부성일까요?

세 번째 사례입니다. 전통시장 인근에 새로 대형 마트가 새로 들어서는 바람에 시장 내 점포들의 매출이 뚝 떨어졌습니다. 이때 시장 상인들이 입은 피해는 마트가 가져다 준 외부불경제라고 할 수 있을까요?

어떻습니까? 금방 답이 떠오르시나요? 이들이 외부성인지 아닌지를 알기 위해서는 이들이 시장 안에서 나타난 현상인지, 아니면 시장 밖에서 벌어진 현상인지부터 파악해야겠죠.

결론부터 말하자면 이들은 외부성이 아닙니다. 좀 더 정확하게 말하면 '비슷하지만 진짜는 아닌' 사이비似而非 외부성입니다. 왜냐고요? 이들은 모두 시장 안에서 나타난 현상이기 때문입니다. 월세나 목재 값이 오른 것은 시장에서 수요와 공급이 변했기 때문이고, 재래시장의 매출이 감소한 것은 할인점과의 경쟁에서 뒤처졌기 때문입니다. 이들은 모두 시장 안에서 나타난 현상이기 때문에 모두 가격이나 매출액과 같은 금전적인 형태로 나타난다는 공통점이 있습니다. 따라서 우리는 이런 가짜 외부성을 진짜와 구분하기 위하여 '금전적 외부성pecuniary externality'

이라고 부릅니다. 이와 대비하여 진짜 외부성은 '실물적' 또는 '기술적 외부성technological externality'이라고 합니다.

외부성의 내부화: 정부의 직접 개입

그렇다면 외부성이 발생할 경우, 이를 내부화할 수 있는 방안은 무엇일까요?

여기 염색공장을 운영하는 사람이 있습니다. 공장주는 염색이라는 생산 활동을 통해 이윤을 획득하는 과정에서 자신이 부담하는 생산비 외에 주변 사람들에게 피해를 주는 악취라는 새로운 비용을 발생시키고 있습니다. 이렇게 되면 이 염색 천을 생산하는 과정에서 공장주가 사적으로 부담하는 생산 비용보다 사회 전체가 부담하는 비용이 더 크게 나타나지만, 공장주는 이에 대해 아무런 비용도 부담하고 있지 않습니다.

이때 정부가 공장에서 배출되는 악취로 인한 피해만큼을 공장주에게 세금이나 부담금으로 부과한다면, 공장주의 입장에서는 재화를 생산하는 비용이 그만큼 인상되었기 때문에 생산량을 지금보다 줄이게 될 것이고 따라서 악취도 줄어들게 됩니다. 즉, 외부불경제를 발생시키는 행위에 대해서는 정부가 세금이나 부담금을 부과하여 그 활동을 억제시키고, 외부경제를 발생시키는 행위는 보조금을 지급하여 장려하는 것입니다.

이런 방안은 일찍이 영국의 경제학자인 피구A.C.Pigou가 제시했던 것으로 외부성에 부과하는 이런 조세를 가리켜 '피구조세Pigovian tax' 또는 '피구보조금Pigovian subsidy '이라고 하는데, 우리나라에서 현재 오염 물질 배출하고 있는 기업에 대해 부과하고 있는 배출부과금 제도는 바로 이 피구조세의 한 형태라고 할 수 있습니다.

외부성의 내부화: 당사자 간의 자발적 협상

그런데 외부성을 내부화하는 데는 정부의 개입이 꼭 필요할까요? 글머리의 예로 돌아가 보도록 하겠습니다.

의사와 제과점 주인의 경우, 외부성을 발생시킨 사람은 제과점 주인이고 그 피해자는 의사로 보입니다. 그런데 알고 보니 제과점 주인은 의사보다 60년 전부터 그 자리에서 장사를 하며 분쇄기를 사용하고 있었습니다. 하지만 뒤늦게 주방 맞은편으로 진찰실을 옮긴 의사가 기계의 사용을 중지할 것을 요구하고 있습니다. 여러분은 이를 어떻게 생각하십니까?

"굴러온 돌이 박힌 돌을 쫓아내는 것도 유분수지, 60년 동안이나 그자리에 있던 기계를 멈추라고요? 기계 소리가 거슬리면 자기가 방음벽을 설치하든지 아니면 이전 비용을 부담할 테니 기계를 옮겨줄 수 없냐고 사정을 하든지 해야지요."

그렇습니다. 자초지종을 들어보니 외부성의 발생자가 꼭 가해자가 아닐 수도 있다는 사실을 알겠군요. 이렇게 볼 때, 외부성을 당사자 간의 직접 협상으로 해결하려고 할 때는 누가 외부성의 발생자고 피해자인지가 중요한 것이 아니라, 누가 우선권을 가지고 있는가가 비용의 부담을 결정하는 요인이 된다는 것을 알 수 있습니다.

중요한 것이 하나 더 있습니다. 외부성으로 인한 비용은 꼭 피해자가 받는 피해액이 아닐 수도 있다는 것입니다. 만일 의사가 방음벽을 설치하는 비용이 자신의 진료 손실액이나 제과점 주인이 요구하는 이전 비용보다 더 적다면, 의사는 방음벽을 설치함으로써 외부성을 원천적으로 소멸시킬 수도 있습니다. 따라서 외부성이 발생했다고 해서 반드시 정부가 개입해서 난리를 피울 것이 아니라 이처럼 당사자들이 협상을 통해 최소의 비용으로 해결 방법을 찾아내는 것이 사회 전체적으로 볼 때 더 효율적이고 바람직하다는 것이 바로 코즈 교수의 주장입니다.

문제는 이런 논리가 성립하기 위해서는 앞의 경우와 같이 두 사람 간의 재산권이나 우선권이 명확하게 설정되어 있어야 하고, 당사자들이 협상을 하는 데 들어가는 비용, 즉 거래 비용transaction cost이 크지 않아야 한다는 전제가 필요합니다. 이런 조건만 갖추어지게 되면 누가 우선권을 가지고 있든 상관없이, 외부성은 당사자들 간의 자발적인 협상에 의해 해결될 수 있고 시장은 다시 자원을 효율적으로 배분하는 제 기능을 수행할 수 있다는 것이 코즈 이론의 핵심입니다.

그러면 이제 모든 외부성을 당사자 간의 협상에 맡겨두고 정부는 뒤에서 구경만 하고 있으면 될까요? 물론 그렇지는 않습니다. 정부는 당사자들이 자발적으로 협상을 할 수 있도록 거래 비용을 줄여주는 역할을 수행해야 합니다. 예를 들어 아파트의 층간 소음으로 인해 아래 윗집 간에 분쟁이 생겼을 때 정부가 소음 기준에 대한 구체적인 가이드라인을 제시해 준다면, 당사자들은 큰소리 내지 않고 책임 소재를 따져 원만

하게 해결할 수도 있을 것입니다.

하지만 모든 외부성이 당사자들의 자발적인 협상에 의해 해결될 수 있는 것은 아닙니다. 대기 오염이나 수질 오염과 같은 공공재적 외부성의 경우, 당사자들이 자발적으로 문제를 해결하기는 사실상 불가능에 가깝습니다. 수많은 사람들이 앞다투어 자신이 악취의 피해자라고 주장하고 있고, 그중 일부는 많은 피해를 입은 것처럼 보이기 위해 전략적으로 행동을 하는 상황에서 누가 얼마만큼의 피해를 입었는지를 정확히 가려내는 데는 너무 많은 비용과 시간이 소요되기 때문입니다. 이처럼 자발적인 협상의 거래 비용이 너무 큰 경우에는 정부가 직접 개입해서 피구조세로 해결하는 것이 더 나을 수도 있습니다.

이렇게 본다면 외부성을 해결하는 방안의 핵심은 거래 비용이 얼마나 되는가에 달려있게 되고, 그것은 결국 정보의 문제로 귀착이 된다는 것을 알 수 있습니다. 정보가 완벽하여 거래 비용이 들지 않는 세상에서는 어떤 외부성이라도 당사자들의 협상에 의해 바로 해결될 수가 있는 반면, 정보가 막혀 있는 세계에서는 아무리 단순한 외부성이 발생하더라도, 또 아무리 정부가 개입한다 해도 외부성을 해결할 수 없기는 마찬가지입니다.

그러면 실제로 환경오염의 경우에 외부성은 어떤 모습으로 나타나고 있는지, 그 해결책은 어떻게 모색되고 있는지 다음 장에서 살펴보기로 합시다.

공유지의
비극

환경오염의 경제학

세계에서 플라스틱 쓰레기를 가장 많이 배출한 기업은 어디일까요? 1위부터 5위까지를 꼽아보면 코카콜라 – 펩시코 – 네슬레 – 유니레버 – 몬덜리즈로 나타났습니다(2020년 기준). 모두 콜라를 비롯한 음료 및 제과, 식품기업들입니다. 혹시 몬덜리즈가 생소하다면 오레오 쿠키와 리츠 크래커를 떠 올리면 됩니다. 유니레버는 도브 비누와 바셀린, 립톤 홍차의 제조사이구요.

가장 많이 버려진 단일 품목별 플라스틱 쓰레기를 보면 일회용 소포장 비닐이 가장 많았고 담배꽁초와 음료수 페트병이 그 뒤를 잇고 있습니다. 식품이나 음료에 일회용 플라스틱 용기나 포장재가 얼마나 많이 사용되고 있는지는 우리 주변에서 너무나도 쉽게 볼 수 있기 때문에 어느 정도 짐작은 하고 있었지만, 막상 이러한 자료로 확인을 하고 나니 새삼스럽게 그 심각성을 느끼게 됩니다.

이 자료는 우리나라의 환경운동연합이 참여한 '전 세계 브랜드 조사'에서 나온 것인데, 이 조사는 1986년부터 유엔환경계획(UNEP)의 후원 아래 미국에서 처음 시작된 시민참여 해양 환경 정화 활동으로 매년 평균 100여 개 국가에서 50여만 명이 참여해오고 있습니다.

오늘날 지구 환경을 오염시키는 요인은 셀 수 없을 만큼 다양합니다. 화석 연료와 동물에서 뿜어져 나오는 이산화탄소는 지구의 온도를 상승시키고, 이는 다시 극지방의 빙하를 녹여 해수위를 상승시킴으로써 많은 사람들의 삶을 위협하고 있습니다. 또 공장에서 배출되는 각종 중금속은 토양과 수질을 오염시키고, 자동차와 굴뚝에서 배출되는 각종 오염 물질과 미세먼지는 지구의 모든 생명체가 숨 쉬는 대기를 오염시키고 있습니다.

이처럼 우리는 지구상의 모든 생명체가 같이 누리고 있는 지구의 환경, 즉 대기와 토양과 물이 인간의 인위적인 행위에 의해 생명체가 살아가기 나쁜 쪽으로 변해가는 것을 가리켜 환경오염이라고 합니다. 그러면 사람들은 왜 자신이 살고 있는 환경을 오염시키는 것일까요? 다음의 두 예를 생각해 봅시다.

직장에서 퇴직한 길동 씨는 고향에 돌아와 토지를 구입한 다음, 두 곳의 초지를 조성하여 우선 한 쪽의 초지에서 양 100마리를 키우기 시작했습니다. 양들이 한쪽의 초지에서 풀을 뜯어 먹는 동안 다른 초지에서 풀이 자라났기 때문에 양을 키우는 데는 아무런 문제가 없었습니다. 이에 김 씨는 양 100마리를 더 사서 초지에 풀어놓았습니다. 그러자 이제는 풀이 모자라 양의 발육이 전보다 못해지고 성장 기간도 길어졌습니다. 몇 번의 시행착오 끝에 길동 씨는 현재의 초지 면적에는 150마리 정도의 양이 가장 적당하다는 것을 알고 이 수를 유지하고 있습니다.

이 예에서 양이 새로 추가될수록 초지의 풀이 모자라 양의 성장 기간이 길어지는 것은 양과 양모 생산의 한계비용이 상승하는 것을 의미합니다. 바로 공급곡선이 상승하는 그 원리입니다. 그러면 두 번째 예를 살펴보기로 합시다.

역시 직장을 그만두고 고향에 내려온 길서 씨는 마을 공동 소유인 뒷산의 초지가 놀고 있는 것을 보고, 양 50마리를 사다가 방목하였습니다. 그런데 갑자기 양모 가격이 상승하면서 길서 씨가 재미를 보자, 마을 사람들은 너도 나도 양을 키우기 시작했습니다. 제한된 초지에 양의 수가 갑자

기 늘어나면서 풀이 모자라게 되자, 사람들은 경쟁적으로 새벽부터 밤늦게까지 양을 풀어놓고 조금이라도 풀을 더 먹이려고 애를 썼습니다. 그러다 보니 양들은 남은 풀뿌리 하나까지 다 먹어 치웠고, 한때 푸르렀던 초지는 더 이상 양을 키울 수 없는 황무지로 변해버리고 말았습니다.

이는 미국의 생태학자인 하딘G.Hardin이 '공유지의 비극Tragedy of the Commons'이라고 명명한 사례입니다. 주인이 없는 초지라고 너도 나도 경쟁적으로 이용하다 보니 그 땅은 결국 풀 한 포기 없는 황무지로 변해버리고 만 것입니다. 이러한 공유지의 비극이 나타나게 된 근본적인 이유는 무엇일까요?

"사람들이 자신의 이익만 생각하고 너무 이기적으로 행동했기 때문이겠지요."

"그렇다고 양 주인들만 탓할 수도 없을 것 같아요. 보통 사람들은 다 그렇게 행동하지 않나요?"

네, 다 좋습니다. 일찍이 경제학의 창시자라는 애덤 스미스A.Smith, 1723~1790는 시장에서는 모든 사람들이 자신의 이득만을 생각하고 행동하더라도 '보이지 않는 손'에 의해 조화가 이루어져 사회가 유지되는 데 아무런 문제가 없다고 주장한 바 있습니다. 하지만 그것은 모든 자원이 다 사유화되어 있을 때의 이야기이고, 이 예에서처럼 주인 없는 재화에서는 바로 이런 파국적인 결말을 맞게 되는 것입니다. 그 이유가 무엇일까요?

공유지에서 양을 키우는 사람들은 양에게 풀을 공짜로 먹이고 있습니다. 이를 달리 표현하면 주인의 입장에서는 양에게 추가로 풀을 먹이는 데 들어가는 비용, 즉 한계비용이 제로(0)가 된다는 것입니다. 비용이 안 드니까 양의 주인들은 풀이 한 포기라도 남아 있는 한, 그것을 양에게 먹이는 것이 이득이 됩니다. 하지만 길동 씨와 같이 자신의 초지에서 양을 키우는 사람에게는 양이 풀을 뜯어 먹는 것 자체가 비용이 됩니다. 풀을 키우는 데는 시간과 돈이라는 비용이 들기 때문입니다.

만일 다른 사람이 자신의 초지에 양을 풀어놓았다면 가만히 있지 않았을 겁니다. 따라서 길동 씨는 '양이 풀을 먹고 성장하는 한계편익'과 '양들이 먹는 풀을 새로 키우는 데 들어가는 한계비용'이 일치하는 수준에서 양의 수를 조절한 것이고, 그렇게 함으로써 초지를 지속 가능한 상태로 유지할 수 있었던 것입니다. 결국 마을 공동 초지의 황폐화는, 공동체의 입장에서는 분명 초지의 감소라는 비용이 들었지만, 개인에게는 아무런 비용이 들지 않았기 때문에 초지가 적정 수준보다 과다하게 사용됨으로써 나타난 비극인 것입니다.

그런데 잘 생각해 보면 우리 주변에도 이와 유사한 사례들이 꽤 많다는 것을 알 수 있습니다. 자기 집에서는 전기 요금이 아까워 냉방을 잘하지 않던 사람이 마을의 공동 휴게소에서는 에어컨을 제일 세게 틀어놓습니다. 집에서는 화장지를 아껴 쓰다가 공중 화장실에서는 필요 이상으로 많이 사용하기도 합니다. 만일 자원이 제한되어 있는 상태에서 이런 일이 계속 되풀이된다면 공유지의 비극과 같은 결과가 나타나게 되겠죠.

환경오염이라는 것도 기본적으로 오염 물질을 공장 밖으로 배출하는

데 아무런 비용이 들지 않기 때문에 공장주는 그것을 줄이려는 노력을 하지 않게 되고, 그러다 보니 자연환경이라는 공유자원이 지속 가능한 수준을 넘어 과다하게 사용된 결과라고 할 수 있습니다. 이런 일이 그대로 방치되고 되풀이된다면, 우리의 환경도 공유지의 비극과 같은 결말을 피할 수 없습니다.

공유지의 비극, 어떻게 해결할 수 있을까?

그렇다면 공유지의 비극을 해결할 수 있는 방안은 무엇일까요? 이에 대해서는 일단 다음과 같은 세 가지 방안을 생각해 볼 수 있습니다.

첫 번째는 양을 키우는 주민들이 자발적으로 초지 이용을 자제하는 것입니다. 하지만 자신의 이득을 우선으로 하는 시장경제에서 모든 사람에게 이런 선의를 기대하기는 불가능합니다. 개인의 이익과 공공의 이익이 상충될 때, 잠시는 공공의 이익이라는 명분이 우세할 수 있으나 시간이 갈수록 개인의 이익이 우선한다는 것을 우리는 특정 상품에 대한 불매운동에서도 보아 왔습니다.

두 번째 방안은 초지를 특정인에게 임대하거나 팔아서 사유화시키는 것입니다. 공유자원이 소규모이고 쉽게 이전이 가능한 경우라면 이 방법도 가능할 수 있겠습니다만, 대상이 자연환경이라는 공유자원이라면 이런 방안이 쉽지 않겠죠.

세 번째 방안은 정부와 같은 공신력 있는 기관에서 사용료를 징수하면서 초지를 관리하는 것입니다. 환경오염의 경우, 앞의 두 방안이 현실성이 없는 만큼 오염에 대한 대책은 자연히 이 방안으로 압축될 수밖에 없습니다. 즉, 정부가 오염 물질을 배출하는 사람들에게 환경 사용료와 같은 명목으로 비용을 부담시키는 것입니다.

앞 장에서 우리는 환경오염과 같은 '공공재적 외부성'을 당사자들 간의 자발적인 협상으로 해결하기에는 거래 비용이 너무 크다고 했습니다. 여기서 거래 비용의 핵심은 누가 피해자이고 피해 규모는 얼마나 되는지를 파악하는 비용인데, 문제는 여기서 당사자들 간에 정보의 비대칭성으로 인한 도덕적 해이의 소지가 있다는 점입니다.

예를 들어 특정 지역에 토지 수용계획을 발표하면 곳곳에 없던 묘가 새로 생기는가 하면, 어린 과수 묘목이 모내기하듯이 꽂혀 있는 것을 볼 수 있습니다. 아파트 입주권을 조건으로 무허가 건물을 철거할 때 주민 등록상의 주민이 갑자기 증가하는 것도 마찬가지입니다. 이처럼 보상을 노린 전략적 행위가 난무하는 것은 보상해주어야 하는 측(가해자 또는 원인 제공자)이 보상을 받는 측(피해자)의 이러한 행동을 일일이 다 알 수 없기 때문입니다. 즉, 양자 간에 정보의 차이가 존재하는 것입니다. 이런 정보의 비대칭성은 협상에서의 거래 비용을 높이기 때문에 환경오염과 같은 공공재적 외부성에서는 당사자들 간의 협상보다는 정부가 직접 개입하여 해결하는 것이 보다 현실적인 방안이라고 하는 것입니다.

그런데 정부가 오염 물질의 배출원에게 자연환경의 사용료를 직접 받는 방법도 실제 시행 과정에서는 정보 수집 비용과 감독 비용이 드는 것은 피할 수 없습니다. 일일이 오염원을 확인한 다음, 배출량을 상시

측정해서 그에 상응하는 부과금을 결정해야 하기 때문입니다. 게다가 자칫 특정 기업과의 관계에서 오해를 받을 수도 있습니다.

이런 문제를 보다 효율적으로 해결하기 위해 최근에는 기업들이 오염 물질을 배출할 수 있는 권리를 직접 거래할 수 있도록 시장을 개설하여 운용하고 있습니다. 가장 대표적인 것이 1997년 교토의정서에서 규정한 6개 온실가스의 배출량을 줄이기 위해 2005년에 EU가 개설한 탄소배출권 시장인데, 우리나라에서도 2015년부터 한국거래소에서 탄소배출권 시장을 운영하고 있습니다. 참고로 교토의정서란 지구온난화의 원인이 되는 온실가스의 배출 규제를 위한 기후변화협약의 구체적인 이행 방안으로, 가입국들은 2012년까지 이산화탄소 배출량을 1990년 대비 평균 5% 정도 감축해야 하는데, 이를 이행하지 못하는 국가나 기업은 유엔기후변화협약(UNFCCC)에서 발급한 탄소배출권을 시장에서 구입하도록 규정하고 있습니다.

이처럼 시장을 통해 특정 물질의 배출권을 거래하게 되면, 당초 할당받은 배출량보다 적게 배출한 기업이나 국가는 그 권리를 다른 기업이나 국가에 판매함으로써 수익을 얻을 수 있기 때문에 시장 참여자들은 오염 물질의 배출량 감소를 위해 기술 개발 노력을 하게 됩니다. 또 그런 물질을 배출해야 하는 기업은 시장을 통해 언제든지 필요한 만큼의 배출권을 구입하여 사용할 수 있기 때문에 불필요한 비용을 줄일 수 있는 장점이 있습니다. 바로 시장이 가지고 있는 두 가지 장점인 유인과 정보의 이점을 최대한 활용하는 것입니다. 다만 이처럼 시장 기능을 활용하기 위해서는 배출권의 수요 공급자가 경쟁적인 시장을 구성할 만큼 많아야 한다는 전제가 필요합니다.

오염의 최적수준?

보통 수요와 공급곡선이 만나는 곳은 재화의 한계편익과 한계비용이 일치한다고 해서 '최적점'이라고 부르고 있습니다. 마찬가지로 오염의 경우에도 오염 수요곡선과 공급곡선이 만나는 점을 '최적오염수준 optimum pollution'이라고 할 수 있습니다. 환경오염은 적을수록 좋은 것인데 가장 적절한 오염수준이라는 표현에 대해 거부감을 느끼는 사람이 있을지도 모르겠습니다만, 오염 물질은 그냥 발생되는 것이 아니라 인간이 필요로 하는 유용한 재화를 생산하는 과정에서 발생하는 것임을 상기할 필요가 있습니다.

실제로 우리 사회에는 아직도 유해 물질이 가득한 공장에서 암 발생 위험을 무릅쓰고 일하는 사람들이 있습니다. 이런 사람들에게 자연환경이 어떻고 매연이 어떻고 하는 말은 '호강에 겨운 사람들의 요강 두드리는 소리'로 들릴 수 있습니다. 중요한 것은 우리가 일상생활에서 필요한 재화를 사용하기 위해서는 어느 정도의 오염은 감수할 수밖에 없다는 점입니다. 깨끗한 환경에서 굶어 죽는 것보다는 오염된 환경에서라도 배불리 먹는 것이 나을 수 있기 때문입니다. 최적오염수준은 바로 이러한 타협의 산물이라고 볼 수 있습니다. 앞이 보이지 않을 정도의 미세먼지를 감수하면서도 건물의 난방과 자동차의 운행을 포기할 수 없듯이 말입니다.

최적오염수준을 결정하는 오염의 편익과 비용은 개인마다, 국가마다 다르게 나타납니다. 개발도상국보다 선진국에서 환경을 더 중요하게 여기는 것은 오염을 감수하면서 생계를 유지해야 하는 후진국에 비해 오염으로부터의 편익, 즉 오염에 대한 수요가 상대적으로 작아 최적오염수준이 낮기 때문입니다. 따라서 선진국일수록 환경 기준이 엄격하고, 이를 충족시키지 못하는 제품의 수입을 규제하고 있습니다.

먼저 산업화를 이룩한 나라들의 기준에 따라 동일한 환경 기준을 적용받는다는 것이 후진국의 입장에서 보면 억울한 측면이 있기도 합니다만, 그렇다고 해서 국제 협약이나 기구를 통해 이루어지는 이러한 움직임을 끝까지 외면할 수도 없는 노릇입니다. 지구상에 인간이 살고 있는 한 환경오염이 없을 수는 없습니다. 중요한 것은 자연이 스스로를 정화할 수 있는 지속 가능한 범위 내로 최적오염수준을 낮춰가야 하고, 그러한 과제를 선 후진국 간에 갈등 없이 해결해 나갈 수 있는 유일한 방법은 오염 배출을 줄일 수 있는 기술 개발밖에 없을 것 같습니다.

임대와
직영 사이
제도 선택의 경제학

웅장한 스펙터클, 숨 막히는 전차 경주, 감동적인 인간애, 지금은 세상을 떠나고 없는 찰톤 헤스톤의 명연기, 가히 영화사에 길이 남을 불후의 명작이라 할 만한 영화가 있습니다. 1959년 아카데미상 11개 부문을 수상한 윌리엄 와일러William Wyler 감독의 〈벤허Benhur〉입니다.

이 영화의 가장 압권은 벤허와 그의 숙적 메살라가 벌이는 전차 경주 장면입니다. 유태인의 희망으로 백마 4마리가 끄는 전차로 출전한 벤허와 로마인의 명예와 자존심을 걸고 흑마 4마리가 이끄는 전차를 타고 등장한 메살라. 결국 이 승부는 메살라의 죽음과 벤허의 승리로 끝을 맺게 됩니다.

그런데 우리가 여기서 관심을 가지는 것은 누가 경주에서 이겼는가보다는 말을 다루는 두 사람의 대조적인 스타일입니다. 벤허는 채찍은 아예 들지도 않은 채 고삐만으로 시종 말을 달래가며 경주에 임하는 반면, 메살라는 쉴 새 없이 채찍을 휘둘러대며 말들을 독려하는 모습을 볼 수 있습니다. 두 사람의 이런 스타일은 쉽게 말해 '당근'과 '채찍'으로 요약됩니다.

그러면 이 경주의 주체는 누구일까요? 그야 물론 말을 부리는 기수들입니다. 그런데 이런 경기는 사람이 달리는 경기가 아니기 때문에 승부의 관건은 말이 얼마나 주인의 의도대로 잘 달려주느냐 하는 데 있고, 또 주인의 능력은 이 말들을 얼마나 잘 다루느냐 하는 것으로 평가받게 됩니다.

주인―대리인 모형의 본질: 정보의 비대칭

우리는 지금부터 이 출전 기수들과 같이 일정한 목표를 가지고 일을 추진해 나가는 주체를 '주인principal'이라고 하고 주인을 위해 일하는 말과 같은 존재를 '대리인agency'이라고 부르기로 합시다. 이렇게 '주인'과 '대리인'을 설정해 놓고 보면 우리 주변에는 이 경주와 유사한 관계를 가진 예들을 많이 볼 수 있습니다. 같이 찾아보기로 할까요?

민사 소송이 걸리면 원고와 피고는 각기 법정에서 자신의 입장을 대변해 줄 법률 대리인legal agent, 즉 변호사들을 고용하게 됩니다. 이때 소송의 결과는 소송 당사자인 주인보다는 이 대리인들이 얼마나 열심히 뛰어 주느냐 하는 데 달려있게 되고, 그것은 또 주인이 대리인에게 어떤 유인을 부여해 주느냐에 따라 많은 차이가 나타나게 됩니다.

또 다른 예를 살펴볼까요? 택시 회사 사장이 운전기사들을 고용했습니다. 사장이 돈을 얼마나 벌게 될지는 택시를 운행하는 기사들이 얼마나 열심히 뛰어 주느냐에 달려있고, 기사들의 영업 성과는 그들이 보수를 지급받는 방식과 밀접하게 연관되어 있습니다. 즉, 기사들의 보수가 영업 실적과 관계없는 고정급으로 지급되는 경우와 하루 수입의 일정 비율을 일당으로 지급하는 경우, 또는 정해진 사납금만 채워 놓으면 나머지는 기사가 가져가도 되는 방식의 차이에 따라 기사들이 일할 유인은 크게 달라지게 됩니다.

만일 여기서 택시를 농사지을 땅이라 하고, 사장을 지주, 그리고 택시 기사를 경작자라고 하면 위의 문제는 바로 지주와 경작자 간에 이루어지는 농업 계약의 문제로 바뀌게 됩니다. 소유와 경영이 분리된 현대의 주식회사에서 주주와 경영자 간의 관계도 이와 같고, 지역의 이익을 대변하여 의정 활동을 하라고 뽑아준 지역의 국회의원과 주민의 관계도 마찬가지입니다.

이렇듯 현실에서는 대리인의 노력 여하에 따라 성과가 결정되는 문제들이 도처에 존재합니다. 이러한 것들을 경제학에서는 '주인-대리인의 문제principal-agency problem'라고 하여, 그 성과를 결정하는 유인과 종류와 그런 유인이 체계화된 제도에 대한 연구가 많이 이루어지고 있습니다. 그러면 주인-대리인 문제의 본질은 무엇이고, 그로부터 얻을 수 있는 현실적인 시사점은 어떤 것일까요?

이 문제의 핵심은 주인과 대리인이 가지고 있는 정보의 양이 서로 다르다는 데 있습니다. 주인은 보통 대리인이 어떻게 움직이고 있는지에 대해 대리인 자신만큼 잘 알지 못합니다. 이렇게 거래 당사자 간에 서로 가지고 있는 정보의 양이 다를 경우, 가장 전형적으로 나타나는 현상은 상대적으로 정보를 많이 가진 쪽에서 적게 가진 쪽을 이용하려 한다는 것입니다. 우리는 앞에서 이런 현상을 정보의 비대칭성이라고 했고, 이 것이 심해지면 시장이 결국 파국을 맞아 사라지게 된다는 것을 이미 살 펴본 바 있습니다.

제도의 진화

그렇다면 상대적으로 정보를 적게 가진 주인의 입장에서는 자신의 목표를 달성하기 위해 할 수 있는 일이 무엇일까요? 바로 당근과 채찍 을 적절히 배합하여 대리인을 효과적으로 통제할 수 있는 방안을 찾는 일입니다. 우리는 그것을 '유인체계incentive system'라고 하는데, 이를 사회 전체의 관점에서 보면 적합한 제도를 고안하고 선택하는 작업이기도 합니다. 여기서 유인의 선택이 중요한 것은 생산 현장의 특성에 따라 당 근과 채찍의 효과가 다르게 나타나기 때문입니다. 유인의 종류에 따라 어떤 문제가 나타나는지를 앞의 택시회사 예를 통해 살펴보기로 하겠 습니다.

첫 번째 경우로 택시회사에서 기사를 고정급으로 채용한다고 가정해 봅시다. 이런 계약 조건이라면 기사는 굳이 손님을 많이 태우기 위해 애 를 쓸 필요가 없습니다. 과속할 필요도 없고, 신호등을 위반할 이유도 없습니다. "그거 참 바라던 일이네요. 기사님들도 그렇게 여유 있게 운 행하면 얼마나 좋습니까?"

그런데 사장의 입장에서는 걱정되는 것이 있습니다. 혹시 기사들이 일을 열심히 하지 않을까 하는 것입니다. 무더운 날에는 시원한 그늘에 차를 세워놓고 낮잠이라도 한숨 자는 것은 아닐까, 또 날씨가 나쁜 날에는 아예 집안에 들어앉아 있다 나오는 것은 아닐까 하는 걱정입니다. "듣고 보니 그 말도 일리는 있군요. 그럼 택시 안에 무전기와 GPS를 설치해 놓고 확실하게 감시를 하면 될 것 아닙니까?" 아닌 게 아니라, 요즘에는 실제로 그렇게 하고 있더군요. 예전 같으면 상상하기 어려운 이런 일들이 기술의 발전으로 인해 저렴한 비용으로 가능하게 되었습니다.

우리는 여기서 주인이 대리인을 감독하는 데 소요되는 비용을 정리해 보겠습니다. 첫 번째는 주인이 대리인을 감시 감독하는 데 들어가는 비용, 즉 '감독 비용$_{\text{monitoring cost}}$'이 있습니다. 택시의 경우에는 첨단 감시 장비를 설치하는 비용이 되겠지요. 두 번째 비용은 대리인이 주인의 감시가 소홀한 틈을 타서 스스로 최선을 다하지 않고 태만하게 일을 함으로써 나타나는 손실로, 우리는 이를 '태만 비용$_{\text{shirking cost}}$'이라고 부릅니다.

그런데 이 두 비용은 서로 반대 방향으로 나타나고 있습니다. 즉, 주인의 감시가 강할수록 대리인들의 태만 비용은 줄어드는 반면 감독 비용은 증가하게 됩니다. 이와는 반대로 주인이 감독을 소홀히 하면 감독 비용은 줄일 수 있지만, 그 대신 대리인의 태만 비용이 증가하게 됩니다. 이 두 비용의 합을 우리는 '대리인 비용$_{\text{agency cost}}$'이라고 부르고 있는데, 주인이 해야 할 일은 바로 이 대리인 비용(=태만 비용+감독 비용)을 최소화시킬 수 있는 적절한 감독 수준을 정하고 그에 적합한 제도를 시행하는 것입니다. 실제로 아래의 두 경우를 비교해 보도록 합시다.

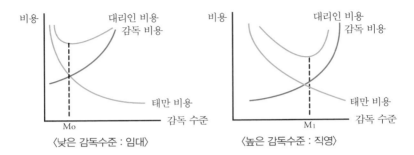

〈낮은 감독수준 : 임대〉 〈높은 감독수준 : 직영〉

    첫 번째 경우는 태만 비용은 높지 않은 대신 감독 비용이 비싼 경우입니다. 택시업을 예로 들자면 손님이 별로 없거나 요금이 낮아 수익성은 높지 않은데, 기사들을 감시하기 위한 장비를 설치하는 비용이 매우 비싼 경우입니다. 수익성이 높지 않으니 기사들이 일을 열심히 하지 않아도 손실이 크지 않습니다. 이 경우 사장은 당연히 감독을 많이 하지 않으려 할 것이고, 그런 경영 방식에 적합한 체제는 기사를 직접 고용하여 고정 월급을 주는 직영제보다는, 일정액을 받고 기사들에게 아예 택시를 임대해 주는 방식이 될 것입니다.

    이와는 반대로 두 번째의 경우는 태만 비용이 높고 감독 비용이 낮은 경우입니다. 즉, 택시 영업의 수익이 매우 높은 반면, 감시 장비를 설치하는 비용은 낮은 경우입니다. 당연히 사장은 기사들을 직접 고용하여 월급을 주는 대신 철저한 감시를 통해 수익을 극대화하려고 할 것입니다. 바로 직영체제입니다.

실제로 필리핀의 지역별 농업 경영 구조를 실증적으로 연구한 결과에 의하면 토지의 비옥도가 높은 지역에서는 일꾼들을 직접 고용하는 직영체제가 지배적인 반면, 토지가 척박한 지역에서는 농민들에게 토지를 임대해 주는 형태가 보편적으로 관측되었습니다. 이처럼 태만 비용과 감독 비용의 상대적 수준에 따라 적절한 감독 수준이 결정되고, 그러한 감독 방식에 적합한 제도가 정해지는 것입니다.

그런데 주인-대리인의 문제에서 나타나는 비용은 이것이 전부가 아닙니다. 택시를 임대한 기사는 영업하는 과정에서 차의 관리를 소홀히 할 가능성이 있습니다. 어차피 임대 기간이 끝나면 돌려줘야 할 차이기 때문에 평소에도 차에 투자를 하지 않는 것은 물론 임대 기한이 다가올수록 오일이나 냉각수조차 제때 교체하지 않는 것이죠. 이런 현상은 토지에서도 마찬가지로 발생할 수 있습니다. 비옥한 토지를 몇 년 임대해 주었더니 기름기가 쏙 빠진 박토薄土로 돌아오는 경우가 그것입니다.

이렇게 볼 때 주인의 입장에서는 대리인을 관리하는 데 들어가는 비용이 감독 비용과 태만 비용 외에도 대리인에게 임대해 준 자신의 토지나 자본재가 지나치게 혹사되어 망가지는 비용까지도 감안해야 하는데, 우리는 이 모든 것을 다 더한 전체 비용을 가리켜 거래 비용transaction cost이라고 부릅니다. 그렇다면 이제 주인의 할 일은 명확해졌습니다. 바로 거래 비용을 최소화할 수 있는 제도를 구상하고 선택하는 일입니다.

이런 점에서 볼 때 대리인과 성과를 나누어 갖는 방식은 거래 비용을 줄일 수 있는 하나의 대안으로 고려될 수 있습니다. 이런 방식이 농업 생산에 적용되면 소작제도share tenancy가 될 것이고 기업에 적용되면 일

이번 소송은 꼭 이겨야겠군

성공보수 30%€

종의 성과급 제도가 됩니다. 실제로 우리 주변에서도 대리인의 유인을 고려한 이런 제도가 곳곳에서 많이 활용되고 있는 것을 볼 수 있습니다. 변호사들의 소위 '성공보수'라는 것이 그것이고, 의료보험에서 치료비 전액이 보험으로 처리되지 않고 환자도 일정 비율을 부담해야 하는 것이나, 또 사고를 많이 낸 운전자의 할증 보험료도 따지고 보면 마이너스의 산출물을 분담하는 것입니다.

주인-대리인의 문제에서 이런 비용들이 발생하는 근본 원인은 무엇일까요? 주인은 무엇 때문에 대리인을 감독해야 하고, 또 대리인은 무엇 때문에 주인 몰래 요령을 피우거나 주인의 생산 요소를 과도하게 활용할 수 있는 것일까요? 물론 근본적으로는 주인이나 대리인 모두 상대방의 이익보다는 자신의 이익을 우선적으로 생각하기 때문이지만, 현실적으로 이런 비용이 발생하는 직접적인 원인은 바로 정보의 불완전성과 비대칭성에 있습니다. 즉 주인은 대리인이 어떻게 행동할지에 대해서 대리인 본인만큼 모르고 있다는 데서 모든 문제와 비용이 발생합니다.

이런 상황에서 주인이 할 수 있는 일은 대리인에게 돌아갈 유인을 조정하고 그 유인에 영향을 미치는 제도를 선택하는 것입니다. 그리고 정보의 비대칭성이 존재하는 모든 부문에서는 오랜 시행착오를 거쳐 전체적인 거래 비용이 최소화되는 방향으로 유인체계가 진화되고 조정되어 왔는데, 그것이 바로 제도이고 법입니다.

목욕탕 탈의실의 경고

우리가 목욕탕에 가면 탈의실에서 자주 보게 되는 문구가 하나 있습니다. "별도로 보관하지 않은 귀중품의 분실에 대해서는 상법 153조에 의하여 책임을 지지 않습니다." 그러면 상법 153조는 어떻게 생겼는지 한번 살펴볼까요?

> 제153조(고가물에 대한 책임) 화폐, 유가증권, 기타의 고가물에 대하여는 객(客)이 그 종류와 가액을 명시하여 임치하지 아니하면 공중접객업자는 그 물건의 멸실 또는 훼손으로 인한 손해를 배상할 책임이 없다.

그런데 바로 앞 조항인 152조에서는 "주인은 손님이 맡겨놓은 물건은 물론, 맡겨놓지 않았더라도 자신의 시설 내에서 분실되거나 훼손된 손님의 물건에 대해서는 책임을 져야 한다"라고 명기함으로써, 소비자 보호를 위한 접객업소 주인의 의무를 명확히 하고 있습니다. 그렇다면 고가물의 경우에는 왜 구체적 내용을 명기해서 맡기지 않으면 주인의 책임이 없다고 했을까요? 그것은 바로 지갑 안에 들어 있는 내용물에 대해 지갑의 주인은 잘 알고 있지만 목욕탕 주인은 잘 알 수가 없는 '정보의 비대칭성'이 존재하기 때문입니다.

만일 고가물에 대해 이와 같은 별도 규정이 없다면, 실제로는 동전 몇 개만 들어 있는 지갑을 분실한 사람이 백만 원이 든 지갑을 잃어버렸으니 변상하라고 큰소리칠 수도 있을 것이고, 심지어는 몇 사람이 짜고 허위로 지갑을 분실했다고 나올 수도 있습니다. 그렇게 되면 목욕탕 주인의 피해가 커지고 결국에는 문을 닫아야 할지도 모릅니다. 이것은 곧 목욕 시장의 실패를 의미하는 것입니다. 따라서 법에서는 상대적으로 정보를 많이 가지고 있는 소비자에게 정보를 노출시킬 의무를 부과시킴으로써 분실사고에서 나타날 수 있는 거래 비용을 줄이려는 것입니다.

이와 유사한 현상은 제조물 책임법product liability law에서도 볼 수 있습니다. 이 법은 제품의 결함으로 인해 발생한 손해에 대한 제조업자의 배상 책임을 명확히 함으로써 소비자를 보호하기 위한 것으로, 우리나라에서도 2002년 7월 1일부터 시행이 되고 있습니다. 이전에는 제조물의 결함으로 인해 소비자가 입은 피해를 배상받기 위해서는 민법에 따라 소비자가 제조업자의 고의나 과실을 입증해야만 했습니다. 그러나 제품에 대해 전문적인 지식이 없는 소비자가 제조업자의 고의나 과실을 증명하기란 매우 어려운 일입니다. 예컨대 압력밥솥이 사용 중 폭발했을 경우, 밥솥의 어느 부분에 어떤 결함이 있어서 폭발했다는 것을 과학적으로 증명할 수 있는 소비자가 몇 명이나 되겠습니까?

이에 비해 제조물 책임법에서는 소비자가 제품의 결함으로 인해 피해를 입었다는 것만 입증하면 됩니다. 즉, 압력밥솥의 결함을 군이 밝히지 않아도 정상적으로 사용하는 도중에 밥솥이 폭발해서 피해를 당했다는 것만 밝히면 되는 것입니다. 제품에 대해 전문적인 지식이 없는 소비자로 하여금 제품의 결함을 증명토록 하는 것보다는, 그것을 만든 제조자로 하여금 자신의 무과실을 증명하도록 하는 것이 전체적인 거래 비용을 훨씬 더 줄일 수 있다는 것입니다.

그런데 이 법을 좋아할 리 없는 제조업자의 입장에서 할 말이 없는 것도 아닙니다. 제품의 생산과 관련된 정보를 기업이 더 많이 가지고 있는 것은 사실이지만, 그것의 사용과 관련된 정보는 소비자가 더 많이 가지고 있기 때문입니다. 무슨 말이냐 하면, 제조자는 소비자들이 제품을 어떻게 사용하고 있는지에 대해서는 정확히 알 수가 없다는 것입니다. 소비자에 따라서는 명백히 자신의 실수로, 심지어는 고의로 제품을 파손시켜놓고 제품의 결함을 주장할 수도 있기 때문입니다. 차량 급발진 문제만 하더라도 소비자는 차의 결함이라고 주장하지만, 차량 제조사에서는 운전자의 부주의한 운전 탓이라고 맞서고 있는 것은 정보의 비대칭이 서로 간에 존재하기 때문입니다.

어쨌든 기업의 책임이 강화됨에 따라 기업은 이 법의 시행 이전에는 불필요했던 안전장치를 추가로 설치해야 하는 부담을 안게 되었습니다. 소비자가 혹시라도 잘못 사용할 수 있는 여지를 가급적 줄여야 할 뿐 아니라, 잘못 사용했을 경우라도 위험한 일이 벌어지지 않도록 해야 하기 때문입니다.

예를 들자면 운전자가 자동차 시동을 걸 때 발생하는 급발진 사고는 자동차의 결함에 의해서 생길 수도 있고, 운전자의 부주의에 의해 발생할 수도 있습니다. 이 경우 기업이 이 문제에 대한 책임으로부터 원천적으로 벗어나기 위해서는, 주행 모드에서는 시동이 걸리지 않도록 한 것만으로는 충분치 않고 새로운 장치를 추가하더라도 반드시 주차 상태에서 브레이크를 밟아야만 시동이 걸리도록 해야 할 수도 있습니다. 실제로 요즘은 대부분의 차량이 이런 장치를 채택하고 있습니다. 하지만 운행 중 발생하는 급발진 사고에 대해서는 마땅한 안전장치가 없기 때문에 자동차 회사는 운전자의 부주의에 원인을 돌리며 버티고 있는 것입니다.

이처럼 제조업자와 소비자는 제조물의 생산과 사용에서 각기 정보의 우위를 가지고 있기 때문에 제조물 결함으로 인한 피해가 발생했을 경우 책임 소재를 두고 주장이 엇갈릴 수밖에 없습니다. 이와 같은 상황에서 제조물 책임법의 취지는 상대적으로 약자인 소비자의 편에서 기업의 책임을 보다 강조한 것은 제품의 사용보다는 제조와 관련된 정보의 비대칭성이 더 중요하다고 본 것이겠지요.

대부분의 선진국들이 제조물 책임법을 시행하고 있는 것은 그것이 일시적으로는 기업에 부담이 될지 몰라도 그런 제도로 인해 소비자가 보다 안심하고 제품을 구입할 수 있기 때문에 결국 장기적으로는 기업에게도 도움이 된다고 보기 때문입니다. 이처럼 사회적 비용을 최소화할 수 있는 제도의 정착을 위해서는 무엇보다도 정보의 흐름과 소재를 잘 파악하여 적재적소에 당근과 채찍을 배치할 수 있는 혜안을 키워나가야 할 것입니다.

행복의
조건

행복의 경제학

"행복한 가정은 모두 비슷하고, 불행한 가정은 불행한 이유가 제각기 다르다."

러시아의 대문호 톨스토이의 소설 안나 카레니나의 첫머리에 나오는 이 문장은 행복과 불행, 성공과 실패를 논할 때 종종 인용되는 말로 오늘날 '안나 카레니나 법칙Anna Karenina Principle'이라고도 불릴 만큼 유명합니다. 아마도 많은 사람들이 공감하고 있기 때문에 여기에도 법칙이라는 단어를 붙인 것 같습니다.

이 법칙은 '성공한 사람은 모두 비슷하고 실패한 사람은 그 이유가 제각각이다'로 바꾸어 사용할 수도 있는데, 실제로 어느 분야에서든 최고의 위치에까지 오른 사람들에게서는 상당히 비슷한 점을 찾아볼 수 있는 것 같습니다. 만일 행복한 사람들에게서 이런 공통 모습을 찾아보라고 한다면 아마도 감사하는 마음가짐을 가지고 있는 것이 아닐까 생각해 봅니다.

이 법칙에 살짝 논리의 비약을 첨가하면 다음과 같은 문장으로 바꾸어 볼 수도 있을 것 같습니다. '행복하기 위해서는 불행의 이유가 되는 여러 요인들을 피해야 한다', '행복에 필요한 여러 요건 중 하나라도 충족되지 못하면 불행하다.'

경제학에서는 목표하는 최선의 상태first best를 달성하기 위해 갖추어야 할 여러 조건이 있을 때, 그중 일부가 충족되지 않은 상태를 차선의 상태second best라고 합니다. 그런데 이 차선의 상태와 관련해서 소위 '차선의 법칙'이라는 또 하나의 법칙이 있습니다. 즉, '차선의 상태 중에서는 최선의 상태에 필요한 요건을 더 많이 갖추었다고 해서 덜 갖춘 상태보다 반드시 더 낫다고 할 수 없다'는 법칙이 그것입니다.

처음 들으면 이해가 잘 안 갈 수도 있으니 예를 들어보겠습니다. 완벽한 미인이 되기 위해서는 얼굴형을 비롯해서 이목구비와 피부가 완벽해야겠죠. 그런데 어떤 사람이 코를 제외한 모든 부분이 완벽하다고 해서, 코와 눈 두 군데가 완벽하지 않은 사람보다 반드시 더 잘생겼다고 할 수 있을까요? 코 하나가 삐뚤어져서 균형이 깨지는 것보다는 코와 눈이 약간씩 삐뚤어졌지만 오히려 그것들 간에 조화가 잘 이루어지면 코만 삐뚤어진 사람보다 더 잘생겨 보일 수 있지 않을까요? 이처럼 어차피 최선의 상태가 되지 못 한 차선의 상태들 중에서는 단순히 갖추어진 조건의 수만을 기준으로 어느 것이 더 낫다고 단정 지을 수 없다는 것이 바로 차선의 법칙입니다.

여러분은 무엇을 행복이라고 생각하시나요? 행복하기 위해서는 어떤 조건이 갖추어져야 한다고 생각하시나요? 그리고 여러분은 그런 조건들을 얼마나 갖추고 있다고 생각하시나요? 이 장에서는 행복이란 과연 무엇인지, 행복을 위해서는 어떤 조건이 필요한지, 그리고 지구상에서 어떤 나라들이 행복의 조건들을 잘 갖추고 있는지를 살펴보도록 하겠습니다.

우선 누구나 관심을 가질만한 질문으로부터 시작해 보겠습니다. 전세계에서 어느 나라 사람들이 가장 행복할까요? 국민소득이 높은 중동의 산유국? 아니면 세계 최강국인 미국? 아니면 소득도 높고 빼어난 자연환경을 가진 스위스나 오스트리아? 사회복지가 잘되어 있다고 소문난 북유럽 국가? 그것도 아니면 종교적인 삶을 사는 인도나 부탄, 아니면 이슬람 국가들? 여러분은 지구상에서 어느 나라 국민들이 가장 행복하다고 생각하십니까? 다음 결과를 보고 놀라지 마십시오.

1위	2위	3위	4위	5위		3위	2위	1위
나이지리아	멕시코	베네수엘라	엘살바도르	푸에르토리코	…	러시아	아르메니아	루마니아

"아니, 어디서 이런 이상한 결과를 가지고 왔나요? 믿을만한 곳에서 조사하긴 한 건가요?" 고소득 국가도 아니고, 경치 좋은 나라도 아닌 아프리카의 나이지리아 국민들이 가장 행복하다는 결과가 나왔으니 이런 생각이 들만도 하겠습니다.

이 결과는 미국 미시간대학의 사회조사연구소ISR: Institute for Social Research 에서 1999년부터 2001년까지 세계 65개국 국민을 대상으로 작성한 '세계가치조사World Values Survey'의 보고서에 나타난 결과인데, 이런 조사 분야에서는 세계적인 명성을 가진 연구소이니만큼 못 본 걸로 하기는 어렵겠지만, 그렇다고 믿기도 어려운 게 사실입니다.

이 행복도 순위는 '당신은 지금 이 순간 매우 행복하다고 생각하십니까?'라는 질문에서 '예'라고 응답한 사람들의 비율을 기준으로 한 것입

니다. 그러다 보니 국민들이 얼마나 낙천적인 성향을 가지고 있는지, 또 조사 당시의 상황이 어떤지에 따라 응답 결과가 큰 차이가 나타날 수 있습니다. 상식적으로 생각해도 해변에서 칵테일을 마시고 있는 사람들을 대상으로 조사했는지, 초상집에서 울고 있는 사람들을 대상으로 조사했는지에 따라 큰 차이가 나타나겠죠.

이처럼 단순하게 현재의 행복도를 묻는 조사는 질문을 하는 시간과 장소, 응답자의 상태에 따라 결과가 달라질 수 있기 때문에, 대부분의 행복도 조사는 이렇게 막연한 주관적 방식보다는 특정 영역에 대해 구체적인 항목을 사전에 정해놓고 이를 객관적인 지표나 주관적인 설문을 통해 조사하는 방식으로 이루어지고 있습니다.

이러한 유형의 대표적 연구가 UN 산하 자문기관인 지속가능발전해법네트워크SDSN: Sustainable Development Solutions Network에서 나온 세계행복보고서World Happiness Report입니다. 이 조사에서는 전 세계 156개국을 대상으로 나라마다 1,000명의 표본을 통해 조사한 4개의 주관적 항목과 2개의 객관적 항목 지표를 점수화하여 각국의 행복도 순위를 매기고 있는데, 각 지표의 내용에 대해서는 뒤에서 따로 살펴보겠습니다. SDSN의 2020년 보고서에서는 2017년에서 2019년까지 3년간 자료의 평균치를 통해 전 세계 국가의 행복도를 평가하고 있는데, 우리가 관심이 있을 만한 국가들을 중심으로 행복 순위를 잠시 살펴보도록 하겠습니다.

<SDSN의 2017년~2019년간 주요국 세계행복도 평균 순위>

순위	국가	순위	국가	순위	국가
1	핀란드	24	멕시코	90	네팔
2	덴마크	34	대만	100	중국
3	스위스	38	사우디아라비아	102	베네수엘라
4	아이슬란드	42	싱가포르	110	나이지리아
5	노르웨이	46	엘살바도르	113	아르메니아
6	네덜란드	47	루마니아	117	이란
7	스웨덴	50	필리핀	121	케냐
8	뉴질랜드	64	한국	127	이집트
9	오스트리아	72	일본	135	인도
10	영국	78	홍콩	145	예멘
14	독일	79	베트남	153	르완다
15	미국	84	몽고	156	짐바브웨
23	프랑스	86	베트남	158	아프가니스탄

자료: Helliwell, J & R.Layard & J.Sachs & J. De Neve ed. 'World Happiness Report 2020', New York: Sustainable Development Solutions Network

이 순위를 보면 주로 북유럽을 비롯한 서구 선진국들이 상위권을 점유하고 있는데, 아시아에서는 대만과 사우디아라비아, 싱가포르 등이 그나마 상위권에 가깝고 우리나라와 일본은 중위권에 머물러 있습니다. 미시간대학의 조사에서 1위였던 나이지리아는 115위, 3위였던 베네수엘라가 99위에 있는 등 단순한 주관적 행복도 조사와는 큰 차이가 있는 것을 볼 수 있습니다. 하지만 스위스, 덴마크를 비롯해 많은 사람들에게 동경의 대상이 되고 있는 유럽의 복지 국가들이 상위권을 점유하고 있는 것이나, 아프리카의 빈국, 내전에 시달리고 있는 아프가니스탄 등이 최하위권에 위치한 것은 예상과 크게 다르지 않습니다.

참고로 많은 사람들에게 흔히 행복의 나라로 인식되어 온 부탄은 2019년 조사를 거부했기 때문에 자료가 없고, 2018년의 조사에서는 하위권인 97위로 나타났습니다. 그런데 사람들이 부탄에 행복의 나라라는 인식을 갖게 된 데에는 바로 런던에 소재한 싱크탱크인 신경제재단 NEF: New Economics Foundation이라는 곳에서 2010년에 143개국을 대상으로 조사한 행복지수에서 부탄이 1위를 했던 경력이 있기 때문입니다.

말이 나온 김에 신경제재단의 행복지수도 한번 살펴보도록 할까요. 신경제재단NEF은 UN이나 OECD 같은 국제기관들과는 상당히 다른 방식을 사용해서 행복지수를 측정하고 있습니다. 대부분의 기관들이 GDP 수준을 행복지수에 반영하고 있는데 비해, NEF에서는 GDP를 창출하는 데 얼마만큼의 자원을 소요했는가에 초점을 맞추고 있어 국민소득이 낮은 국가라도 자원을 덜 사용하고 환경에 덜 부담을 주게 되면 상위권에 속하게 되는 특징을 가지고 있습니다.

보다 구체적으로 살펴보면 NEF의 행복지수는 웰빙(W: wellbeing), 기대수명(L: life expectancy), 웰빙과 기대수명으로 조정된 불평등지표 (I: inequality of outcomes)와 생태계 발자국(E: ecological footprint)이라는 네 가지 지표로부터 도출되는데, 구체적인 식은 $(W^*L^*I)/E$와 같이 구해집니다. 그러니까 웰빙지수와 기대수명이 높고 불평등이 적을수록 행복지수가 높은 반면, 자원을 많이 사용하고 환경에 대한 훼손이 클수록 생태계에 큰 흔적을 남긴다고 보아 행복지수가 낮게 계산됩니다.

NEF에서는 이 방식에 의한 조사 결과를 보통 4~5년마다 발표하는데 2016년에 발표된 140개국의 행복지수에서 주요국의 순위를 살펴보면 다음과 같습니다.

〈신경제재단의 2016년 주요국 행복지수 순위〉

순위	국가	순위	국가	순위	국가
1	코스타리카	24	스위스	56	부탄
2	멕시코	29	베네수엘라	58	일본
3	콜롬비아	32	덴마크	61	스웨덴
5	베트남	37	핀란드	72	중국
6	파나마	38	뉴질랜드	80	한국
8	방글라데시	39	아이슬란드	105	호주
9	타일랜드	42	네팔	108	미국
12	노르웨이	43	오스트리아	110	아프가니스탄
15	스페인	44	프랑스	116	러시아
16	인도네시아	49	독일	123	홍콩
17	엘살바도르	50	인도	136	몽고
18	네덜란드	55	루마니아	139	룩셈부르크

자료: Jeffrey, K., Wheatley, H., Abdallah, S. (2016) The Happy Planet Index: 2016. A Global Index of Sustainable Well-being. London : New Economics Foundation.

이 순위를 보면 코스타리카 멕시코 베트남 방글라데시 등 열대지방의 농업 중심 개발도상국들이나 타일랜드, 스페인과 같은 관광 중심 국가들이 상위권을 차지하고 있습니다. 농업이나 관광업이 제조업에 비해 그만큼 생태계에 부담을 덜 주기 때문인 것 같습니다.

반면 호주, 미국, 러시아, 몽고 등과 같이 자원 개발과 수출이 많은 국가들, 그리고 홍콩, 룩셈부르크와 같은 좁은 면적의 국가들이 최하위권을 형성하고 있습니다. 그런가 하면 SDSN의 행복보고서에서 최상위권을 차지했던 유럽의 복지 국가들은 주로 20~50위권에 포진해 있고, 2010년 조사에서 1위를 차지했던 부탄은 어쩐 일인지 이번에는 56위로 처졌군요. 그리고 우리나라도 제조업이 많고 인구밀도가 높아 상위권을 기대하기는 어려울 듯싶은데 실제 순위를 보니 중하위권인 80위로 나타났습니다.

행복이라는 동일한 주제에 대한 조사 결과가 왜 이처럼 기관별로 큰 차이를 보이는 것일까요? 그것은 바로 행복을 이해하는 관점과 행복을 측정하는 항목의 차이 때문입니다.

행복을 보는 관점

행복이란 과연 무엇일까요? 길거리를 지나가는 사람들에게 이 질문을 해본다면 아마도 수백 가지의 응답이 나오지 않을까 생각됩니다. 지금까지 인류가 축적한 연구 가운데 최고의 빈도를 기록한 연구 주제가 바로 행복이라고 하니, 이에 대한 의견의 분분함은 미루어 짐작할 만합니다. 행복에 대한 개념이나 정의는 워낙 다양하기 때문에 일일이 다 나열할 수 없지만, 지금까지의 연구들을 정리해 보면 행복의 개념은 크게 두 분류로 구분해 볼 수 있을 것 같습니다.

하나는 행복을 미시적이고 주관적인 심리상태로 이해하는 것으로,

일상생활의 여러 측면에 대한 스스로의 만족도, 또는 주관적 안녕감sub-jective well-being으로 파악하는 것입니다. 즉, 사람들이 느끼는 행복감은 외적인 조건이나 환경보다는 그것을 받아들이는 개인의 정신적 및 감정적 특성에 의해 좌우된다는 것입니다. 똑같은 음식을 먹더라도 사람에 따라 느끼는 만족감은 얼마든지 다를 수 있다는 것이죠. 최근 우리 사회에서 많이 회자되고 있는 '소확행'이나 앞의 미시간대학 연구소의 조사 결과가 바로 이에 해당한다고 볼 수 있습니다.

다른 하나는 행복이 주관적인 개념이기는 하지만 그것은 한 개인이 처해있는 여러 경제적 및 환경적 요인에 의해 영향을 받는 만큼, 인간의 삶의 질quality of life에 영향을 미치는 요인들을 지표화하여 객관적으로 행복도를 평가하고자 하는 입장입니다.

총 22개의 지표로 구성된 삶의 질 지표를 통해 각국의 행복도를 간접적으로 측정하고 있는 OECD의 '보다 나은 삶의 질 지표Your Better Life Index' 보고서가 이러한 관점의 대표적인 예라고 볼 수 있습니다. 이 보고서에서는 물질적인 생활 수준을 나타내는 3개 영역(소득, 직업/임금, 주거)과 일상생활에서의 삶의 질을 나타내는 8개 영역(건강, 여가, 교육, 사회적 관계, 사회 참여와 정치, 환경, 치안, 주관적 행복)에서 총 22개 지표를 선정하여 각국의 삶의 질을 비교 평가하고 있습니다.

앞에서 살펴본 미국 SDSN의 세계행복보고서나 신경제재단의 행복지수는 주관적 질문과 객관적 질문을 혼용하고 있는 만큼 이 두 가지 관점의 중간에 위치한다고 볼 수 있는데, 이들 연구에서 나타난 행복의 조건을 조금 더 상세하게 살펴보도록 합시다.

행복의 조건

그러면 보다 구체적으로 행복을 결정하는 요인은 무엇일까요? 이 또한 행복을 보는 관점에 따라 다르겠지만, 자신이 생각하고 있는 행복의 조건과 어떻게 다른지를 비교해보는 것도 재미있을 듯합니다.

먼저 미시간 대학의 세계가치조사에서 꼽은 행복의 조건은 다음과 같은 열 가지입니다. ① 행복에 대한 유전적 성향, ② 결혼, ③ 친구들과의 교류와 존중, ④ 욕심을 적게 가지는 것, ⑤ 다른 사람에게 좋은 일을 하는 것, ⑥ 신념을 가지는 것(종교적이든 아니든), ⑦ 타인과 외모를 비교하지 않는 것, ⑧ 돈을 많이 버는 것, ⑨ 품위 있게 늙는 것, ⑩ 천재가 아니라고 고민하지 않는 것.

어떻습니까? 비록 객관적으로 평가하기에는 어려운 것들도 많지만, 헬조선을 입에 달고 다니는 사람들이나 경쟁에 시달리며 힘겹게 살아가는 우리의 젊은이들이 한 번쯤 깊이 생각해 볼 만한 좋은 요건들이라고 생각합니다.

이에 비해 미국 SDSN의 세계행복보고서에서는 다음과 같은 6개 항목에 대한 조사 결과를 점수화하여 각국의 순위를 도출하고 있습니다. ① 구매력으로 평가한 1인당 실질 GDP, ② 어려움이 닥쳤을 때 의지할 사람이 있는지의 여부(Gallup World Poll에 의한 국가별 설문 조사), ③ 건강기대수명(World Development Indicators), ④ 의사 결정의 자유에 대한 만족도(GWP 설문 조사), ⑤ 기부 경험으로 측정한 사회의 관용도(GWP 설문 조사), ⑥ 정부 또는 기업의 부패에 대한 인식(GWP 설문 조사).

즉, 이 보고서에서 꼽은 행복의 조건은 2개의 객관적 지표(GDP, 건강기대수명)와 4개의 주관적 요소로 이루어져 있는데, 이를 통해 개인보다는 국가나 사회 전체의 행복도를 평가하는 데 초점이 맞추어져 있습니다.

한편 신경제재단의 네 가지 항목은 이미 앞에서 간략히 소개하였는데, 이 중 웰빙과 불평등도는 설문 조사를 통해 조사한 주관적 지표이고, 기대수명과 생태계 발자국은 객관적 지표입니다. 우선 분자에 들어가는 세 항목을 살펴보면, 웰빙(W)은 갤럽 월드라는 설문 조사 데이터를 기반으로 한 각국의 전체적인 삶의 만족도에 대한 지표이고, 기대수명(L)은 말 그대로 사람들이 얼마나 오래 사느냐에 대한 지표이며, 불평등지수(I)는 수명과 행복도에 대해 구성원들이 느끼는 불평등도를 기대수명과 웰빙 지표로 조정한 지수로 불평등이 적을수록 높은 값을 갖도록 구성되었습니다. 그리고 분모에 들어가는 생태계 발자국 지표(E)는 사람이 살면서 자연에 남긴 영향을 1인당 토지 면적으로 환산한 수치로, 토지 면적이 적고 자연에 대한 개발과 훼손이 클수록 높게 나타납니다.

마지막으로 행복의 조건과 관련하여 소개할 만한 연구가 하나 더 있습니다. 행복에 대한 기존의 설문 조사들을 바탕으로 전 세계 30개국 국민들의 행복도 및 구성 요소를 조사한 이스털린R.A.Easterlin의 연구「Does Economic Growth Improve the Human Lot?; Some Empirical Evidence, 1974」입니다. 이 연구에서는 ① 경제적 안정, ② 화목한 가족,

③ 건강을 세 가지 행복의 조건으로 꼽았습니다.

이들 조사 연구에서 나타난 행복의 조건들은 대체로 소득이나 부와 같은 경제적 요인, 교육이나 건강, 사회의 관용도나 청렴도, 자유 등과 같은 무형의 사회간접자본, 그리고 가족이나 친구, 결혼, 봉사, 신념 등과 같은 개인적 요소들로 이루어져 있음을 볼 수 있습니다. 이들 중 어떤 요인을 더 중요하게 보았는가는 행복을 이해하는 관점에 따라 다르게 나타나고 있습니다.

지금까지 살펴본 행복의 여러 요건 중 나 자신과 우리가 살고 있는 사회는 이들을 얼마나 갖추고 있을까요? 물론 모든 것을 다 갖춘 경우는 극히 드물겠죠. 남이 보기에는 다 갖추었다고 보이는 사람도 자신은 만족하지 않을 수 있으니까요. 특히 행복의 요건 중 상당수는 절대적인 수준보다 자신이 속한 사회에서의 상대적인 위치가 더 중요한 경우가 많기 때문입니다. 이런 측면에서 많은 사람들의 관심을 끈 연구가 바로 이스털린이라는 경제학자의 1974년 연구입니다.

이스털린의 역설

이스털린은 1946년부터 약 30년간에 걸친 자료를 사용하여 소득과 행복도 간의 관계에 대한 연구를 하였는데, 그의 연구에 의하면 사람들의 행복도는 지역이나 인종, 종교, 문화, 정치체제에 관계없이 소득 수준이 높을수록 높게 나타났습니다. 하지만 소득 수준이 일정 수준을 넘어가게 되면 소득이 높아진다고 해서 반드시 행복도가 높아지지는 않았습니다. 이러한 결과는 노벨경제학상 수상자인 다니엘 카네만(2002년 수상)과 앵거스 디튼(2015년 수상)의 공동 연구에서도 확인되었는데, 이들은 미국의 경우 연간 소득 75,000달러 이상에서는 소득과 행복도 간에 양(+)의 관계가 성립하지 않음을 보여주었습니다.

그런데 여기서 문제가 하나 있습니다. 만일 소득과 행복 간에 양의 관계가 성립한다면, 국민소득이 높은 선진국에서는 행복하다는 사람들의 비율이 높게 나타나야 할 것이고, 콩고나 부룬디 같은 아프리카 빈국의 국민들은 대부분 불행하다고 대답해야 할 것입니다. 그러나 이스털린의 연구에 의하면 부자 나라에서나 가난한 나라에서나 행복하다고 응답한 사람의 비율에는 별반 차이가 없었습니다. 그뿐만 아니라 한 국가 내에서도 상대적으로 가난했던 시절이나 소득이 높아진 30년 후나 행복하다는 응답자의 비율에는 큰 차이가 없었습니다.

대체 어떻게 된 일일까요? 개인적으로는 분명히 소득이 높을수록 행복하다는 사람들이 많았는데, 국가 전체적으로 보니까 소득과 행복 간에 별 관계가 없다는 모순된 결과가 나타난 것입니다. 이 모순된 결과를 우리는 '이스털린의 역설Easterlin Paradox'이라고 부르고 있습니다.

'이스털린의 역설'에 대한 가장 설득력 있는 가설은 사람들이 물질로부터 느끼는 만족이나 행복은 그것의 절대적인 수준이 아니라, 다른 사람의 소비에 대한 상대적 수준에 의해 결정된다는 것입니다. 즉, 과거에 비해 소득이 몇 배 더 증가해서 살림살이가 나아져도 다른 사람들이 모두 나보다 더 나은 생활을 하고 있다면 상대적 박탈감으로 인해 오히려 더 불행하다고 느끼게 된다는 것입니다. 이와 같은 현상은 승용차나 아파트, 휴대폰 등과 같이 겉으로 잘 드러나는 내구재에서 보다 강하게 나타나고 있습니다.

더 좋은 재화를 사용해도 효용이 증가하지 않고 더 행복해지지 않는다는 것은 재화는 많으면 많을수록 효용이 높아진다는 전통적인 경제 이론과 모순되는 것이기도 합니다. 그런데 현실에서는 나 자신의 만족감이 나의 소비뿐 아니라 다른 사람의 소비에 의해서도 영향을 받는 효용의 상호의존성을 우리는 '소비의 외부성'이라고 하는데, 이런 현상은 현실에서 생각보다 많이 존재하고 있습니다.

좀 더 엄밀하게 정의하자면, 소비의 외부성은 다른 사람의 소비 행위가(보다 엄밀히 말하면 타인이 소비하는 재화나 타인의 효용이) 자신의 효용과 행복에 일방적으로 영향을 미치는 현상을 말합니다. 그런데 소비의 외부성이 만연해지다 보면, 소비자는 자신이 소비하는 재화가 자신에게 어떤 효용을 주는가보다는 자신의 소비가 다른 사람에게 어떻게 보일까 하는 데에 더 신경을 쓰게 되고, 그러다 보면 제품의 내용보다는 브랜드에 더 신경을 쓰는 과시용 소비로 이어지게 됩니다.

학창 시절의 영어 참고서에서 많이 보았던 '행복은 만족에 있다'라는 말이나, '행복은 돈으로 살 수 있는 것이 아니다', 그리고 '행복은 바로 내 옆에 있다'라는 말들도 모두 공감할 수 있는 말들입니다. 하지만 현실적으로 행복에 영향을 미치는 많은 요인들 가운데는 개인적으로 해결할 수 없는 것들도 많습니다. 아울러 불행한 이웃들 사이에서 혼자만 행복하기도 어려울 뿐만 아니라, 설사 그렇다고 하더라도 별 의미가 없습니다. 이런 면에서 볼 때, 행복은 꼭 개인 차원의 문제로 볼 수만은 없습니다.

이 장을 마치면서 독자 여러분도 '나 자신의 행복의 조건은 무엇일까?'를 한번 생각해 보시기 바랍니다. 그러면서 이것도 같이 생각해 보시면 어떨까요? '다른 사람, 특히 주변 사람들의 행복을 위하여 내가 할 수 있는 것은 무엇이 있을까?'를 말입니다.

언터처블스

지하경제의 경제학

별칭은 앨 브라운, 뺨에 흉터가 있어 스카페이스 Scarface라는 별명으로 유명하다. 나폴리에서 미국으로 이주한 부모 사이에서 1899년에 태어나 뉴욕의 빈민가에서 자랐다. 소년 시절부터 악명 높은 갱단에 들어가 범죄를 일삼았으며, 금주법이 발효된 1920년부터 1932년까지 13년간 시카고를 주 무대로 밀주 조직을 지배하면서 공무원 매수, 도박, 매춘 등 모든 종류의 범죄를 통해 엄청난 부를 축적했다. 1927년 한 해 동안 그의 수입은 1억 달러가 넘었다. 1931년 탈세 혐의로 기소되어 11년 형을 선고받고 샌프란시스코의 앨커트래즈 교도소에 수감되었다. 1939년에 병보석으로 출옥하여 마이애미에서 편안한 은둔 생활을 하다가 1947년 1월 폐렴으로 사망했다.

출처: 네이버 지식백과, 미국사 다이제스트

누구인지 아시겠습니까? 한때 미국의 암흑가를 주름잡았던 알 카포네Alphonse Gabriel Capone입니다. 1987년에 제작되었던 〈언터처블The Untouchables〉이라는 영화를 보면 알 카포네를 잡아들이기 위한 네스 반장과 그 동료들을 '언터처블스'라고 불렀다는데, 그런 스토리를 알 리 없는 일반 사람들의 눈에는 알 카포네와 그가 운영했던 각종 범죄 사업들이 언터처블스로 보일 뿐입니다.

어쨌거나 여기에 등장하는 금주령, 알 카포네, 밀주, 매춘, 도박, 암시장… 이들을 하나로 엮을 수 있는 단어는 무엇일까요? "범죄 아닐까요?, 탈세도 해당되는 거 같은데요?" 맞습니다. 이 단어들은 모두 범죄이거나 세금을 내지 않기 위해 지하에서 음성적으로 이루어지는 활동들입니다. 우리는 이를 '지하경제underground economy'라고 부르고 있습니다.

하지만 우리의 일상적인 경제 활동 중에서도 이와 같은 범죄 행위는 아니지만 당당하게 드러내 놓지 못한 채 음성적으로 이루어지는 지하경제들이 많이 있습니다. 몇 가지 예를 들어볼까요?

혹시 자녀에게 개인 과외를 시켜 봤거나 또는 본인이 직접 집에서 부업을 해 본 적이 있습니까? 또는 집 근처 포장마차에서 어묵꼬치를 사먹은 적은 없나요? 또는 주변 사람들에게 여윳돈을 빌려주고 이자를 받아봤거나 집에서 쓰지 않는 물건들을 인터넷 중고시장에서 판매해 본 적은 없습니까? 아니면 현금결제 시 10% 할인이라는 유혹에 넘어가 영수증도 받지 않고 현금으로 결제한 경험은 없으신가요?

"이게 다 지하경제라는 건가요? 그런데 특별히 법을 어긴 것도 아니고, 별문제는 없어 보이는데요?" 그렇습니다. 일상생활에서 흔히 있을

수 있는 일들이고, 게다가 그렇게 비난받을 만
큼 나쁜 행동도 아니지요.

그러면 이런 것들은 어떻습니까? 밀수,
마약 거래, 기업의 비자금 조성, 뇌물
공여와 수수, 산림 도벌, 가축의
밀도살, 장물 매매 같은 것들 말
입니다.

"아, 이런 것은 확실히 문제가 있지
요. 대부분 범죄가 아닙니까?" 그렇습니다. 이런 행위들은 대부분이 불
법적인 범죄 행위다 보니 당연히 드러내 놓고 할 수가 없습니다. 하지
만 앞에서 나왔던 합법적인 경제 활동들도 기록이 남지 않고 수입이 신
고되지 않는다는 점에서는 이들과 다를 바가 없습니다. 이들은 앞으로
우리가 살펴볼 지하경제의 여러 형태들입니다.

지하경제의 범위

지하경제는 어떻게 정의될 수 있을까요? 우선 지하경제를 일컫는 몇
가지 별명을 살펴볼까요? 그림자경제shadow economy, 비공식경제informal
economy, 미신고경제unreported economy, 현금경제cash economy, 비밀경제secret
economy, 불법경제illegal economy, 달빛경제moonlight economy 등이 있습니다.
그런데 지하경제의 이런 다양한 별명들만큼 지하경제에 대한 정의나
범위도 학자에 따라 많은 차이를 보이고 있습니다.

우선 지하경제에 대한 정의 가운데 가장 포괄적인 개념을 살펴보면 다음과 같습니다. 지하경제란 '공식적으로 GDP에 포함되는 경제 활동 가운데 현재 등록(신고)되어 있지 않은 모든 경제 활동'입니다. 스미스 Philip Smith라는 경제학자는 이를 보다 구체화하여 '재화와 서비스를 생산 하는 시장의 모든 경제 활동(합법적이든 불법적이든) 가운데, GDP의 공식 추계에 포함되지 않는 부분'이라고 정의하고 있습니다. 그러니까 당연히 GDP에 포함되어야 할 재화와 서비스의 생산 활동이지만, 어떤 이유에서든 거기에서 빠진 부분을 말하는 것입니다.

하지만 이 정의에 의하면 주부들의 가사노동이나 도시민의 텃밭 농사 는 물론 골동품이나 미술품의 거래, 중고차나 부동산 매매 등 일상적인 경제 활동의 상당 부분이 모두 지하경제에 포함되기 때문에 정작 우리가 지하경제를 통해 알고 싶어 하는 부분들이 희석되어 버리는 문제가 생깁 니다. 따라서 지하경제의 범위를 보다 구체화할 필요가 있습니다.

그래서 우리는 지하경제를 '어떤 이유에서든 정부에 신고하지 않고 은밀하게 이루어지는 합법적 및 불법적인 경제 활동 또는 그런 경제 활 동에서 발생하는 소득'으로 정의하고자 합니다. 정부가 모르게 은밀히 이루어지는 경제 활동이니만큼 당연히 GNP나 GDP에 포함될 수는 없 지만, 중고차나 부동산 거래와 같은 활동들은 제외되겠지요. 여기서 어 떤 이유란 크게 두 가지 유형으로 나누어 볼 수 있습니다.

첫 번째 유형은 세금이나 각종 부담금 및 보험금, 기타 법규에서 정하 고 있는 절차나 요건을 갖추는 데 소요되는 비용을 절약하기 위해 이루 어지는 것들입니다. 무자료 현금 거래로 소득을 은폐하여 탈세하는 행위, 종업원의 보험금을 절약하기 위한 불법 고용, 환경부담금을 내지 않기 위한 공장의 불법 가동, 최저임금제를 피하기 위한 편법 고용 등이 예가 될 수 있습니다. 따라서 이런 것들은 그 자체가 불법적인 행위라기보다는 신고하지 않은 것이 문제가 되는 경우입니다. 이런 관점에서 보자면 지나치게 무거운 세금이나 까다로운 규정은 지하경제를 유발하는 원인이 됩니다.

이에 비해 두 번째 유형은 세금이나 비용을 줄이는 것보다도 그런 행위를 통해 특별한 이득을 추구하는 보다 적극적이고 불법적인 지하경제 활동들입니다. 한마디로 계획적인 범죄 행위들입니다. 허위계약서를 작성하거나 공문서를 위조하여 부당한 이득을 취하거나 불법 도박, 마약이나 장물, 인신매매 등을 통해 이득을 취하는 행위, 뇌물 수수 행위, 모조 상품의 제조나 유통, 특별한 정보나 기술을 몰래 파는 행위 등등 그 종류는 이루 다 기술할 수 없을 만큼 많습니다.

이렇게 범죄를 동반하는 지하경제의 폐해는 특별히 언급하지 않아도 우리가 충분히 상상할 수 있습니다. 다른 사람에게 직접적인 피해를 줄 뿐만 아니라, 정상적인 경제 활동에 투입되어야 할 자원을 불법적인 용도로 전환시킴으로써 자원의 낭비를 가져오고 국민들의 건전한 경제 활동을 저해하게 되니까요. 하지만 합법적인 지하경제 활동이라고 해서 폐해가 없는 것은 아닙니다. 자신이 감당해야 할 조세 부담을 타인에게 떠넘김으로써 정상적인 경제 활동에 대한 세금을 증가시켜 생산과 소비를 위축시키고 궁극적으로 국민경제의 성장을 저해하게 됩니다.

세계의 지하경제

지하경제의 규모를 측정하는 방법도 매우 다양합니다. 설문 조사를 통해 직접 조사하는 방법에서부터 국민소득계정의 소득과 지출의 차이를 통해 추정하는 방법, 공식적인 노동시장과 실제 노동시장의 차이를 통해 추정하는 방법, 실제 거래액과 GNP와의 차이를 통해 추정하는 방법, 그리고 현금 수요함수를 이용한 추정 방식 등이 있습니다.

현금 수요함수를 이용한 추정 방식은 지하경제 활동이 주로 현금을 통해 이루어진다는 가정하에, 통화량 중에서 현금이 차지하는 비율과 이에 영향을 미치는 여러 변수 간의 관계를 나타내는 현금 수요함수를 추정한 다음, 그들 변수 중에서 지하경제의 주원인으로 지목되고 있는 조세와 범죄가 없을 때의 현금 수요를 통해 지하경제 규모를 간접적으로 추정하는 방법입니다. 지하경제에 대한 세계적 전문가인 오스트리아 린츠 대학의 슈나이더Schneider 교수가 수행한 세계 145개국의 지하경제 규모 추정 연구(2003)나 LG경제연구소의 연구(2005), 그리고 현대경제연구원의 연구(2013) 등도 바로 이 현금수요 방식에 의한 것입니다.

그런데 최근에는 MIMICmultiple indicators multiple causes 방식을 통한 지하경제 규모 추정이 점차 늘어나고 있습니다. MIMIC 방식은 지하경제를 관측 가능하지만 그 자체로는 직접 추정이 불가능한 잠재적 변수로 가정하고, 이와 연관이 있는 측정 가능한 각종 요소들, 예를 들면 규제의 강도, 복수의 직업을 가진 남성 가장의 수, 자영업자의 소득, 1인당 소득, 실업률, 복지지출 비중, 조세부담률, 직접세 비중 등과 같은 지표를 사용해서 지하경제의 비중을 구하는 방식입니다.

슈나이더 교수도 과거에는 현금 수요함수를 사용하다가 최근에는 MIMIC 방식을 병행하여 지하경제 비중을 추정하고 있는데, 전 세계 162개국에 대한 지하경제 추정 연구 결과를 상·하위 10개국을 중심으로 살펴보면 다음과 같습니다.

〈지하경제 비중의 상·하위 10대 국가(2007년)〉

지하경제 비중이 낮은 10대 국가	지하경제 비중(%)	2015 1인당 GDP($)	지하경제 비중이 높은 10대 국가	지하경제 비중(%)	2015 1인당 GDP($)
1. 스위스	8.1	82,178	1. 볼리비아	63.5	2,915
2. 미국	8.4	55,904	2. 짐바브웨	62.7	1,037
3. 룩셈부르크	9.4	103,187	3. 그루지야	62.1	3,720
4. 오스트리아	9.5	51,642	4. 아이티	57.1	830
5. 일본	10.3	32,481	5. 페루	53.7	5,638
6. 뉴질랜드	12.0	36,963	6. 탄자니아	53.7	969
7. 중국	12.1	8,280	7. 아제르바이잔	52.0	6,794
8. 영국	12.2	44,118	8. 베냉	49.1	709
9. 싱가포르	12.4	53,224	9. 태국	48.2	5,426
10. 네덜란드	13.0	44,333	10. 과테말라	47.9	3,886
22. 한국	25.6	27,513	11. 가봉	47.3	8,581

* 1인당 GDP는 2015년 IMF의 추계치

자료: F. Schneider & A.Buehn & C. Montenegro(2010), Shadow Economies All over the World : New Estimates for 162 Countries from 1999 to 2007

이 연구에 나타난 우리나라의 2007년 지하경제 비중은 25.6%로 전 세계 평균 31.3%에 비해서는 낮지만, OECD 국가의 평균치인 16.6%

에 비해서는 크게 높은 수준입니다. OECD 국가 중 우리나라보다 높은 비중을 보이는 나라는 콜롬비아(36.1%), 터키(29.1%), 멕시코(28.5%), 이탈리아(26.8%), 그리스(26.5%)의 다섯 나라이며, 포르투갈(23.0%), 스페인(22.2%) 등이 우리나라의 뒤를 잇고 있습니다. 이 나라들은 대체로 소득 수준이 그다지 높지 않으면서 관광업의 비중이 상대적으로 크고, 또 관광업에 종사하는 자영업자들의 비중이 높다는 공통점을 가지고 있습니다. 다만 콜롬비아의 경우는 마약 재배 및 거래가 주원인이라고 볼 수 있겠죠.

지하경제의 비중이 낮은 나라로는 미국, 스위스, 오스트리아, 영국 등 선진국들을 꼽을 수 있는데 아시아에서는 일본과 중국, 싱가포르가 10위권 내에 포함되어 있는 것이 눈길을 끌고 있습니다. 한편 지하경제의 비중이 높은 상위 10위권 국가들은 주로 아프리카나 중남미의 저개발국, 구소련 공화국들이 차지하고 있는데 아시아에서는 관광산업의 비중이 큰 타일랜드가 48.2%로 10위 내에 포함되어 있습니다.

이 표에서도 나타나고 있듯이, 지하경제 비중과 1인당 국민소득 수준 간에는 대체로 역의 상관관계가 나타나고 있음을 볼 수 있습니다. 즉, 전체적으로 지하경제 비중은 저개발국가에서 높은 반면 고소득 국가에서는 낮게 나타나고 있습니다. 이러한 상관관계는 '선진국이 되면 지하경제의 비중이 줄어든다'가 아니라, '선진국이 되기 위해서는 지하경제의 비중을 낮출 수 있는 투명한 경제 시스템을 구축해야 한다'로 해석되어야겠지요. 다시 말해 경제가 발전하고 국민소득이 향상되기 위해서는 반드시 지하경제를 줄일 수 있는 제도적 개선이 병행되어야 한다는 것으로, 경제 운용이 투명해지지 않고서는 지속적인 성장이 어렵다는 것을 말해주고 있습니다.

우리나라의 지하경제

그러면 우리나라에서도 경제가 성장함에 따라 지하경제의 비중이 감소해왔을까요? 그렇습니다. 슈나이더 교수의 연구 결과에 따르면 1999년부터 2007년 사이의 지하경제 규모는 1999년 28.3%, 2002년 26.9%, 2005년 26.3%, 2007년 25.6%, 2018년 25.1%로 완만하게 감소하고 있습니다.

또 LG경제연구소에서 현금 수요함수 방정식으로 측정한 우리나라의 지하경제 비중은 1980년대 평균이 약 37%였던 것이 1990년대에는 24%로 줄었고, 2005년에는 GDP의 20%에 채 못 미치는 160조 원 정도로 나타났습니다.

역시 현금 수요함수 방식을 사용한 현대경제연구원의 연구에서는 1990년에 약 35%, 2000년 27%, 2003년 25%, 2009년 23%, 그리고 2012년에 약 23%인 290조 원으로, 2000년대 들어 전체적으로 완만한 감소 추세를 보이는 것으로 나타나고 있습니다.

이런 현상은 1993년에 시행된 금융실명제가 큰 기여를 하였고, 그 이후에도 신용카드 사용 확대, 전자상거래 확산, 그리고 정부의 자영업자 소득 포착 노력 등이 병행되면서 경제 활동의 투명성이 지속적으로 높아진 데에 기인한 것으로 볼 수 있습니다.

하지만 우리 경제에는 아직도 선진국들보다 지하경제 비중을 높게 만드는 여러 요인들이 상존하고 있습니다. 무엇보다도 경제 성장률의 둔화와 그로 인한 일자리의 감소는 국민들로 하여금 지하경제 활동에 대한 관심을 높이고 있습니다. 특히 높은 청년 실업률은 지하경제의 새로운 원인이 되고 있습니다. 안정된 직장을 구하지 못한 청년들은 자신의 경제 상태를 개선할 수만 있다면, 다단계 판매업이나 불법 조직 등을 가리지 않고 무슨 일이든 하려고 하기 때문입니다.

영미권의 국가들에 비해 우리나라의 지하경제 비율이 높은 또 다른 이유는 실제 소득의 파악이 어려운 자영업자의 비율이 높기 때문입니다. 2018년에 우리나라의 자영업 비율은 25.1%로 미국(6.3%), 러시아(6.7%), 일본(10.3%), 영국(15.1%)에 비해서는 물론이고, OECD 국가 평균치인 16.5%보다 크게 높은 실정입니다. 2018년에 OECD 37개 국가 중 우리나라보다 자영업 비율이 높은 국가는 콜롬비아(52.1%), 그리스(33.5%), 터키(32.0%), 멕시코(31.6%), 칠레(27.1%)의 다섯 나라에 불과합니다. 이 중 칠레를 제외한 모든 나라에서 지하경제 비중이 우리나라보다 높게 나타나 자영업 비율과 지하경제 간에는 밀접한 관계가 있음을 말해주고 있습니다.

그 외에도 최근 수년 사이에 우리나라 국민들의 조세 부담이 크게 높아지면서 사회 전체적으로 조세를 회피하고자 하는 유인이 증가하고 있는 것도 빼놓을 수 없습니다. 우리나라의 국민부담률(조세부담률+사회보장 기여금 부담률)은 2000년 22.6%에서 2018년에는 28.4%로 증가하여 OECD 국가들 중에서도 매우 빠른 증가 속도를 보이고 있습니다.

그 밖에도 말로만 개선되는 정부의 규제, 여전히 건재한 사채시장, 그리고 아직도 곳곳에 뿌리를 내리고 있는 부패의 검은 고리들은 우리나라의 지하경제 비중을 높이는 원천이 되고 있습니다. 지하경제는 반드시 돈이 많거나 나쁜 의도를 가지고 있는 사람들에게만 해당되는 것은 아닙니다. 우리의 일상생활 속에는 하나의 관행처럼, 또 알면서도 귀찮아서 자신도 모르게 지하경제를 발생시키는 경우가 허다합니다. 법과 질서를 지키고 투명한 거래를 하는 것이 자신에게도 이득이 될 수 있도록 합리적인 유인 체계를 구축하는 것은 지하경제를 줄이고 선진국의 문턱을 넘기 위한 필수 과제입니다.

3남 2녀의
꿈

자녀의 경제학

우리나라의 고전 소설들은 대부분 비슷한 구조를 가지고 있습니다. 범상치 않은 기운을 타고난 주인공이 초반에 온갖 고초를 겪다가, 드디어 시련의 시기가 끝나면서 청운의 꿈을 펼치고 좋은 배필을 만나 다복하게 잘 사는 것입니다. 즉, 고진감래苦盡甘來와 권선징악勸善懲惡입니다. 그런데 이런 이야기들의 해피엔딩에서 주인공들이 낳은 자녀 수가 몇 명인지 혹시 아십니까?

힌트를 드리자면 심청이나 몽룡이와 춘향, 그리고 홍길동이 이 수만큼의 자녀를 낳았습니다. 바로 3남 2녀입니다. 요즘 부모들이 들으면 펄쩍 뛸 숫자지만 불과 한 세대 전만 하더라도 이 정도는 주변에서 흔히 볼 수 있었습니다. 고전 소설 속의 이상적인 자녀 수가 왜 '3남 2녀'였는지 정확히는 모르겠습니다만, 먹고 살 걱정 없는 부모들에게 있어 자녀에 대한 호기심을 충족시키기에는 부족함이 없는 참한 조합으로 보입니다.

　길거리에 지나가는 사람들에게 세상을 살아가면서 뜻대로 되지 않는 것을 들어보라고 하면 빠지지 않는 것이 있습니다. 바로 자식입니다. 요즘에는 주식과 골프도 여기에 들어간다고 합니다만, 어쨌거나 세상의 모든 것을 다 가지고 부러울 것이 없는 사람이라도 단 하나 마음대로 안 되는 게 있다면 그것은 바로 자식이라고 할 수 있습니다. 부모에게 있어서 자식은 온갖 근심의 원인이 되는 '원수'나 '애물단지'가 될 수도 있고, 부모의 인생을 송두리째 바꾸어주는 '보물'이 될 수도 있습니다. 자식이 없어 애태우는 사람이 있는가 하면, 원치 않는다는 자식이라고 버리는 사람도 있습니다. 그야말로 알 수 없는 것이 자식이고, 마음대로 되지 않는 것이 자식입니다.

　우리나라에서 1970년에는 가임 여성 1명이 약 4.5명의 아이를 낳았지만, 50년이 지난 2020년에는 0.84명으로 줄었습니다. 무엇이 이렇게 자녀의 출산을 줄어들게 만들었을까요? 여기서는 자녀의 경제적 측면에 대한 분석을 통해 우리의 저출산 문제도 같이 생각해 보도록 하겠습니다.

자녀라는 재화(?)

　너무도 당연한 말이지만, 자녀는 시장에서 물건을 구입하듯이 마음대로 선택할 수 있는 상품이 아닙니다. 하지만 부모가 자신의 의사에 따라 자녀의 수나 출산 시기 정도는 선택할 수 있다는 점에서 자녀에 대해서도 일반 재화와 유사한 경제적 분석을 할 수 있는 측면이 있습니다. 혹시라도 있을지 모르는 오해를 불식시키기 위해 부모가 자녀를 갖는 것과 시장에서 일반 재화를 구입하는 것의 차이는 분명히 짚고 넘어갈 필요가 있겠지요.

첫째, 자녀는 일반 재화처럼 시장에서 구입이 가능하지 않습니다. 최근 인터넷의 중고품 거래 시장에 자녀를 팔겠다는 글이 올라와 우리 사회를 경악시킨 적이 있긴 했습니다만, 현대 사회에서 인신매매는 엄연한 불법입니다. 따라서 일반 재화에서 수요·공급곡선은 구매자의 편익과 판매자의 생산 비용이라는 서로 다른 경제 주체들의 사정을 나타내는 것이지만, 자녀에 대한 수요·공급곡선은 부모라는 한 경제 주체의 관점에서 본 자녀의 편익과 비용으로 이해되어야 합니다.

둘째, 자녀를 상품에 비유하자면 불확실한 상품이라고 할 수 있습니다. 우리는 미래를 알 수 없는 어떤 선택의 결과가 일정한 확률분포에 의해 나타나는 경우를 '위험$_{risk}$'하다고 하고, 그러한 확률조차도 알 수 없는 경우를 '불확실$_{uncertain}$'하다고 합니다. 하지만 불확실성도 데이터가 오래 쌓이다 보면 어느 정도의 경험적인 확률이 생기기 때문에 현실에서는 양자를 혼용하는 경우가 많습니다. 굳이 구분하자면 복권과 같이 확률과 기댓값이 통계적으로 정해져 있는 '조건부 상품'은 위험한 재화라고 할 수 있는 반면, 내일의 주가지수는 불확실한 것이라고 할 수 있겠지요.

어쨌거나 부모가 자녀를 갖는다는 것은 매우 불확실한 선택이라고 할 수 있습니다. 시장에서 상품을 구입할 때처럼 미리 볼 수도 없으며,

하자가 있거나 마음에 들지 않는다고 해서 교환이나 물릴 수도 없습니다. 훌륭한 학자나 예술가가 나올지 아니면 범죄자가 나올지, 자녀를 갖기로 결정을 내리는 시점에서는 알 도리가 없습니다. 그것은 인간의 영역이 아니니까요. 오직 부모라는 유일한 힌트가 있을 뿐입니다.

셋째, '자식 농사'라는 말이 있듯이 자녀는 부모가 어떤 식으로 키우는가에 따라 전혀 다른 결과로 나타날 수 있습니다. 즉, 자녀는 불확실한 선택이기는 하지만 키우는 사람의 노력과 주변 환경에 따라 결과가 달라질 수 있다는 점에서 단순한 재화가 아니라 일종의 투자라고 할 수 있습니다. 따라서 자녀를 제대로 키울 수 있는 정신적, 육체적, 경제적 여건이 갖추어지지 않은 사람이 자녀를 갖는 것은 자신에게는 물론 사회 전체에 부담과 피해를 끼치는 일이 될 수 있습니다.

지금까지의 얘기는 부모가 자발적이고 계획적으로 자녀를 선택하는 것을 전제로 한 것인 만큼 부모의 의사에 반해 생기는 경우는 물론 이 분석의 대상이 되지 않습니다. 더 중요한 문제가 있습니다. 자녀는 아무나 갖는 것이 아니죠. 다시 말해 자녀는 결혼해서 가정을 가지고 있는 사람들에게만 해당되는 문제라는 것입니다. 따라서 국가 차원에서 자녀의 출산을 늘리기 위해서는 우선 결혼을 늘리는 정책이 우선되어야 한다는 점입니다.

자녀에 대한 경제적 분석: 수요와 공급

부모가 자신의 의사에 따라 자녀의 수를 선택할 수 있다고 할 때 과연 몇 명의 자녀를 가질 것인가라는 중차대한 의사 결정에 영향을 미치는 요인은 무엇일까요? 여기서는 이 문제를 경제학에서 가장 중요한 두 곡선인 수요곡선과 공급곡선을 통해 살펴보도록 하겠습니다.

우리는 이 책의 첫 장에서 수요란 재화에 대한 구매 의사이며, 수요곡선이란 그 재화의 한계적인 편익을 나타낸다고 했습니다. 따라서 자녀에 대한 수요는 부모가 자식을 갖고자 하는 의사이며 자녀로부터 기대하는 여러 편익을 반영하고 있다고 볼 수 있습니다.

그리고 앞의 생산과 공급 편에서 재화의 공급곡선은 곧 생산 비용곡선이라고 한 바 있습니다. 따라서 자녀에 대한 공급곡선은 자녀를 갖는 데 들어가는 비용, 즉 자녀를 낳고 키우는 데 들어가는 비용을 나타낸다고 볼 수 있습니다. 자녀에 대해 수요·공급곡선을 통한 분석을 하기 위해서는 각 곡선의 모양과 크기를 결정하는 요인이 무엇인지를 좀 더 상세하게 살펴볼 필요가 있습니다. 여기서 그래프의 가로축은 자녀의 수, 세로축은 비용이나 편익으로 하면 되겠지요.

우선 자녀에 대한 수요곡선의 모양은 일반 재화처럼 우하향하도록 그려도 무방할 것 같습니다. 이 말은 부모가 자녀로부터 얻는 행복감은 첫째 아이가 가장 높고, 둘째, 셋째로 갈수록 점차 덜해진다는 것을 전제로 한 것입니다. 부모 입장에서는 열 손가락 깨물어 안 아픈 손가락이 없는데, 먼저 태어난 자식이라고 더 소중하고 나중에 태어났다고 덜 소중하다는 것이 말이 안 된다고 생각하는 분은 자녀에 대한 수요곡선을 수평으로 생각하면 됩니다. 다만 자녀의 수를 결정하는 데 있어 중요한 것은 수요곡선의 기울기가 아니라 자녀에 대한 기대와 편익을 나타내는 수요곡선의 위치, 즉 수요의 크기라는 것을 유념할 필요가 있습니다.

자녀의 공급곡선은 어떻게 그려보는 것이 좋을까요? 자녀의 수가 늘어날수록 출산과 양육비가 더 든다고 생각하면 우상향하는 공급곡선을, 반대로 둘째, 셋째로 갈수록 출산 및 양육비가 적게 든다고 생각한다면 우하향하는 곡선을 그리면 될 것 같습니다. 언뜻 생각하면 첫아이보다는 둘째, 셋째로 갈수록 비용이 적게 든다고 생각할지 모르겠습니다. 옷이나 유모차도 물려 사용하면 되고, 육아 경험도 생겼으니까요. 물론 둘째 이후 자녀의 출산과 양육 비용은 먼저 태어난 아이와 동성同性인지, 출산 터울은 얼마인지, 양육을 도와줄 사람이 있는지 등에 따라 많이 달라질 수 있습니다.

그런데 여기서 우리가 생각해야 할 것은 자녀가 늘어나면서 주택도 늘려야 할 필요성이 발생하거나 또는 직장을 그만두어야 할 경우입니다. 이런 비용은 아이 밑으로 들어가는 소소한 육아 비용과는 차원이 다른 문제인 만큼, 자녀의 공급곡선은 아이가 늘어날수록 증가하는 우상향곡선으로 그리는 것이 보다 현실적이지 않을까 합니다.

자녀에 대한 수요곡선

이제 자녀에 대한 수요에 영향을 미치는 요인들부터 생각해 보도록 합시다. 이는 자녀를 갖게 되는 여러 가지 동기와 직결되는 것으로 자녀에 대한 수요곡선의 위치를 결정하는 요인들이라고 보면 됩니다.

첫째, 자녀에 대한 수요는 부모의 가정적인 특성, 예컨대 가장의 형제

수나 장남 여부, 가치관, 종교적 신념 등과 같은 요인에 의해 영향을 받게 됩니다. 보수적인 가문에서 독자로 태어난 가장은 자녀, 그중에서도 특히 남아에 대한 갈망이 상대적으로 더 크다고 볼 수 있습니다. 외국의 경우를 보면 부부간의 금슬이 좋은 가톨릭 가정에서는 대체로 자녀가 많은 것을 볼 수 있습니다.

둘째, 부모의 소득 수준은 자녀에 대한 수요를 결정하는 중요한 요인입니다. 그런데 소득 수준에는 두 가지 상반된 측면이 있습니다. 부모의 소득 수준은 자녀의 부양 능력과 직결되기 때문에 소득이 높을수록 자녀에 대한 수요도 커지는 측면이 있습니다. 일종의 소득 효과인 셈입니다. 하지만 다른 측면에서 보면 소득이 높을수록 자녀 양육에 소요되는 시간의 기회비용도 높아지기 때문에 소득은 자녀에 대한 수요를 감소시키는 효과를 가지고 있습니다. 특히 이런 효과는 자녀의 출산과 양육으로 인해 상대적으로 많은 부담을 안고 있는 여성의 경우에 보다 두드러지게 나타납니다.

셋째, 부모가 자녀를 원하는 동기 중에는 노후나 사후를 대비하기 위한 것도 있습니다. 즉, 부모가 나이 들었을 때 의지할 수 있는 대상으로 생각하고 자녀를 원하거나 자신이 죽은 뒤 제사를 지내 줄 자손이 있어야 된다고 생각하는 수요입니다. 하지만 요즘에는 자녀가 노후 대책이 아니라 '노후의 적'으로 생각하는 사람이 늘어나고 있고 제사에 대한 사회적 통념이 과거와 달라지면서 이런 요인에 의한 수요는 크게 줄었다고 볼 수 있습니다. 무엇보다 강화된 사회보장제도와 공적 및 사적 연금을 통한 개인적인 노후 대책도 이러한 변화에 큰 역할을 하고 있는 것 같습니다.

그렇지만 꼭 자식을 키워서 경제적으로 덕을 보기 위해서는 아니라고는 하지만, 자신을 희생해가면서까지 자식의 교육에 올인하는 부모들을 보면 노후를 대비한 장기적 투자 관점을 생각하지 않을 수 없습니다. 그뿐만 아니라 가업을 물려줄 대상으로서의 자녀는 경영의 후계자로서뿐만 아니라 노후 대책의 의미도 부정할 수는 없겠죠.

넷째, 옛말에 인생의 가장 큰 재미는 자식 키우는 재미라는 말이 있듯이 부모는 자녀를 키우는 과정에서 많은 보람과 화목감 등 정서적 행복감을 느끼는 것이 사실입니다. 이런 요인은 무시할 수 없는 중요한 것이지만, 반려동물이나 인공지능, 로봇 등 그 역할을 대신해 줄 수 있는 대체재가 많아지면 이런 요인에 기인한 수요도 줄어들 수밖에 없겠죠.

마지막으로 요즘에는 찾아보기가 어려워졌습니다만, 노동력이 중요했던 시대에는 노동력으로서의 자녀에 대한 수요도 무시할 수 없었습니다. 하지만 이와 같은 '일손'으로서의 자녀에 대한 수요는 기술과 산업의 변화에 따라 거의 자취를 감추었다고 할 수 있을 것 같습니다.

이처럼 자녀에 대한 수요는 여러 동기로 구성됩니다. 그것은 곧 부모에게 있어서 자녀가 어떤 의미의 존재인가를 말해주는 것이기도 합니다. 그리고 그 의미는 시대에 따라 달라지고 있습니다. 예전에는 대를 잇고, 부모의 노후와 사후를 책임지고, 나아가 일손의 역할까지 해야 했던 자식이, 이제는 집집마다 자녀 수가 줄어들고 취업이 어려워지면서 오히려 부모에게 의존하고 부담을 주는 존재가 되어버렸습니다. 또한 우리나라는 물론 세계적으로도 평균 자녀 수가 줄어들다 보니 가정에서 자녀가 차지하는 비중도 전과는 크게 달라졌습니다. 1가구 1자녀 시대의 중국 가정에서 자녀의 위상을 말해주는 소황제라는 단어가 이를 잘 보여주고 있습니다.

자녀의 공급곡선

자녀의 공급곡선은 자녀를 갖는 비용이라고 했으니 공급곡선의 위치에 영향을 미치는 요인을 알아보기 위해서는 그 비용이 무엇인지를 살펴보면 되겠지요. 자녀를 낳아서 키우는 일은 결혼 – 임신과 출산-양육의 단계로 이루어지기 때문에 그 비용도 각 단계로 구분해서 살펴봐야겠지만, 우리는 결혼한 가정을 전제로 하는 만큼 임신 단계부터 살펴보면 될 것 같습니다. 그리고 비용도 명시적 비용과 암묵적 비용으로 나누어 보는 것이 볼 필요가 있습니다. 때로는 눈앞에서 지출되는 명시적 비용보다 보이지 않는 암묵적 비용이 더 크고 중요하기 때문입니다.

우선 임신과 출산 단계에서의 명시적 비용은 그 기간 동안 소요되는 의료비와 산후조리비가 중심이 되겠죠. 이 비용은 일부 건강보험이 적용되기는 하지만 본인의 금전적인 부담을 무시할 수는 없습니다. 특히 분만 병원을 찾기 힘든 농어촌 지역에서는 임신과 출산 기간 중에 인근의 큰 도시까지 다녀야 하는 추가적인 불편과 비용을 감수해야 합니다. 하지만 이런 비용은 출산 후부터 시작되는 육아 비용에 비하면 대수로운 것이 아닙니다. 자녀에게 들어가는 육아 및 교육 비용을 어디까지 잡아야 할지는 모르지만, 자녀가 경제적 독립을 이룰 때까지를 기준으로 해도 최소한 20년은 잡아야 할 것 같습니다.

명시적 비용에서는 육아에 필요한 각종 용품비도 있지만 가장 중요한 것은 교육비라고 할 수 있습니다. 교육비는 자녀가 어느 단계까지 진학을 하는지, 지방에 사는지 수도권에 사는지, 사교육은 얼마나 하는지 등 개인적인 사정에 따라 큰 차이를 보입니다. 다행히 2021년부터는 초등학교부터 고등학교까지 전 학년에 걸쳐 무상 교육과 무상 급식이 실시되어 학생들의 공교육비 부담이 크게 줄었습니다만, 아직도 사교육비 비중은 만만치 않습니다.

대학생에게 들어가는 교육비는 공·사교육비를 막론하고 개인에 따라 큰 차이를 보이기 때문에 일률적으로 계산하기는 어렵습니다. 국·공립대학인지 사립대학인지, 인문계열인지 자연계열인지 의학계열인지 아니면 예·체능계열인지, 그리고 타지에서 유학을 하고 있는지, 아니면 집에서 다니는지에 따라 매우 큰 차이가 나기 때문입니다. 2015년에 국내의 한 연구소에서 계산한 자료에 따르면 지방 학생이 수도권에 소재한 대학을 졸업하기까지 들어가는 돈은 등록금 3,092만 원, 주거비 2,690만 원, 생활비 2,400만 원으로 총 8,510만 원이 드는 것으로 조사되었습니다. 그동안 주거비와 생활비의 상승을 감안하면 지금은 1억 원 가까이 되지 않을까 생각됩니다.

이와 같은 명시적 비용은 부모의 소득에 따라 큰 차이를 보이게 됩니다. 하지만 부모의 소득이 보다 큰 영향을 미치는 부분은 암묵적 비용입니다. 자녀를 갖는 데 들어가는 암묵적 비용은 부모가 자녀를 낳고 키우느라 희생하는 시간과 일, 직장에서의 기회, 소득 등이 될 것입니다. 부모의 소득이 높을수록 육아 휴직에 따른 손실이 크게 나타날 것이기 때문에 부모의 재산이나 경제력은 자녀를 많이 갖는 쪽으로 작용할 수 있지만 부모의 소득 수준, 특히 여성 직장인의 소득 수준은 자녀의 암묵적 비용을 높여 자녀를 적게 갖는 방향으로 작용할 가능성이 큽니다. 출산 및 육아 휴직은 소득의 감소 외에도 경력을 단절시켜 직장에서 불이익을 초래할 가능성이 있기 때문입니다. 참고로 2019년에 결혼한 지 5년 이내의 신혼부부들 가운데 맞벌이 부부의 비중은 49%로 외벌이 부부 비중 44%보다 더 높게 나타났습니다.

물론 이러한 명시적 및 암묵적 비용은 부모의 소득이나 직업과 같은 부모 요인과 자녀를 돌봐줄 수 있는 다른 가족의 존재 여부와 같은 가정 환경적 요인, 그리고 정부의 정책 등에 의해서도 크게 영향을 받게 됩니다. 최근에는 지자체별로 신생아에 대한 보조금 지급, 국공립 어린이집이나 초등학교의 돌봄교실 등이 많이 개선되어 자녀의 육아 비용에 도움을 주고 있습니다. 하지만 많은 사람들이 인식하지 못하고 있는 육아 비용이 있습니다. 바로 주거 비용입니다. 자녀가 커나갈수록, 그리고 수가 많아질수록 더 넓은 주거공간이 필요하기 때문입니다.

2020년은 수도권뿐만 아니라 전국 대도시의 주택 가격과 전세 가격이 크게 상승한 한 해였습니다. 이런 주거비 상승은 아이를 새로 갖고 싶어 하는 가정에 큰 부담으로 작용하기 때문에 최근의 부동산 가격 폭등을 촉발한 정부의 정책은 새로 자녀를 갖고자 하는 부모들에게는 큰 부담으로 작용할 것 같습니다. 참고로 2019년에 결혼한 지 5년 이내의 신혼부부들 중 무주택자의 비중은 57%에 이릅니다.

자녀에 대한 수요 · 공급으로 본 저출산

지금까지 살펴본 자녀의 양육 비용은 바로 공급곡선의 모양과 위치를 결정하는 핵심 요인입니다. 실제로 정책을 통해 자녀 수에 영향을 미칠 수 있는 것은 수요 측면이 아니라 공급 측면인 만큼, 자녀의 출산과 양육 비용은 인구 정책에서 매우 중요한 의미를 가집니다.

자녀에 대한 수요 공급곡선을 머릿속에 그리고 나면, 이 두 곡선이 만나는 곳에서 각 가정의 자녀의 수가 결정된다고 생각할 수 있습니다. 자녀에 대한 수요가 적어서 수요곡선이 왼쪽으로 이동할수록, 그리고 공급곡선이 높아져서 왼쪽으로 이동할수록 가정의 자녀 수는 적어지게 될 것입니다.

우리나라에서 1년 동안 신생아가 가장 많이 태어났던 해는 1960년으로 총 1,080,535명이 출생했습니다. 그 후 10년 단위로 출생자 수를 보면 1,006,645명(1970년)−862,835명(1980년)−649,738명(1990년)−640,089명(2000년)−470,171명(2010년)−272,400명(2020년)으로 나타나고 있습니다. 2020년의 출생아 수는 1960년의 4분의 1에 불과합니다. 그리고 같은 기간 동안 우리나라의 합계출산율도 1960년의 6.16에서 2020년에는 0.84로 감소하였습니다.

그야말로 전 세계에서 유례를 찾아볼 수 없는 빠른 감소입니다. 그러다 보니 2020년에 한국의 0~14세 인구 비율은 12.5%로 세계 평균 25.4%의 절반 수준에 불과한 실정입니다. 참고로 2019년에 OECD 국가의 평균 출산율은 1.63이며, 출산율이 꼴찌에서 두 번째이면서 이미 초고령사회로 진입했다는 일본의 합계출산율도 1.42인 것을 보면 우리의 출산율이 얼마나 기이할 정도로 낮은가를 알 수 있습니다.

그런데 정말 걱정되는 것은 이러한 출생아 수 급감 현상이 2000년대 들어 더 심각해지고 있다는 사실입니다. 특히 우리가 주목하지 않으면 안 될 중요한 문제가 있어 잠시 별도로 언급하고 지나가겠습니다. 그것은 바로 2001년~2005년과 2015년~현재에 이르는 두 기간 중에 출생아 수가 각각 이전 기간에 비해 각각 3분의 1씩이나 감소했다는 것입니다. 아래의 그림에서 볼 수 있듯이, 1차 파동에서는 약 20만 명, 2차 파동에서는 약 17만 명이 감소한 것입니다.

그런데 이 두 기간 동안 나타난 출생아 수의 급격한 감소는 이 장에서 다루고 있는 기혼 가구에서의 출산 감소보다는 결혼의 감소가 주된 영향을 미친 것으로 보입니다. 실제로 이 시기의 혼인통계를 보면, 외환위기 전인 1996년에 9.4였던 조혼인율이 2002년에 6.3으로 30%나 크게 하락하였는데, 보통 결혼 2~3년 후 출산이 이루어지는 것으로 볼 때, 1997년의 외환위기가 결혼의 감소를 통해 출생아 수를 감소시켰다고 볼 수 있습니다.

2015년부터 시작된 2차 감소 시기에서도 이와 비슷한 모습을 볼 수 있는데, 2003년부터 2013년까지 11년간 6.3을 오르내리던 조혼인율이 2014년부터 갑자기 감소하기 시작하여 2019년에는 4.7까지 하락하였으며, 이 추세는 아직도 현재 진행형입니다. 2019년의 경우 인구 1천 명당 혼인 건수가 4.7건이라는 말입니다.

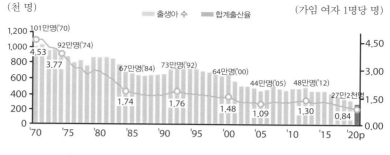

〈자료: 2020년 출생사망통계 잠정 결과, 통계청, 2021.2.24.〉

이처럼 출생아 수의 감소는 한편으로는 혼인율의 감소와 다른 한편
으로는 기혼 가정에서의 자녀 수 감소라는 두 가지 요인에 기인하지만,
결혼 수의 감소는 다음 장에서 보게 될 결혼의 경제학으로 미루기로 하
고, 여기서는 기혼 가정에서의 자녀 수 감소에 초점을 맞추어 간단히 살
펴보기로 하겠습니다. 우리의 분석 틀에 의하면 지난 50년간 나타난 출
산 감소의 원인은 자녀에 대한 수요 감소와 비용의 증가로 요약할 수
있습니다. 즉 자녀에 대한 수요곡선과 공급곡선이 모두 왼쪽으로 크게
이동한 것입니다. 도대체 무엇이 이런 변화를 가져왔을까요?

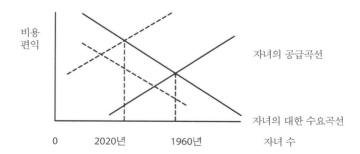

우선 자녀에 대한 수요 측면부터 살펴보도록 하겠습니다. 우리는 앞에서 자녀의 수요에 영향을 미치는 요인을 다섯 가지로 나누어 살펴보았습니다만, 그중 노동력으로서의 자녀나 노후 대비 및 사후 대비를 위한 수요는 거의 무시해도 될 정도로 감소했다고 봐도 무방할 것 같습니다. 또한 종교적인 이유나 집안의 압력으로 인한 출산도 거의 없어졌습니다.

이에 비해 가정의 따뜻함과 사랑의 원천으로서, 또 부모에게 살아가는 재미와 보람을 주는 대상으로서의 자녀에 대한 욕구는 여전히 존재한다고 봐도 될 것 같습니다. 하지만 이 수요 또한 우리의 생활 수준이 향상되면서 스마트폰을 비롯하여 여행, 영화, 게임, 반려동물 등 개인적인 취미와 여가를 즐길 수 있는 다양한 대상이 크게 증가함에 따라 전보다 상당 부분 감소했다고 볼 수 있습니다.

그렇다면 그동안 크게 높아진 소득과 생활 수준이 자녀에 대한 수요에는 어떤 영향을 미쳤을까요? 앞서 살펴본 바와 같이 소득은 자녀의 부양 능력이라는 긍정적 측면과 자녀 양육의 암묵적 비용을 증가시킨다는 상반된 측면을 가지고 있습니다. 하지만 우리나라의 경제 개발이 시작되던 1960년대에는 지금과는 비교할 수 없을 정도의 열악한 생활 환경과 소득 수준에도 불구하고 집집마다 대여섯 명의 자녀는 보통이었습니다.

1990년 이전까지 강력하게 시행되었던 정부의 산아제한 정책을 감안하더라도, 소득의 증가가 자녀를 늘리는 방향으로 영향을 미쳤다고 보기 어렵습니다. 그보다는 오히려 여성의 노동시장 참여가 증가하면서 소득의 증가는 특히 여성들의 자녀 양육 기회비용을 증가시켜 공급 측면에서 자녀 수를 줄이는 방향으로 작용한 것으로 보입니다. 이렇게 볼 때 수요에 영향을 미칠 수 있는 다섯 개의 측면에서 모두 자녀에 대한 수요는 감소했다고 볼 수 있습니다.

자녀의 공급곡선은 어떻게 변했을까요? 이미 살펴본 바와 같이 교육비를 중심으로 한 육아의 명시적 비용 상승은 공급곡선을 좌상향으로 이동시켰습니다. 교육비 물가만 보더라도 1985년에서 2020년까지 전체 소비자 물가지수는 3.4배 증가했는데 비해, 교육비 물가지수는 5.7배 상승한 것으로 나타났습니다.

실제로 전국 도시 근로자 가구의 총소비 지출액 중 교육비가 차지하는 비중은 1985년에 6.8%(=20,678원/326,761원)에서 2005년에는 11.6%(=247,673원/2,126,357원)로 높아졌다가 2019년에는 9.3%(=254,329원/2,740,086)로 다소 감소했습니다. 하지만 1985년의 가구원 수가 4.2명이었던 데 비해 2005년에는 3.4명, 2019년에는 2.5명이었습니다. 편의상 가구원 수에서 부모 2명을 뺀 것을 자녀 수라고 가정한다면, 1985년에는 자녀 2.2명이 20,678원의 교육비를 사용한 반면, 2005년에는 1.4명이 247,673원을 사용했고, 2019년에는 0.5명이 254,329원을 사용한 것이 됩니다. 이를 1인당 교육비로 환산해보면 10,400원(1985년) ⇒ 176,910(2005년) ⇒ 508,660원(2019년)으로 거의 50배가 상승한 것이 됩니다. 참고로 같은 기간의 1인당 국민소득은 17.2배가 증가했습니다.

단순히 교육비만을 살펴보았지만 육아 용품비나 생활비, 돌봄비, 그리고 주거 비용의 증가까지 생각하면 명시적 육아 비용의 상승은 의심의 여지가 없습니다. 게다가 앞에서 언급한 것처럼 육아의 암묵적 비용 또한 크게 증가했습니다. 특히 여성의 출산 및 육아 휴직으로 인한 금전적 손실 및 경력 단절로 인한 불이익은 생각보다 심각한 비용입니다. 결국 이런 요인들로 인해 지난 수십 년간 자녀를 낳고 키우고 교육하는 비용은 크게 높아졌고, 이는 자녀의 공급곡선을 좌상향으로 대폭 이동시키는 결과를 가져왔다고 볼 수 있습니다.

그렇다면 이제 이렇게 줄어든 자녀의 출생을 늘릴 방법은 무엇일까요? 우리의 분석에 의하면 방법은 분명합니다. 바로 자녀에 대한 수요를 늘리고 비용을 낮추면 됩니다. 하지만 문제는 이 간단한 해법을 현실에서 실행하기가 너무도 어렵다는 것이죠.

우선 수요 측면을 살펴보면 부모들이 자녀에 대한 생각이 예전과는 많이 달라졌습니다. 가문의 압력 때문에 자신의 의사에 반해 의무적으로 낳아야 하는 경우는 거의 사라졌고, 자식 때문에 자신의 삶을 희생해야 한다는 생각도 바뀌었으며, 자신의 노후를 자식에게 의지하려는 사람도 크게 줄었습니다. 자녀에 대한 이런 수요 감소를 정책을 통해 되돌린다는 것은 가능하지도, 바람직하지도 않습니다. 그러다 보니 출산율을 높이기 위한 정책은 자연스럽게 공급곡선 쪽에 맞추어질 수밖에 없습니다.

자녀의 공급곡선을 구성하는 비용은 크게 ① 임신 및 출산 관련 비용, ② 교육비를 제외한 육아 비용으로 인한 생활비 증가, ③ 어린이집에서 대학교까지의 공적 및 사적 교육비, ④ 자녀로 인해 추가되는 주거 공간 비용, 그리고 ⑤ 육아로 인해 부모가 포기해야 하는 소득, 시간, 경력상의 불이익 등 총 5개 영역으로 구분해 볼 수 있습니다. 이런 비용들을 낮추어 공급곡선을 우하향으로 이동시키기 위한 첫 번째 단계는 이들 중 어느 비용이 가장 크고 작은 가를 제대로 인식하는 것입니다.

부모의 가족과 직장 환경에 따라 차이는 있습니다만, 이들 비용의 크기는 아마도 나열된 역순이 아닐까 생각됩니다. 앞의 두 비용은 최근 들어 지자체별로 출산보조금과 육아수당 등 다양한 지원책이 생기고 있어 비용이 감소하고 있습니다. 그리고 교육비는 자녀 양육비의 핵심적인 부분이기는 하지만 최근 들어 무상급식과 무상교육의 확대로 공교육비가 많이 줄었을 뿐만 아니라 장기간에 걸쳐 발생하기 때문에 전보다는 부담이 줄어들 것으로 생각됩니다. 하지만 주거 비용의 상승분과 육아에 따른 부모의 암묵적 비용은 부동산 가격이 오르고 소득이 상승할수록 더 증가하는 것들이기 때문에 갈수록 비중이 증가한다고 볼

수 있을 것 같습니다.

이렇게 볼 때 출산율 상승을 위해서는 주거비 안정과 아울러 자녀의 출산과 양육으로 인해 부모가 겪게 되는 여러 가지 암묵적 비용을 줄여 줄 수 있는 제도적 정비가 매우 중요하다고 볼 수 있습니다. 최근에는 우리나라에서도 남자의 육아휴직이 가능하게 되는 등 조금씩 개선이 이루어지고 있습니다만, 여성의 경우에는 아직도 자녀의 출산과 육아가 직장 생활에 장애로 작용하고 있는 요소들이 곳곳에 많이 남아 있습니다. 출산이나 육아 휴직이 보장되어 있다고 하더라도, 휴직 후 돌아왔을 때 한직으로 발령이 난다든가, 육아 때문에 저녁 회식에 빠지는 것이 주요 업무에 대한 소외로 이어진다면 누가 아이를 가지려고 하겠습니까?

외국의 사례를 보더라도 출산율 회복에 성공한 국가들은 대부분 자녀의 비용을 줄이기 위한 정부의 정책이 단순한 경제적 지원에 그치지 않고, 여성들이 가정과 직장에서 평등한 지위와 권리를 가지고 자아 성취 욕구를 실현해 갈 수 있는 문화적 기반이 비교적 잘 조성된 나라들이라는 공통점을 가지고 있습니다. 이러한 사실은 직장과 가정에서 여성의 지위가 보다 향상되는 것이 자녀 양육으로 인한 여성들의 암묵적 비용을 줄이는 데 매우 효과적이라는 것을 말해주는 것입니다.

지금까지의 논의 가운데 언급되지 않은 중요한 요건이 하나 있습니다. 바로 자녀 출산의 대전제인 결혼입니다. 결혼을 하지 않은 사람이 공식적으로 자녀를 갖는 것은 사실상 어려운 것이 우리의 현실이기 때문에, 출산율 증가를 위해서는 혼인율이 높아져야 하는 것은 너무도 당연합니다. 2020년 4분기에 우리나라의 경이적인 출산율이 0.84명에 불과한 데에는 결혼한 가정의 자녀 수가 줄어서이기도 하지만 저조한 혼인율에 더 큰 이유가 있기 때문입니다. 사람들이 왜 결혼하지 않는지에 대해서는 다음 장에서 다룰 결혼의 경제학에서 살펴보기로 하겠습니다.

결혼은
미친 짓이다(?)

결혼의 경제학

두 남녀가 소개팅을 했습니다. 첫눈에 서로 마음에 들었지만, 집에서 결혼을 재촉 받는 여자와는 달리 남자는 경제적으로나 정신적으로 전혀 결혼할 준비가 되어 있지 않습니다. 결국 여자는 안정적인 의사와 결혼을 하게 되지만, 그것으로 끝이 아닙니다. 여자가 얻어준 옥탑방에서 둘만의 또 다른 결혼생활이 시작됩니다. 남들보다 약간 바쁘게 사는 느낌만 가질 뿐 아무런 죄책감도 느껴지지 않는다는 여자와 결혼에 얽매이고 싶지 않다는 남자…….

결혼은 과연 미친 짓일까요? 아니면 인생의 행복을 위한 필수적인 요건일까요? 우리 영화 〈결혼은 미친 짓이다2002〉의 줄거리입니다.

우여곡절 끝에 마침내 운명적으로 결혼에 골인하는 남녀의 이야기를 다룬 〈네 번의 결혼식과 한 번의 장례식1994〉이나 〈시애틀의 잠 못 이루는 밤1993), 〈해리가 샐리를 만났을 때1989〉와 같은 영화를 보면 결혼은 지금 어디엔가 살고 있을 천생배필과의 로맨틱한 사랑의 종착역 같기도 합니다.

결혼은 보기에 따라서 개인적으로는 영화 같은 사랑의 종착역이나 수백 생에 걸친 인연의 산물처럼 보일 수도 있고, 작게는 가문과 집단의 이익을 위한 정략적 선택의 결과일 수도 있으며, 크게는 국가의 운명을 바꾸는 역사적인 사건이 되기도 합니다. 웹스터Webster 사전에서는 '결혼이란 남녀가 가정을 만들고 유지해나가기 위하여 결합하는 사회적, 법률적인 제도'로 정의하고 있습니다. 그러면 이 정의에 들어가 있지는 않지만, 결혼을 경제적인 관점에서는 어떻게 볼 수 있을지 살펴보도록 하겠습니다.

결혼 시장의 속성

> 황보 씨는 퇴근 후 마늘을 사러 시장에 갔습니다. 몇 군데를 다녀 봐도 모두 고만고만한 마늘밖에 없어 그냥 돌아왔습니다. 일주일 뒤, 우연히 농촌을 지나던 황보 씨는 길가에서 마늘을 파는 할머니를 만났습니다. 시장에서 파는 것보다 알도 굵고 단단한데 가격은 반값입니다. 마늘을 넉넉히 구입한 황보 씨가 돌아오는 차 안에서 생각합니다. '좋은 농산물을 사려면 역시 시장보다는 농민들한테 직접 사야 돼'라고요.

"아니 결혼의 경제학이라고 해놓고는 갑자기 마늘 구입 얘기가 왜 나오나요?" 궁금하신가요? 결혼을 하려면 남자와 여자가 만나야 하니 그 부분부터 얘기하려다 보니 그렇습니다. 결혼의 종류는 크게 둘로 나눠 볼 수 있습니다. 바로 중매결혼과 연애결혼입니다. 그런데 중매는 아는 사람이 소개해 줘서 만나는 경우도 있고, 결혼중매업체를 통한 만남도 있습니다만 여기서는 후자, 즉 전문기관에 의한 중매로 국한하기로 합니다. 그 이유는 바로 결혼 시장을 통한 만남과 개인적인 선택에 의한 만남을 비교하기 위해서입니다.

여러분 중에서도 혹시 결혼중매업체의 경험이 있는 분이 있을지 모르겠지만, 일단 중매업체에 등록을 하는 순간 시장의 법칙이 작동하게 됩니다. 즉, 당신의 외모와 직업, 재산, 집안 등 모든 '조건'을 고려한 가격이 매겨집니다. 마치 시장에서 품질이 좋은 상품의 가격은 비싸고 품질이 낮은 상품의 가격이 싸듯이 말입니다.

인신매매도 아닌데 이렇게 개인에 대한 시장가격이 매겨진다는 것이 당사자로서는 결코 기분 좋을 리 없겠지만, 가격으로 줄을 세우는 것이 시장의 속성이니 어찌하겠습니까? 중요한 것은 앞의 마늘처럼 시장에서 정해지는 가격은 어디 가나 큰 차이가 없다는 점입니다. 즉, 결혼을 성사시켜야 하는 중매업체의 입장에서는 그 확률을 높이기 위해 비슷한 점수대의 사람들을 만나게 하는데, 당사자의 입장에서 이는 곧 자신과 비슷한 점수의 고만고만한 사람만 만나야 한다는 것을 의미합니다.

그렇다면 농촌에서 싼값에 좋은 마늘을 사듯이 횡재의 가능성을 높이려면 어떻게 해야 할까요? 우리는 이미 그 답을 이미 알고 있습니다. 바로 자신의 선택에 의한 연애결혼을 해야 합니다. 물론 연애결혼이라고 해서 시장의 법칙이 작용하지 않는 것은 아닙니다. 서로 사람만 보고 사귀다가 막상 결혼 이야기가 오갈 무렵부터 서로의 집안에 대한 시장의 평가가 이루어지게 되고, 여기서 조건이 맞지 않을 경우 결혼이 성사되지 못하는 경우도 허다합니다. 하지만 그래도 시장에서 이루어지는 만남에 비해서는 더 좋은 사람을 만날 가능성은 높아집니다. 물론 그 반대의 가능성이 커진다는 것도 잊지 말아야 합니다. 한마디로 연애결혼은 중매결혼에 비해 상대방의 조건에 대한 불확실성이 더 커진다고 할 수 있습니다.

연애결혼의 경제적 특성을 좀 더 자세히 알아보기 위해 두 사람의 눈에 하트가 켜지는 과정을 아주 단순화시켜서 살펴보겠습니다. 자신의 이상형을 발견한 남자는 여자에게 찾아가 말을 합니다. "나는 당신이 좋은데 당신은 어때요?" 그러자 여자가 말합니다. "저도 좋아요." 너무 간단하지요? 그런데 이렇게 거래가 성사되는 과정을 보면 무언가 떠오르는 것이 없습니까? 다음 거래를 한번 볼까요?

산촌에서 닭을 키우는 춘섭 씨는 장날이 되자 살이 통통하게 오른 암탉을 들고 장으로 향합니다. 쌀이 다 떨어졌기 때문입니다. 쌀가게에 들린 춘섭 씨가 말합니다. "쌀이 필요해서 그러는데요, 혹시 이런 닭 필요하지 않으세요?" 첫 번째 쌀집 주인은 집에도 닭이 있다고 대답합니다. 다섯 번을 허탕치고 나서야, 춘섭 씨는 닭을 필요로 하는 쌀집 주인을 만나 흥정을 한 끝에 쌀 한 말과 바꾸었습니다.

"이건 물물교환 아닌가요?" 그렇습니다. 일단 자신이 필요로 하는 물건을 가지고 있는 사람을 찾아서, 그 사람에게 자신의 물건이 필요하지 않냐고 물어보는 과정은 바로 "나는 당신이 좋은데 당신은 어때요?"라고 묻는 것과 같다는 말입니다. 연애결혼은 이 과정을 본인들이 직접 수행하는 것이고, 중매결혼은 시장의 전문 브로커가 이 역할을 대신해 주는 것이지만, 결혼의 속성이 기본적으로 물물교환이라는 점에는 변함이 없습니다. 따라서 아무리 본인들의 사랑에 의한 연애결혼이라고 하더라도 어느 한 쪽이 일방적으로 우세하거나 열세에 있을 때는 결혼이 성사되기 어렵다는 것을 알 수 있습니다.

그런데 물물교환은 거래 비용이 많이 소요된다는 단점이 있습니다. 두 사람의 교환 의사가 서로 맞아떨어져야 하는데, 그런 사람을 일일이 물어보면서 찾는 것은 쉬운 일이 아닙니다. 만일 화폐를 사용할 수 있다면 이런 거래 비용은 크게 줄어들 것입니다. 그냥 닭을 팔아서 그 돈으로 쌀가게에 가서 쌀을 사면 되기 때문입니다. 여러분도 연애결혼의 이런 거래 비용이 번거롭다면 바로 중매업체를 찾아가면 됩니다. 그곳에서는 당신이 수집해야 할 모든 정보를 대신 조사해서 만남의 불확실성을 줄여줍니다. 그 대신 당신은 돈으로 거래 비용을 부담해야 할 뿐 아니라 매번 당신과 비슷한 가격의 사람과 맞선을 보아야 할 것입니다.

결혼을 위한 만남의 과정을 통해 우리가 알 수 있는 것은, 결혼이란 바로 '조건'이라는 시장적 요소와 '사랑'이라는 비시장적 요인이 혼합된 특별한 거래라는 점입니다. 사랑을 위해 왕관을 버렸다거나, 억만장자가 평범한 여자를 아내로 맞아들이는 신데렐라 스토리가 아름다운 러브스토리로 회자되는 것을 보면 동서고금을 막론하고 '조건'과 '사랑' 중 하나를 택해야 할 경우 '사랑'이 승리한 경우는 그다지 많지 않은 것 같습니다. 그럼에도 불구하고 잊지 말아야 할 것이 있습니다. 결혼에서 사랑은 '조건'이라는 벽돌의 틈새를 메워주는 접착제이기 때문에, 이 접착제가 부실한 결혼은 언제 허물어질지 모른다는 점입니다.

결혼의 경제적 의미

결혼은 보는 관점에 따라 다양한 의미를 갖습니다만, 경제적으로 보자면 성인이 된 각각의 경제 주체가 서로 결합함으로써 지속 가능한 새로운 경제 주체로 탄생한다는 의미를 갖습니다. 즉, 결혼에 의해 형성되는 가계는 국민경제를 이끌어가는 가장 기본적이고도 중요한 경제 주체로서, 소비의 주체이면서 동시에 생산 요소의 공급 주체이고, 시장이나 정부가 담당할 수 없는 고유한 생산기능을 담당하는 주체입니다.

오늘날 대부분의 나라에서는 한 명의 남녀가 짝을 이루는 일부일처제가 법적, 제도적으로 정착되어 있습니다. 하지만 인류의 오랜 역사에서 일부일처제가 정착된 것은 그다지 오래전이 아닙니다. 우리나라만 하더라도 조선 시대에는 양반들의 축첩 제도가 사회적으로 용인되었고, 오늘날에도 이슬람 국가나 모르몬교에서는 일부다처제가 공인되고 있습니다. 일부다처제는 조선 시대처럼 남성의 권위를 강조하는 가부장적 사회의 산물이기도 하지만, 남자의 도움 없이 여자 혼자서는 경제 활동을 하기가 어려운 유목사회에서처럼 경제적인 여건의 산물이기도 합니다.

실제로 여자가 귀하거나 여성 노동력의 가치가 큰 지역에서는 신붓감을 데려오는 데 많은 돈을 지불해야 하는 풍습이 있는 반면, 여성의 경제적 역할이 미미한 지역에서는 신부가 평생 동안 자신의 생계를 책임지는 남자에게 오히려 상당한 지참금을 들고 와야 합니다. 그런가 하면 자연환경이 매우 척박한 티베트의 일부 지역에서는 하나의 가정을 유지하는 데 필요한 노동력이 한 명의 남자로는 부족하다는 이유 때문에 일처다부제가 아직까지 유지되고 있습니다. 이처럼 결혼제도는 한 사회의 가치관이나 도덕적 규범뿐 아니라 경제 여건까지도 종합적으로 반영하고 있는 사회적 제도라고 할 수 있습니다.

어쨌거나 자기는 하면서도 다른 사람에게는 하지 말라고 말리는 것이 바로 주식 투자와 결혼이라고 합니다만, 결혼은 당사자의 입장에서 보면 일생일대의 중요한 선택이 아닐 수 없습니다. 그러나 결혼은 시장에서 이루어지는 일반 재화의 선택에 비해 좀 특별한 면을 가지고 있습니다.

즉, 결혼은 미래의 불확실성이 클 뿐 아니라 일단 선택을 하고 난 뒤에는 마음에 들지 않는다고 해서 물리기가 어려운 선택입니다. 즉, 불확실성과 매몰비용sunkcost이 큰 선택이죠. 사람들은 이런 불확실성과 위험을 줄이기 위해 결혼 전에 최대한 상대방에 대한 정보를 탐색하고 여러 조건들을 따져 보기도 합니다만, 살아가는 동안 사람이 어떻게 변할지, 그리고 무슨 일이 일어날지는 아무도 알 수 없는 일입니다.

우리나라의 혼인 실태와 추이

2019년에 우리나라의 혼인 건수는 23만 9,159건이었습니다. 이는 30년 전인 1990년의 39만 9,312건과 15년 전인 2005년의 34만 4,304건에 비해 각각 40%와 30%가 감소한 수치입니다. 혼인 건수의 감소 폭도 문제지만, 더 문제가 되는 것은 출산과 마찬가지로 이 감소 폭이 최근으로 올수록 더 커진다는 것입니다. 코로나19가 들이닥친 2020년의 혼인 건수는 21만 건을 겨우 넘길 것으로 추정됩니다.

혼인 건수의 감소와 함께 결혼 연령도 높아지고 있습니다. 1990년에 초혼 연령은 남녀가 각각 27.8세, 24.8세였으나, 2005년에는 30.9세와 27.7세, 그리고 2019년에는 33.4세와 30.6세로 높아졌습니다. 30년 동안 초혼 연령이 약 6년씩 올라간 것입니다.

이러한 변화는 우리 경제의 상황과도 무관하지 않은데, 국내 한 연구소의 분석에 의하면 노동시장에서 비정규직의 비율이 높아지고 주택

가격이 상승할수록 초혼 건수는 줄어들고 초혼 연령은 높아지는 관계를 보였습니다. 미국의 경우, 남성의 결혼율은 우리나라와 마찬가지로 노동시장의 여건이 나쁠수록 낮아지는 것으로 나타나는 데 비해, 여성의 결혼율은 노동시장의 여건이 좋아 여성의 취업이 잘 될수록 낮아지지만, 남성과의 임금 격차 확대가 확대되는 등 취업한 여성의 경제적 지위가 상대적으로 나빠지면 오히려 하락하는 것으로 나타났습니다.

초혼 연령의 상승은 우리나라뿐 아니라 전 세계적으로 나타나고 있는 현상인데, 이를 결혼 당사자의 입장에서도 한번 생각해 볼 필요가 있습니다. 노동시장에서 청년층의 취업 경쟁이 치열해질수록 결혼 조건으로서 직장의 중요성은 더 커지게 됩니다. 일반적으로 결혼을 빨리함으로써 누릴 수 있는 가장 큰 장점은 남보다 먼저 좋은 배우자를 선택할 기회를 갖는다는 것입니다. 그런데 취업 사정이 악화될 경우, 좋은 배우자를 얻기 위해서는 남보다 결혼을 빨리하는 것보다는 노동시장에서 경력을 쌓아 자신의 가치를 최대한 끌어올리는 것이 보다 효과적인 전략이라는 것입니다.

어쨌든 우리나라의 혼인율과 또 그로 인한 출산율 저하는 세계에서 유례가 없을 정도로 빠르게 나타나고 있습니다. 전체 인구 중에서 결혼하는 사람들이 줄어든다는 것은 결혼의 편익이 감소하고 비용이 커진다는 것을 의미합니다. 실제로 우리나라의 조혼인율(인구 천 명당 혼인 건수)은 1990년의 9.3%에서 2019년에는 4.2%로 반 토막이 났습니다. 재혼은 전체적으로 증가했지만 젊은이들의 초혼이 크게 하락했기 때문입니다. 참고로 전체 혼인 중에서 재혼이 차지하는 비중은 1990년에는 남 8.4%, 여 7.1%에 불과했으나 2005년에는 남 19.0%, 여 21.2%까지 상승했다가, 그 후 점차 감소하여 2020년에는 남 15.6%, 여 17.8%를 보이고 있습니다.

이처럼 결혼을 하는 사람들이 줄어들다 보니 자연히 혼자 사는 사람들은 늘어날 수밖에 없겠지요. 2019년 우리나라의 전체 가구 (20,343,188명) 중 1인 가구(6,147,516명)가 차지하는 비중은 30.2% 로 2인 가구(27.8%)나 3인 가구(20.7%), 4인 가구(16.2%)를 압도하고 있습니다. 그리고 1인 가구 중에서는 초혼의 주 대상으로 볼 수 있는 20~39세까지의 가구(2,153,197명)가 전체의 35%를 차지하고 있습니다. 그러니까 우리나라 전체 가구의 10.3%는 결혼 적령기라고 할 수 있는 20~39세의 성인이 혼자 살고 있는 것입니다.

그렇다면 도대체 무엇이 젊은이들에게 결혼을 미루거나 포기하게 만드는지를 결혼의 편익과 비용을 통해 살펴보도록 하겠습니다. 우선 미혼인 젊은이의 관점에서 결혼을 하면 무엇이 좋은지, 즉 결혼으로부터 기대되는 편익이 무엇인지를 생각해 볼까요?

결혼의 편익

결혼의 편익 중에서 첫 번째로 꼽을 수 있는 것은, 혼자서는 제아무리 돈과 시간이 많아도 도저히 얻을 수 없는 것들을 결혼을 통해 얻을 수 있다는 것입니다. 그 대표적인 것이 바로 가족입니다. 눈에 넣어도 아프지 않을 자녀가 생기고, 상대방의 부모님을 비롯한 새로운 가족과 친척

이 생겨 훨씬 더 화목하고 행복한 인생을 살아갈 수 있습니다. 무엇보다도 서로 사랑하고 대화하며 같이 늙어갈 수 있는 동반자가 생긴다는 것은 인생의 가장 특별한 행복이 아닐 수 없습니다.

둘째, 결혼을 함으로써 누릴 수 있는 여러 가지 경제적인 이점들도 있습니다. 우선 가족이 생기면 보다 무거운 책임감을 가지고 경제 활동을 하게 될 뿐 아니라 자신과 가족의 미래를 위해 보다 계획적으로 자산 관리와 노후 대책을 준비하게 됩니다. 맞벌이를 통해 소득이 더 늘어날 수 있으며 결혼 전에 각자 사용하던 주택이나 차, 각종 내구재를 두 사람이 같이 사용하게 됨으로써 생활비를 줄일 수도 있습니다. 즉, 결혼한 가정은 독신자들에 비해 더 많은 자산을 축적하게 된다는 것인데, 이런 사실은 실증 연구에서도 확인되고 있습니다.

셋째, 결혼은 가정의 다양한 생산 기능을 활성화시켜 경제생활의 효율성과 삶의 질을 높여줍니다. 가정은 자녀의 출산과 양육에서부터 취사, 세탁, 교육, 노인 보호 등 시장이 담당할 수 없거나 시장에서 해결하기에는 높은 비용이 드는 여러 가지 일들을 수행하고 있습니다. 즉, 가정은 시장을 통해 이루어지던 경제 활동의 상당 부분을 내부적인 생산으로 대체함으로써 한편으로는 생활비를 절약하고 다른 한편으로는 가족이 소비하는 재화나 서비스의 질을 향상시켜 삶의 질을 높여줍니다. 주로 식당이나 직장에서 끼니를 해결하던 직장인이 결혼 후에는 따뜻한 집 밥을 먹을 수 있는 것처럼 말입니다.

정말 주례사에 나오는 것처럼 너무 결혼의 좋은 점만을 나열한 것 같다고요? 현실의 결혼은 그렇게 행복한 것만도 아니고, 차라리 혼자 살

걸 하는 후회가 드는 때가 한두 번이 아니라고요? 결혼의 편익을 언급하다 보니 어쩔 수 없이 그렇게 된 것 같습니다. 이제 결혼의 비용을 살펴보면서 생각의 균형을 잡아보도록 할까요.

결혼의 비용

세상에 좋은 것만 있는 것은 없듯이, 결혼에도 당연히 비용이 수반됩니다. 앞서 살펴보았던 우리나라의 혼인 건수 급감은 그동안 우리 사회에서 결혼의 편익보다는 비용이 더 커졌다는 것을 의미하는 만큼, 결혼에는 과연 어떤 비용이 따르는지를 같이 생각해 보도록 하겠습니다. 경제적인 마인드를 가지고 있는 우리는 이제 비용 하면 자동적으로 명시적 비용과 암묵적 비용으로 구분해서 생각해야겠죠? 그럼 결혼의 명시적 비용부터 살펴보겠습니다.

결혼의 명시적 비용은 결혼 때문에 지출해야 하는 돈입니다. 결혼을 하기 위해서는 사람을 소개받고 만나는 과정이 필요하지만 이런 비용은 일상적인 사회생활의 한 부분이라고 생각하면 결혼의 명시적 비용은 크게 주택 마련비, 살림 장만비, 결혼식 비용, 예물 및 예단비, 신혼여행비 등으로 나누어 볼 수 있습니다.

국내의 한 웨딩컨설팅업체가 최근 2년 내에 결혼한 신혼부부 1,000명을 대상으로 조사한 '2020년 신혼부부 결혼비용보고서'를 보면, 총 결혼 비용 1억 5,332만 원 중에서 주택 비용이 1억 800만 원으로 전체의 70%를 차지하였고, 나머지는 혼수비 2,855만 원, 결혼식 비용 1,246

만 원, 신혼 여행비 431만 원의 순으로 조사되었습니다.

이번 조사의 특이한 점은 이전 몇 해 동안 계속 2억 원을 훌쩍 상회했던 결혼 비용이 2020년에 크게 감소했다는 점입니다. 2020년의 총비용은 전년도 비용 2억 3,186만 원 보다 무려 7,850만 원이나 감소했는데, 그 이유는 바로 주택마련비가 6,253만 원 감소했기 때문입니다. 1년 동안 주택 가격이 하락하기는커녕 크게 상승했는데, 어떻게 주택 비용이 이렇게 감소할 수가 있었을까요? 그것은 바로 2019년에는 28.8%로 나타났던 신혼부부의 자가 구입 비율이 2020년에는 5.1%로 크게 감소했기 때문입니다. 아이러니하게도 주택 가격의 상승이 신혼부부의 주택마련비를 낮춘 것입니다. 물론 좋아할 일이 아니겠죠. 훨씬 더 낮은 계단부터 출발하느라 당장의 비용은 줄었지만 앞으로 자기 집을 마련하기 위해 지불해야 할 비용은 우선 절약한 돈의 몇 배로 돌아올 수 있으니 말입니다.

이처럼 결혼으로 가정을 꾸리기 위해 들어가는 이 비용은 미혼의 청춘 남녀들에게는 결혼의 큰 장애물이 되고 있습니다. 게다가 이 장벽은 갈수록 더 높아져 가고 있습니다. 정부에서 신혼부부를 대상으로 특별 임대주택을 제공하고는 있지만 이 장벽을 낮추기에는 공급이 턱없이 부족할 뿐입니다.

결혼의 명시적 비용에는 당장 지출되지는 않지만 앞으로 들어갈 비용이 있습니다. 바로 자녀가 생겼을 때의 비용입니다. 결혼을 생각하고 있는 사람의 입장에서는 당장 돈이 나가지 않는다고 해서 이 비용을 생각하지 않을 수 없습니다. 자녀에 대한 비용은 이미 앞에서 살펴보았기 때문에 여기서 재론하지는 않겠습니다만, 결혼 후 발생될 이런 비용이 너무 부담스러울 경우 결혼 자체가 어려워질 수밖에 없습니다. 어쨌든 자녀 양육비는 결혼 비용의 중요한 부분이 됩니다.

이제 결혼의 암묵적 비용, 즉 결혼으로 인해 포기해야 하는 부분들을 살펴보기로 할까요? 한 사람과 결혼한다는 것은 다른 사람과의 결혼 기회를 포기하는 것입니다. 하지만 이것이 진정한 비용이 되기 위해서는 포기된 기회가 현재의 배우자보다 모든 면에서 더 좋아야 합니다. 하지만 그것은 누구도 장담할 수 없는 일이기 때문에 이를 결혼의 암묵적 비용에 포함시키지는 않겠습니다.

그렇다면 결혼의 암묵적 비용에는 무엇이 들어가야 할까요? 그중 하나는 바로 결혼 전에 혼자 누렸던 싱글의 자유로움을 포기해야 하는 것입니다. 그것이 소중한 자유인지, 아니면 진흙탕 속의 자유인지는 사람마다 다르겠습니다만, 어쨌거나 결혼을 하고 나면 이제는 더 이상 혼자서 하고 싶은 대로 하고 살 수는 없습니다. 크고 작은 일에 있어서 다른 사람의 입장과 의사를 존중해야 한다는 것은 생각만큼 쉬운 일이 아니며, 때로는 자신의 꿈을 접어야 할 경우도 있습니다. 특히 각자 일을 가지고 있는 부부들 가운데는 이런 문제로 인해 갈등을 겪기도 합니다.

결혼으로 인한 암묵적 비용은 또 다른 쪽에서 나타나기도 합니다. 바로 직장입니다. 요즘은 많이 개선되었다고는 하지만, 특히 여성의 경우 결혼을 하고 나면 직장에서 유형무형으로 불이익을 받는 경우가 많이 있습니다. 일부 직종에서는 직장과 가정 중에 하나를 선택하라는 노골적인 압력을 받기도 합니다. 이런 분위기에서라면 직장 생활을 그만둘

각오가 되어 있지 않는 한 결혼을 생각할 수 없겠죠. 이런 문제는 아직까지도 우리 사회의 곳곳에 남아 있는 만큼 국가가 좀 더 관심을 가져야 할 문제입니다.

결혼, 늘릴 수 있을까?

결혼은 지극히 개인적인 선택이기 때문에 개인적으로는 해도 그만 안 해도 그만입니다. 하지만 결혼은 자녀 출산의 전제이기 때문에 우리나라와 같이 인구 절벽에 직면해 있는 나라에서는 결혼은 더 이상 개인적인 문제가 아니라 국가에서 관심을 가져야 할 중요한 문제가 됩니다. 청춘 남녀들의 결혼을 늘리기 위해서는 어떻게 해야 할까요? 네, 그렇습니다. 바로 결혼의 편익을 늘리고 비용을 줄여주면 됩니다. 역시나 말은 참 쉽습니다. 그러면 그것이 가능할지 편익과 비용을 하나씩 살펴보기로 합시다.

결혼의 편익은 크게 심리적인 것과 경제적인 것으로 나누어 볼 수 있습니다. 여기서 심리적인 문제는 개인의 특성과 환경에 따라 차이가 크기 때문에 정책의 대상이 되기 어렵다고 본다면 결혼의 편익을 늘리기 위해서는 주로 경제적인 면, 즉 미혼으로 있을 때보다 결혼을 하고 나면 경제적으로 더 나아질 수 있는 것에 초점을 맞추어야 하겠죠.

여기에는 어느 대선후보의 공약처럼 신혼부부에게 고액의 축하금을 직접 주거나 주택을 특별 공급해 주는 것도 방법이 될 수 있습니다. 만일 이러한 정책은 재원도 문제지만, 일회성이기 때문에 혜택만을 노린 일부 사람들에게 악용될 수도 있습니다. 그런 것이 걱정된다면 좀 더 지속적인 정책, 예컨대 현재 개인 단위로 되어 있는 종합소득세의 과세 단위를 부부 합산으로 바꾸면서 세금 부담을 감면해 주거나 부양가족의 인적 소득공제를 강화해 주는 것과 같은 세제 혜택도 생각해 볼 수 있습니다. 하지만 이러한 조세정책은 신혼부부에게만 국한하기 어렵다는 한계를 가지고 있습니다.

이런 점들을 살펴보고 나면, 결혼을 장려하기 위해서는 결혼의 편익을 늘리기보다는 결혼의 비용을 낮추는 것이 보다 효과적이라는 것을 알 수 있습니다. 결혼의 명시적 비용 중에서 정책의 대상이 될 수 있는 부분은 주로 주택 비용과 자녀 양육비인데 자녀 양육비는 앞 장에서 이미 살펴보았고, 주택비 문제는 정치적인 이슈가 되어버리기도 했고 여기서 다루기에는 너무 큰 문제이기 때문에 이들 비용에 대한 논의는 이 정도로 마무리하겠습니다.

결혼의 암묵적 비용에 대해 정책적으로 접근할 수 있는 것은, 결혼으로 인해 직장에서 받는 불이익을 줄이는 문제가 핵심이 되겠지요. 이것은 단순히 결혼뿐 아니라 출산을 늘리는 문제와도 직결된 것이기 때문에 매우 중요한 문제입니다. 다만 이것이 직장 내 문화의 문제이기 때문에 단기간에 쉽게 달라지기가 어렵다는 한계가 있습니다.

아울러 최근에 우리가 새롭게 주목해야 할 문제가 하나 있습니다. 바로 젠더 갈등이라고 하는 남녀 간 성 갈등입니다. 2018년 말에 한 여론조사 전문기관에서 우리 사회의 갈등에 대한 세대별 조사를 보면, 20대의 56.5%가 성 갈등을 가장 심각한 문제라고 꼽았을 만큼 최근에 중요한 문제로 떠오르고 있습니다.

이 문제가 사회적으로 관심을 끌기 시작한 것은 2015년부터 여성 운동계에서 온라인을 중심으로 한 새로운 페미니즘 운동(페미니즘 리부트)을 펼치기 시작하면서부터라고 할 수 있습니다. 여기서는 기존의 각종 여성차별과 비하를 여성 혐오라는 개념으로 규정하고 이를 방지하기 위한 활동을 사회 각 분야에서 적극적으로 시작하자, 안 그래도 취업난에 시달리는 20대 남성들 간에는 이를 남성에 대한 역차별로 보는 피해 의식이 강해지면서 양측 간 대립 구도가 형성되기 시작한 것으로 보입니다. 미투 운동이나 디지털 성범죄, 불특정 여성에 대한 혐오 범죄 등은 여기에 기름을 부은 계기가 된 것 같습니다.

결혼 적령기에 들어선 남녀가 서로에 대해 내 몫을 부당하게 가져가는 집단이라고 생각하는 대립 구도에서는 결혼이 늘어나기가 어렵겠죠. 실제로 2000년에 7.0%였던 조혼인율(1,000명당 혼인건수)이 2014년에 6.0%로 내려오기까지는 14년이 걸렸지만, 이것이 2019년에 4.2%까지 떨어지는 데는 불과 5년밖에 걸리지 않았습니다. 2015년부터 급감하기 시작한 우리나라의 혼인율은 바로 최근의 젠더 갈등과 무관하지 않다는 것을 보여주고 있습니다.

하지만 이런 문제도 크게 보면 성 평등 운동이 가져온 일시적 과편향 현상으로 볼 수 있고, 또한 갈등의 핵심이 취업 기회와 같은 특정 사안에서 남자와 여자를 같게 볼 것인지 아니면 다르게 볼 것인지의 문제, 즉 공평성의 문제이기 때문에 경제 상황이 좋아지고 성 평등 문화가 정착되면 이런 갈등도 차차 해소될 것으로 생각됩니다. 다만 이러한 성 갈등이 사회에 첫발을 디디는 20대에서 심화되어 사회 전체의 혼인율에 영향을 미치는 것은 결코 바람직하지 않은 만큼 이에 대한 대책이 있어야 할 것입니다.

이야기를 하다 보니 너무 거창한 쪽으로만 흘러간 것 같습니다만, 결혼이 아무리 경제적 거래이고 국가적인 문제라고 해도 결혼의 진수는 뭐니 뭐니 해도 사랑과 신뢰입니다. 왜냐하면 사랑 없이 맺어진 결혼에서는 결혼의 유지 비용이 너무 크기 때문입니다. 부부가 서로를 사랑하지 않고 믿지 못할 때 나타나는 가장 큰 비용은 서로를 감시하고 또 무언가를 숨겨야 하는 비용입니다. '혹시 나 없을 때 패물과 통장을 챙겨서 자기 나라로 도망이라도 가면 어쩌나?', '나 몰래 친정으로 돈이나 빼돌리지 않을까?' 가끔씩 보도되는 사기성 국제결혼의 종말은 사랑 없이 이루어진 결혼이 얼마나 취약한가를 잘 보여주고 있습니다. 사랑과 믿음이 없는 결혼은 언제 허물어질지 모르는 사상누각에 불과합니다.

결혼을 경제학의 영역으로 끌어들인 1992년 노벨경제학상 수상자인 벡커Gary Becker 교수는 '상대방의 효용에 의해 나의 효용이 결정될 때'를 사랑이라고 합니다. 상대방의 행복이 나의 행복일 때, 자유의 상실이니 젠더 갈등이니 하는 말은 나올 리가 없겠죠. 꼭 결혼을 하지 않더라도 여러분 주변에 사랑할 수 있는 사람들이 많아지기를 바라봅니다.

죽음으로써 모든 비극은 끝나고, 결혼으로써 모든 희극은 끝난다.

- 바이런

태양은
가득히
범죄의 경제학

엄청난 물량 투입과 정교한 CG로 화려한 영상을 자랑하는 요즘 영화에 묻혀있다 보면 좀 어설프기는 하지만 줄거리가 살아있고 감미로운 음악에 취할 수 있는 예전의 이탈리아나 프랑스 영화들이 그리워질 때가 꽤 있습니다. 〈길〉, 〈철도원〉, 〈해바라기〉, 〈부베의 연인〉, 〈금지된 장난〉, 〈시실리안〉, 〈쉘부르의 우산〉 등이 우선 떠오릅니다만, 이 중에서 빼놓을 수 없는 명화가 바로 젊은 시절 알랑 들롱의 매력이 돋보였던 〈태양은 가득히Plein Soleil〉입니다.

2000년에 〈리플리〉라는 제목으로 리메이크 되어 많은 사람들에게 줄거리가 익숙한 영화이기도 합니다. 시골 출신의 한 가난한 청년이 백만장자인 친구를 죽이고 절묘한 방법으로 그의 모든 재산은 물론 미모의 애인까지를 가로채는 완전 범죄 과정을 그린 영화죠. 무엇보다 이 영화를 오랫동안 기억 속에 붙잡아 놓은 것은 태양이 가득히 내리쬐는 해변에서의 마지막 반전 장면 때문이 아닐까 합니다. 여기에는 물론 니노 로타Nino Rota의 감미로운 음악도 빼놓을 수는 없겠지요.

사실 이와 같이 용의주도한 범죄는 영화에서뿐만 아니라 현실에서도 종종 볼 수 있습니다. 은행 강도나 연쇄 살인, 또는 사기와 같은 범죄들은 사전에 치밀한 계획과 각본이 없이는 시도될 수 없는 것들입니다. 그런가 하면 술 한 잔 먹고 객기 부리다가 유치장 신세를 지는 순진한 범죄도 있고, 보는 사람을 안타깝게 만드는 딱한 사정을 간직한 범죄도 있습니다.

범죄란 무엇인가요? 이 질문에 제대로 대답하기 위해서는 적어도 형법의 기초 정도는 공부를 해야 되겠지만, 우리는 상식 수준에서 범죄를 '타인에게 피해를 유발하여, 법으로 정하여 금지하고 위반 시 처벌을 하는 고의적 행위' 정도로 이해하고자 합니다.

범죄를 구분하는 기준은 여러 가지가 있습니다만, 여기서는 우리 사회의 범죄 실태를 형법범죄와 각종 특별법(도로교통법, 교통사고처리 특례법, 식품위생법, 병역법, 조세범처벌법, 부정수표단속법 등)에 의한 범죄로 구분해 살펴보겠습니다. 여기서 형법범죄란 형법에서 규정하고 있는 범죄로서 재산범죄(절도, 장물, 사기, 횡령, 배임, 손괴 등)와 강력범죄(살인, 강도, 방화, 강간, 폭행, 약취·유인, 체포·감금 등), 그리고 기타범죄(위조범죄, 공무원범죄, 풍속범죄, 과실범죄 등)로 구분됩니다.

2019년에 우리나라에서 발생한 범죄 건수는 176만 7,684건인데, 이 중 형법범죄가 전체의 58.9%인 104만 1,395건, 특별법 범죄가 41.1%인 72만 6,289건으로 나타났습니다. 형법범죄 중에서는 재산범죄가

60.2%로 가장 많았고, 강력범죄 25.7%, 그리고 기타 범죄가 14.1%를 차지하고 있습니다. 한편 특별법 범죄 가운데는 교통 관련법 위반 범죄가 전체의 55.9%로 가장 많았습니다.

범죄의 재구성: 계획범죄 vs. 충동범죄

범죄를 경제학적으로 재구성하여 분석해 보기 위해서는 우선 범죄를 저지르게 된 동기를 기준으로 범죄를 이해할 필요가 있습니다. 범죄를 저지르게 된 구체적인 동기야 당사자에게 물어봐야 되겠지만, 우리는 여기서 범죄를 사전에 치밀하게 준비된 '계획범죄'와 우발적으로 저질러지는 '충동범죄'의 두 종류로 구분하고자 합니다.

계획범죄는 사전에 재화의 구매에 따른 비용과 편익을 충분히 따져보고 실행에 옮기는 합리적인 구매 행위에 해당된다면, 충동범죄는 사전에 구체적인 계획 없이 갑자기 이루어지는 충동구매와 같다고 할 수 있겠죠.

전체 범죄 중에서 계획범죄인지는 어느 정도인지는 범죄의 유형을 보면 대강 알 수 있습니다. 우선 형법범죄의 약 60%를 차지하고 있는 재산범죄는 그 특성상 대부분 계획된 범죄라고 볼 수 있습니다. 절도는 일부 우발적인 경우를 인정한다 치더라도 사기나 횡령, 배임 등과 같은 범죄를 아무 계획 없이 우발적으로 저지른다는 것은 있을 수 없는 일이기 때문입니다. 여기에 강력범죄의 상당 부분과 위조범죄, 공무원범죄, 그리고 각종 특별법 범죄 등의 대부분은 거의 계획된 범죄라고 볼 수

있는 것들입니다. 이렇게 본다면 적어도 전체 범죄의 80% 이상은 사실상 계획된 범죄라고 봐도 무방할 듯합니다.

이렇게 범죄를 계획하는 사람들은 무슨 생각을 할까요? 태양이 작열하는 해변에 누워 미녀의 칵테일 서비스를 받는 꿈을 꾸고 있을까요? 이번 일만 잘되면 조그만 가게라도 내서 손 씻고 조용히 살려고 생각할까요? 아니면 이번 일을 통해 그동안 쌓였던 가슴속의 응어리를 풀겠다고 생각할까요? 그것이 무엇이든 이는 바로 범죄를 통해 이루고자 하는 목표, 즉 범죄의 편익을 생각하고 있는 것입니다.

반대로 '혹시 일이 잘되지 않아 잡히면 어떻게 하나?' 이런 불안감이 엄습할 때 혼자 고개를 절레절레 흔들면서 '어차피 막간 인생, 안 되면 몇 년 살다 나오지 뭐' 하고 중얼거렸다면, 그것은 범죄의 비용을 생각하고 있는 것입니다. 또 거사를 앞두고 준비물이 너무 많다고 불평하고 있다면 이 역시 범죄의 비용을 말하고 있는 것입니다.

어쨌든 범죄를 앞두고 이런저런 것을 궁리하는 그 자체가 이미 범죄의 비용과 편익을 비교하고 있는 것이라고 볼 수 있습니다. 여러 궁리 끝에 그래도 꼭 해야겠다고 생각했다면, 그것은 범죄로부터 기대되는 편익이 비용보다는 크다고 생각했기 때문이겠지요. 계획된 범죄는 이처럼 하나의 재화로서 '선택'된 것이고, 그 뒤에는 '범죄에 대한 수요'가 자리 잡고 있습니다.

범죄에 대한 수요에도 수요의 법칙은 예외 없이 적용됩니다. 범죄에 대해 지불해야 될 대가가 크면(가격이 높으면) 의도된 범죄는 줄어들 것이고, 대가가 별것 아니라고 생각될 때는 의도된 범죄 수도 늘어날 것입니다. 범죄에 대한 수요는 범법자들의 가정환경이나 교육 수준, 성격 등과 같은 개인적인 요인들이 크게 작용하기 때문에 이를 단기적인 정책으로 변화시키기에는 한계가 있는 만큼, 범죄에 대한 정책의 대부분은 비용의 측면에 초점이 맞추어진다고 할 수 있습니다.

범죄의 비용

범죄자의 입장에서 볼 때, 범죄의 비용은 범죄로 인해 지불해야 하는 대가를 말하는데, 이는 크게 두 가지로 나누어 볼 수 있습니다. 하나는 범죄를 실행하는 데 소요되는 비용이고, 다른 하나는 범죄에 대한 형벌입니다. 범죄로 인한 피해는 일종의 외부불경제와 같은 비용이니만큼 범죄의 사회적 비용에는 포함되겠지만, 대부분의 범죄자는 이를 비용으로 고려하지 않기 때문에 논의에서 제외하기로 하겠습니다.

범죄의 실행 비용은 말 그대로 범죄를 실행에 옮기는 데 필요한 여러 가지 장비나 준비물에 들어가는 비용이기 때문에, 범죄에 대한 대비나 예방이 잘 되어 있을수록 높아지게 됩니다. 첨단 보안장치가 갖추어진 은행에 들어가 금고를 털기 위해서는 허술한 가정집에 침입할 때보다 훨씬 많은 준비물이 필요하지 않겠습니까? 잘 보이는 곳에 진짜인지 가짜인지 모를 CCTV를 설치해놓고 큰 글씨로 'CCTV 촬영 중'이라는 표시를 해놓거나 '맹견 조심'과 같은 팻말을 크게 붙여놓는 것도 범죄의 실행 비용이 높다는 신호를 보내고 있는 것입니다.

범죄의 또 다른 비용은 바로 붙잡혔을 때 치러야 할 형벌입니다. 참고로 우리나라의 형벌은 총 아홉 단계[사형, 징역, 금고, 자격상실, 자격정지, 벌금(5만 원 이상), 과료(5만 원 미만), 구류, 몰수]로 구성되어 있습니다. 아마 범죄를 모의하고 있는 예비 범죄자들도 한 번쯤은 자신들의 범죄가 어떤 형벌에 해당되는지를 알아볼 것입니다. 그런데 문제는 이런 형벌이 곧바로 범죄의 비용으로 이어지지는 않는다는 점입니다.

"아니 그게 무슨 말씀입니까? 자기가 생각하고 있는 범죄가 사형에 해당하는 중범죄라는 걸 알면 실행에 옮기기가 망설여질 텐데요." 물론 그렇기는 합니다만, 중요한 것은 실제로 범죄의 비용이 되는 것은 법전에 나와 있는 형벌이 아니라 범죄자가 검거될 확률과 재판에서 유죄를 받을 확률에 의해 결정되는 '예상되는 실효 형벌'이라는 것입니다. 따라서 아무리 큰 범죄를 계획하고 있더라도, 자신은 절대로 잡히지 않을 거라는 확신을 가지고 있으면 법전의 형벌은 그에게 아무런 의미를 갖지 못합니다.

실제로 2019년에 우리나라에서 발생한 강력범죄(살인, 강도, 방화, 성폭력)의 검거율은 96.3%로 재산범죄의 검거율 70.0%와는 비교가 되지 않게 높습니다. 따라서 이 통계를 감안한다면, 강력범죄를 계획하고 있는 사람들은 법전의 형벌을 거의 그대로 범죄의 비용에 포함시켜야 할 것으로 보입니다. 그러나 평소에는 냉철하던 사람도 막상 당사자가 되고 나면 자신은 특별할 거라는 주관적인 편의bias에 파묻혀 이성적인 판단을 그르치는 경우가 많은 것 같습니다. 마치 좋은 꿈을 꾸고 나면 수백만 분의 1의 확률을 가진 복권에 금방이라도 당첨될 것 같은 느낌을 갖는 것과 마찬가지로 말입니다.

범죄를 줄이는 길

범죄의 비용을 어느 정도 이해하였다면, 이제 범죄에 대한 수요와 공급곡선을 머릿속에 그려볼까요? 여기서 범죄의 공급곡선(비용곡선)도 일반 재화의 경우처럼 우상향한다고 가정하겠습니다. 범죄에 대한 수요가 단기적으로 쉽게 변하지 않는다는 것을 감안하면 범죄를 줄이기 위해서는 범죄의 실행 비용이나 유효 형벌을 높여서 범죄의 공급곡선을 위쪽으로 이동시켜야 한다는 답을 얻을 수 있습니다.

범죄의 실행 비용을 높이기 위해서는 범죄에 대한 예방이 중요하다는 점은 앞에서 이미 언급한 바 있습니다. 범죄의 유효 형벌을 높이기 위해서는 우선 치안 당국이 과학적인 수사를 통해 범인의 검거율과 유죄 판결률을 높여야 하는데, 그것은 예산의 뒷받침을 필요로 합니다. 그러다 보니 돈을 들이지 않으면서 범죄의 비용을 쉽게 높일 수 있는 방안으로 형벌을 강화하는 것을 생각해 볼 수 있습니다. 문제는 형벌을 강화시키면 범죄가 과연 줄어들 수 있을까 하는 것인데, 이는 실증적인 문제이고 나라마다 사정이 다릅니다.

미국에서 살인범죄의 형벌에 대한 탄력성은 비탄력적인 반면, 검거율에 대한 탄력성은 탄력적으로 나타났다는 연구 결과가 있습니다만, 이것이 사실이라면 살인범죄의 발생을 억제하기 위해서는 형벌을 강화하기보다는 검거율을 높이는 것이 보다 효과적이라는 말이 됩니다. 반면 강력범죄에 대해 참수형을 시행한 이후 발생이 크게 감소한 사우디아라비아나 마약범에 대해 가차 없이 사형을 집행하는 중국이나 싱가포르와 같은 나라에서는 엄한 형벌의 효과가 크게 나타나고 있는 것 같습니다.

여기서 한 가지 유의할 점은 범죄에 대한 형벌은 무턱대고 높일 수도 없을 뿐만 아니라 높다고 좋은 것만은 아니라는 점입니다. 인간에게 내릴 수 있는 최고의 형벌은 사형으로 이미 정해져 있기 때문에(물론 사형도 방법에 따라 등급의 차이를 둘 수는 있습니다만) 여타 형벌을 높이는 것은 결국 형벌 간의 차이를 줄이는 것이 됩니다. 최고 가격이 정해져 있는 상태에서 다른 재화의 가격을 올리는 격이죠.

극단적으로 만일 단순 절도범이나 살인범에게 똑같이 사형이 내려진다고 해봅시다. 그러면 어떤 현상이 나타날까요? 절도범은 줄어들지 몰라도 살인 사건은 틀림없이 더 늘어날 것입니다. 단순 절도를 하다가 들켰을 때 어차피 잡히면 죽을 목숨인데 목격자를 살해하려고 하지 않겠습니까? 그것은 마치 천 원짜리 껌과 천만 원짜리 TV의 가격을 똑같이 천만 원으로 매겨 놓은 것과 마찬가지입니다. 그러면 누가 천만 원을 주고 껌을 사려고 하겠습니까? 적절한 형벌 체계란 범죄의 유형과 동기를 고려하여 범죄마다 적절한 대가를 부여할 수 있는 것이어야 합니다. 즉, 범죄 간에도 적절한 상대 가격 체계가 유지되어야 한다는 말입니다.

한 가지 더 생각해 볼 문제가 있습니다. 형벌은 하나의 유인, 즉 부정적인 인센티브입니다. 물론 범죄자의 자유를 제한하거나 경제적 불이익을 주는 형법상의 형벌이 강력한 유인임에는 틀림없지만, 사람의 행동에 영향을 미치는 유인은 이것 외에도 또 있습니다. 사람의 양심을 자극하는 '도덕적 유인'도 있고 개인의 명예나 체면을 실추시키는 '사회적 유인'도 때로는 효과적인 수단이 될 수 있습니다. 성범죄자의 신상명세를 공개하는 것은 형벌의 유인 외에 사회적인 유인을 추가로 활용한 것입니다. 효과적인 범죄 대책이란 결국 인간의 행동에 가장 효과적으로 영향을 미칠 수 있는 유인의 조합을 찾는 것이라고 할 수 있습니다.

법이 필요 없을 것 같은 하늘나라에서도 금지된 사랑을 나누다가 아직까지도 벌을 받고 있는 견우와 직녀가 있는가 하면, 천도복숭아를 몰래 훔쳐 먹고 행패를 부린 원숭이가 수천 년 동안 땅속에서 고생했다는 것을 보면 천국과 지옥을 막론하고 범죄 없는 세상은 없는가 봅니다.

신언서판과
루키즘

외모의 경제학

서시의 얼굴이 호수에 비치자 물고기들이 그만 넋을 잃고 바라보다가 헤엄치는 것을 잊어버리는 통에 그대로 가라앉아 버리고 맙니다. 월나라의 침어미인沈魚美人 서시입니다.

낯선 흉노 땅으로 끌려가던 왕소군이 고향 생각에 비파를 타자 하늘을 날아가던 기러기 떼가 그 모습을 보다가 날갯짓하는 것을 잊어버리는 바람에 떨어져 죽고 말았습니다. 한나라의 낙안미인落雁美人 왕소군입니다.

화원에서 초선이 달을 바라보자, 달이 그만 부끄러워 구름 뒤로 숨어버렸습니다. 동탁과 여포를 이간질하기 위한 미인계에 동원된 폐월미인閉月美人 초선입니다.

정원을 산책하던 양귀비가 어느 꽃을 만지자, 그 꽃이 부끄러워 얼굴을 숙이고 맙니다. 당나라 현종의 후궁이었던 수화미인羞花美人 양귀비입니다.

미인대회 결승에 오른 후보들의 소개처럼 들리시나요? 중국의 4대 미인이라고 하는 서시, 왕소군, 초선, 양귀비에 대한 묘사입니다. 다소 과장되긴 했지만 아름다운 여인에 대한 상상력을 불러일으키는 표현으로는 나쁘지 않은 것 같습니다. 이 여인들은 전생에 나라를 몇 개나 구했기에 이런 아름다움을 타고났는지는 모르겠습니다만, 현생에서는 왕소군을 제외하고는 모두 한 나라를 기울게 한 경국지색傾國之色으로 미인박명美人薄命이라는 공통점을 가지고 있습니다.

나라는 달라도 물속에 비친 자신의 아름다운 모습에 반해 사랑에 빠졌다가 결국은 익사하고만 그리스 신화 속의 목동 나르시스나, 이집트의 경국지색 클레오파트라도 외모로는 누구에게도 빠지지 않을 만한 신화와 역사 속의 인물입니다.

오늘날 현대인은 인류 역사상 그 어느 때보다도 외모가 중시되는 풍조가 만연한 시대에 살고 있습니다. 정보통신기술의 발달과 첨단 영상기기의 대중화 탓인지는 모르겠지만, 오늘날 외모는 부와 명예의 원천을 넘어 하나의 권력으로 등장하고 있습니다. 미국의 평론가인 새파이어W.Safire도 이런 외모지상주의를 '루키즘lookism'으로 지칭하면서, 오늘날 외모는 전 세계적으로 성性이나 인종 못지않은 새로운 차별 요소로 등장하고 있음을 지적한 바 있습니다.

외모는 사회생활에서 다른 사람들로 하여금 자신을 기억하게 만드는 가장 중요한 정보 전달 수단인 만큼 동서고금과 남녀노소를 막론하고 자신의 외모에 관심을 가지지 않는 사람은 별로 없습니다. 현대인들은 아침에 일어나 거울을 통해 자신의 모습을 보는 것부터 시작해서 하루에도 수십 번씩 자신의 얼굴과 몸매와 옷을 봅니다. 여자들은 머리와 손톱을 손질하고 화장하고 옷을 고르고 입는 데 남자들보다 더 많은 시간을 소비합니다.

2019년의 우리 국민 생활시간 조사에 따르면 남자는 하루 평균 1시간 23분, 여자는 1시간 32분을 개인 유지(외모, 건강, 위생관리)에 사용한다고 합니다. 미국의 경우 기혼 남성들은 씻고 입고 치장하는 외모 관리에 하루 평균 32분, 기혼 여성들은 44분을 소비하는 것으로 조사되고 있는데 여기에 개인 운동 시간까지를 더하면 우리나라와 거의 비슷하지 않을까 추측됩니다. 한 가지 흥미로운 것은 미국에서 70세 이상의 독신 여성들은 외모 관리에 하루 평균 1시간 43분을 소비하는 것으로 나타나 외모에 대한 관심은 나이가 들어도 여전하다는 것을 보여주고 있습니다.

외모에 대한 관심은 자연히 성형과 미용에 대한 투자로 이어지고 있습니다. 국제미용성형수술협회ISAPS의 조사 결과를 보면, 2018년에 세계에서 성형 및 미용 시술 건수를 보면 미국이 436만 1,867건으로 가장 많았고, 2위가 브라질로 226만 7,405건이었으며, 3위부터 10위까지는 중국-일본-멕시코-이탈리아-한국-인도-프랑스-독일의 순으로 나타나고 있습니다. 우리나라는 전체 시술 수로는 7위에 있지만 인구 1만 명당 시술 건수로는 세계 1위로 미용 성형 대국에 이름을 올리고 있습니다.

외모에 대한 이해와 오해

외모란 무엇일까요? 그리고 외모가 아름답다는 것은 어떤 의미일까요? 외모는 여러 가지 요소를 포함하고 있습니다. 얼굴형, 눈, 코, 입, 귀, 피부, 머리카락, 키, 몸매, 그리고 목소리에 이르기까지 어느 하나 중요하지 않은 것이 없습니다. 하지만 외모에 대한 사람들의 통념은 보통 얼굴과 몸매 두 가지로 압축되는 것 같습니다.

그런데 몸매는 키와 몸무게라는 객관적인 수치로 지수화가 가능하지만, 얼굴은 객관화할 수가 없는 만큼 주관적으로 평가할 수밖에 없습니다. 즉, 미에 대한 기준은 시대와 지역마다, 그리고 사람마다 다르기 때문에 이를 객관적인 기준으로 일관성 있게 측정한다는 것은 언뜻 생각하면 불가능한 일이라고 생각할 수도 있습니다.

하지만 오랫동안 경제생활에 대한 외모의 영향을 연구해 온 텍사스 대학의 해머메시D.S.Hamermesh 교수는 지금까지 외모에 대한 여러 연구들을 종합한 결과 다음과 같은 결론을 얻었습니다.

첫째, 문화권에 따라 다소 차이는 있지만 어떤 얼굴이 아름다운지에 대해서는 사람들 간에 상당한 의견의 일치가 있다.

둘째, 얼굴에 대한 5단계의 평가에서(아주 잘생김, 잘생김, 보통, 못생김, 아주 못생김), 잘생김으로 평가받은 사람들이 못생김으로 평가받은 사람보다 더 많게 나타난다.

셋째, 외모에서 나이는 중요하다. 나이 든 사람보다 젊은 사람들이 더 매력적으로 평가된다.

넷째, 옷이나 화장품 심지어 성형 수술도 외모 평가에 큰 차이를 가져오지 못한다.

다섯째, 남성보다는 여성의 외모 평가에서 의견 차이가 더 크게 나타난다.

어떻습니까? 여러분도 동의하십니까? 어쨌든 외모에 대한 평가에서 상당한 정도의 의견 일치를 보인다는 것은 곧 사람들의 외모를 어느 정도 객관적으로 측정할 수 있다는 것을 의미하는 동시에, 잘생긴 외모는 경제생활의 많은 영역(노동시장, 결혼시장, 신용시장 등)에서 긍정적인 영향을 미칠 수 있는 희소성으로 작용할 가능성이 높다는 것을 의미하는 것이기도 합니다.

잘생긴 사람은 소득도 더 높을까?

외모의 영향은 일상생활의 여러 분야에서 나타날 수 있겠지만, 경제학의 주 관심사는 소득과의 관계라고 할 수 있습니다. 외모가 잘생긴 사람들은 과연 못생긴 사람들보다 더 높은 소득을 얻을 수 있을까요? 만일 실제로 그런 증거들이 있다면 그 이유는 무엇일까요?

"뭐 별로 어려운 질문도 아니군요. 예쁘고 잘생긴 배우나 탤런트들을 보면 다들 많은 돈을 벌고 잘살고 있잖습니까?" 물론 연예계 스타들의 경우는 그렇지만, 그런 결과가 일반화되기 위해서는 통계적으로 뒷받침된 과학적인 근거가 필요합니다. 실제로 우리 주변에는 뛰어난 용모를 가지고도 하루 벌이로 어렵게 살아가는 사람들도 어렵지 않게 찾아볼 수 있습니다. 얼굴 용모와 소득 간의 관계에 대한 감을 잡기 위해 이를 연구한 학문적인 연구 결과를 몇 개 소개해 드리겠습니다.

1970년대와 80년대 미국과 캐나다의 자료를 분석했던 해머메시 D.Hamermesh와 비들J.Biddle 교수에 의하면, 평균 이상의 외모를 가진 여성은 평균 외모의 여성에 비해 소득이 8% 더 높은 반면, 평균 이하의 여성들은 4% 적은 것으로 나타났습니다. 남성의 경우, 평균 이하의 외모를 가진 사람은 소득이 13%나 낮은 것으로 나타난 반면, 평균 이상의 남성들에게서는 통계적으로 유의한 결과가 나타나지 않았습니다.

영국의 런던 메트로폴리탄 대학 연구팀은 33세 남녀 11,000명을 대상으로 한 연구에서 외모가 못생긴 사람은 잘생긴 사람보다 남자는 15%, 여자는 11% 정도 연봉이 낮았다는 결과를 발표하였습니다.

미국 세인트루이스 연방준비은행FRB의 엥게만K.Engemann과 오양 M.Owyang은 지금까지 외모와 소득 간의 관계에 대한 연구들을 종합한 결과, 양자 간에는 밀접한 관계가 있다는 결론을 내렸습니다. 즉, '잘생기고 키가 크며 날씬할수록, 보수를 더 많이 받고 승진 기회도 높다'는 것입니다.

소득은 아니지만, 외모가 학생들의 성적과 관계가 있다는 연구 결과도 있습니다. 이탈리아 베로나 대학의 치프리아니G.Cipriani와 자고A.Zago 교수는 잘생긴 학생들일수록 성적도 우수하다는 결과를 발표해 관심을 끌었습니다. 이들은 경제학을 전공하는 남녀 학생 885명의 외모를 5등급으로 나눈 다음, 2001년부터 3년간 성적 변화를 추적해 본 결과, 상위

2등급 학생들이 하위 4등급 학생들에 비해 36% 정도 높은 점수를 얻었음을 보였습니다.

우리나라에서는 여성의 외모가 결혼 시장을 통해 소득에 미치는 영향을 조사한 연구가 있습니다. 국내의 모 결혼정보회사에서 회원 1만 7,206명(남성 8,154명, 여성 9,052명)을 대상으로 조사한 결과에 따르면, 여성의 외모를 5단계로 나누었을 때 각 등급별로 남편의 연봉은 평균적으로 324만 원씩의 차이를 보였습니다. 미모가 최상급인 여성은 최하급인 여성에 비해 연봉이 약 1,300만 원 많은 남성과 결혼했다는 얘기가 되는 것입니다. 또 여성의 키가 1센티 커질수록 남편의 연봉은 43만 원씩 늘어난 반면, 몸무게는 1kg이 증가할수록 남편의 연봉이 7만 원씩 줄어든 것으로 나타났습니다.

참고로 여성의 외모가 남편의 소득에 미치는 효과는 학력이나 소득보다 더 큰 것으로 나타나고 있습니다. 이 조사에서는 여성의 학력을 고졸에서 박사까지 6등급으로 나누었을 때 등급 당 남편의 소득은 38만 원씩의 차이를 보인 반면, 여성 소득이 1만 원 증가할 때마다 남편의 소득은 3,367원씩(여성 소득 증가분의 약 34%) 높아지는 것으로 나타났습니다.

몸매와 소득의 관계는?

얼굴 용모에 대한 평가는 기본적으로 주관적이지만, 몸매는 키와 몸무게, 그리고 체질량지수라는 객관적인 수치로 나타낼 수 있기 때문이어서 그런지, 몸매와 소득 간의 연구는 좀 더 다양합니다. 미국 코넬대학의 콜리J.Cawley 교수가 1981년부터 2000년까지의 자료를 이용한 연구에 의하면, 여성의 경우 인종에 관계없이 체중 및 체질량지수(BMI: 몸무게(kg)를 키(m)의 제곱으로 나눈 수치로 18.5~24.9가 정상)는 임금과 역의 관계를 가지고 있는 것으로 나타났습니다. 즉, 날씬할수록 소득이 더 높다는 말입니다.

이 관계가 가장 강하게 나타난 백인 여성의 경우, 평균 체중보다 30kg 더 나가는 여성은 평균 체중의 여성에 비해 임금이 9% 적은 것으로 나타났습니다. 이 차이는 교육으로 치면 1년 반, 직장 경력으로 치면 3년에 해당되는 차이입니다. 하지만 남성의 경우 히스패닉계에서만 역의 관계가 나타났을 뿐 백인 남성의 체중은 임금에 영향을 미치지 않았고, 흑인 남성의 경우 체중은 오히려 임금을 높이는 방향으로 영향을 미쳤습니다.

뉴욕대학의 콘리D.Conley와 글로버R.Glauber의 연구에서는 여성의 체질량지수가 1% 증가하면 가계 수입이 0.6% 감소하고, 직업의 위상도 0.4% 하락하는 것으로 나타났습니다. 그뿐만 아니라, 여성의 체질량이 높을수록 결혼할 확률이 떨어지고 남편의 소득과 직업의 위상도 낮아진다는 결과가 나왔습니다. 하지만 남자에게서는 이와 같은 관계가 나타나지 않았습니다.

오하이오 주립대학의 자고르스키J.Zagorsky 교수의 연구 역시 이와 비슷한 연구 결과를 보여주고 있습니다. 21세~28세 사이의 남녀 7,300명을 대상으로 한 연구에서 백인 여성의 경우 체중이 무거울수록 재산이 감소하는 관계가 나타났지만, 흑인 남성은 체중이 재산에 영향을 미치지 않는 것으로 나타났습니다.

이탈리아 파도바대학의 브루넬로G.Brunello 교수와 유럽위원회의 돔브레B.D'Hombres는 유럽 9개국 자료를 이용한 연구에서 체질량지수(BMI)가 10% 늘어나면 남성의 소득은 3.3%, 여성의 소득은 1.8% 감소한다는 연구 결과를 발표했습니다.

몸매와 소득 간의 이와 같은 연구들은 전체적으로 여성의 몸매는 자신 및 남편의 소득에 비교적 큰 영향을 미치는 반면, 남성의 경우에는 그 영향이 상대적으로 적거나 나타나지 않는다는 것으로 요약될 수 있겠습니다.

외모는 왜 소득에 영향을 미칠까?

이런 연구 결과들은 외모가 소득이나 재산, 심지어는 학교 성적과 같은 성과에 어떤 식으로든 영향을 미치고 있음을 보여주고 있습니다. 그렇다면 외모가 뛰어난 사람은 왜 더 많은 소득을 얻게 될까요? 외모가 뛰어난 사람이 실제로 일을 더 잘해서 그런 것인지, 아니면 주변 사람들이 만들어주는 유리한 분위기나 환경 때문에 발생하는 착시 현상인지를 생각해 볼 필요가 있습니다.

우선 외모가 생산성에 확실히 영향을 미치는 분야가 있을까요? 물론 있습니다. 모델이나 배우, 탤런트, 가수와 같이 대중의 인기를 먹고사는 직업에서는 외모가 생산성과 직결된다는 것은 누구나 인정하고 있습니다. 이외에도 직접 고객과 대면을 해야 하는 판매원, 접대원, 학원 강사, 심지어는 정치인도 외모에 영향을 받지 않을 수 없습니다. 미국의 35대 대통령을 지냈던 케네디John F.Kennedy나 2015년에 캐나다 총리로 선출된 쥐스탱 트뤼도J.Trudeau는 44세의 젊은 외모로 유권자의 호감을 산 경우라고 할 수 있겠죠.

놀라운 것은 대중적인 접촉이 많지 않고 제한된 사무실이나 작업장에서 일을 하는 사람들과 같이 외모가 중요하지 않은 분야에서도 외모의 소득 효과는 존재하는 것으로 나타났습니다. 해머메시 교수의 연구에 따르면 대학교수의 강의 평가나 미식축구 쿼터백의 연봉에서도 외모는 긍정적인 영향을 미치는 것으로 나타났습니다. 그렇다면 외모는 어떤 경로를 통해 소득과 연결되는 것일까요?

외모가 소득에 미치는 영향, 즉 외모 효과의 통로는 다음 세 가지 중 하나라고 볼 수 있습니다. 첫째, 외모가 좋은 사람이 나쁜 사람에 비해 더 생산적이기 때문입니다. 즉, 외모가 생산 요소의 역할을 담당하는 직종, 즉 영업직이나 서비스직에서는 어느 정도 설득력이 있는 이야기입니다. 문제는 외모가 어떻게 생산성을 높이는가 하는 것입니다.

여기에는 좋은 외모가 자신감을 높여 보다 적극적이고 긍정적인 성격을 형성하는 데 도움을 주었을 것이라는 주관적인 측면과 좋은 외모를 가진 사람에게는 주변 사람들이 호의적이기 때문에 실수에 대해서도 관대해지는 경향이 있고, 또 사람들이 그와 가까워지려고 경쟁하는 과정에서 경제 활동에 유용한 정보가 집중될 수 있다는 외부적인 측면이 복합적으로 작용했다고 볼 수 있을 것 같습니다.

두 번째는 소비자에 의한 차별 때문입니다. 즉, 같은 품질의 생산물이라도 외모가 좋은 사람이 생산한 것을 소비자들이 더 선호한다는 것이죠. 예를 들어 멋진 코치가 있는 수영 강습반에 더 많은 사람이 몰리는 것과 같은 경우입니다. 이렇게 되면 외모가 좋은 사람이 생산한 재화가 우선적으로 팔리게 되므로 결과적으로 그는 회사의 수익에 더 많은 기여를 하게 되고, 따라서 더 높은 임금을 받는다는 것입니다. 하지만 객관적인 능력에서는 전혀 차이가 없음에도 불구하고, 소비자의 선택에 의해 차별을 받는 못생긴 생산자는 억울할 수밖에 없겠죠.

세 번째는 고용주나 동료에 의한 차별입니다. 이는 고용주의 개인적인 취향이나 동료 집단의 특성이 크게 작용하는 경우로 이런 차별이 지속된다면 유능하지만 못생긴 직원들은 자발적으로 회사를 떠나게 되거나 아니면 임금 하락과 같은 불이익을 감수하고서라도 견뎌야 하겠죠. 만일 모든 회사에서 이러한 일이 일어난다면 외모가 못생긴 사람들의 소득은 결국 하락할 수밖에 없을 것입니다. 하지만 이윤 극대화를 추구하는 합리적인 기업일수록 이러한 차별의 가능성은 크지 않을 것 같습니다.

신언서판은 외모지상주의?

'신언서판身言書判'이라는 말이 있습니다. 중국의 당나라 때 인재 등용의 기준이었다고 하는데, 예나 지금이나 공식 또는 비공식으로 통용되고 있는 인물의 평가 기준입니다. 여기서 신身은 단순히 외모뿐만 아니라 몸가짐이나 행동거지가 얼마나 반듯하고 진중한가를, 언言은 말을 얼마나 논리적이고 조리 있게 하는가를, 서書는 글과 글씨를 얼마나 잘 쓰는가를, 그리고 판判은 말 그대로 판단력이 얼마나 정확한가를 평가하는 것입니다. 그러면 사람을 이 기준으로 평가했다면 옛날에도 외모를 가장 중시했다는 말일까요?

그런데 '신언서판'이라는 네 글자를 잘 살펴보면 각각의 단어는 우리가 잘 알지 못하는 사람에 대해 정보를 얻는 통로라는 것을 알 수 있습니다. 그러면 이 네 가지 통로 중 어떤 것이 가장 쉽게 정보를 얻을 수 있는 방법일까요? 당연히 눈에 보이는 것, 즉 신身을 통해서입니다. 그리고 다음은 무엇일까요? 그렇지요. 말을 시켜보는 겁니다. 즉, 언(言)입니다. 대학이나 기업의 면접시험은 바로 이 신身과 언言을 통해 사람의 능력을 평가하기 위함이라고 할 수 있습니다.

신身과 언言의 평가 다음은 글을 써 보게 함으로써 사람을 판단하는 것입니다. 실제로 사람의 말솜씨는 타고난 순발력이나 사교적인 성격 등에 의해 영향을 받기 때문에 언변이 뛰어난 사람들 중에서도 막상 글은 제대로 쓰지 못하는 사람들이 꽤 있습니다. 대학 입시에서 논술고사를 통한 선발은 바로 이 서書를 통한 평가라고 할 수 있습니다.

마지막으로 사람을 평가할 때 가장 중요한 것은 실제로 어떤 문제에 부딪혔을 때 그것을 해결하는 판단력이라고 할 수 있습니다. 즉, 판判은 평가의 궁극적인 기준이라고 할 수 있습니다. 이렇게 볼 때 신身, 언言, 서書는 결국 판判에 대한 정보를 얻기 위한 보조적 수단인 동시에 인물의 평가에 필요한 정보를 얻기 쉬운 순서라고 보아야 할 것입니다.

방통

유비

　제갈량과 쌍벽을 이루는 천하의 인재 방통龐統 선생은 외모로만 인물을 판단했던 손권으로부터 내침을 당하고, 제갈량에게는 세 번씩이나 찾아가 죽기 살기로 매달렸던 유비로부터도 한동안 외면을 당했습니다. 그러나 주머니 속에 있는 송곳은 저절로 천을 뚫고 나오는 법(낭중지추囊中之錐), 뒤늦게나마 인물의 진가를 알아본 유비가 그를 부군사로 중용하면서 엄청난 전과를 올리게 됩니다. 신身에만 의존한 잘못된 평가 사례입니다.

　시대의 변화에 따라 사회의 가치관도 많이 바뀌었고, 인터넷과 모바일 기기를 통한 SNS의 이용이 보편화됨에 따라 겉으로 보이는 용모의 비중이 예전에 비해 크게 높아졌습니다. 그야말로 비주얼의 시대가 되었습니다. 그러다 보니 한 사람의 진정한 능력과 가치에 대한 정보를 얻는 수단이었던 외모가 이제는 목적으로 변해버리는 주객전도 현상이 심심찮게 나타나고 있습니다.

　만일 외모가 소득, 결혼, 승진 등 사회적 성공을 좌우하고, 그로 인해 축적된 자본이 다시 외모에 투자되는 세상에서는 외모도 소득이나 가문과 같이 하나의 계급을 형성하는 요인이 될 수도 있습니다. 우리가 경계하는 외모지상주의, 루키즘의 모습입니다. 실제로 인도에서는 피부색이 계급을 결정하는 중요한 요인이 되고 있으며 정도의 차이는 있지만 대부분의 다인종 사회에서도 이와 유사한 현상들이 종종 나타나고 있습니다.

우리가 외모지상주의를 경계하는 것은 같은 인적 자원에 대한 투자 중에서도 외모에 대한 투자는 교육이나 기술 훈련 같은 투자에 비해 국가 전체적으로 볼 때는 생산성이 높지 않기 때문입니다. 다시 말해 인간의 두뇌나 기술에 대한 투자가 인간의 능력과 성과를 발전시킬 수 있는 정도에 비해 외모에 대한 투자는 그만큼의 생산성을 얻기가 어렵다는 것입니다. 기본적으로 외모는 상대적인 것이어서 모두가 미남미녀로 탈바꿈해봐야 별로 달라지는 것이 없습니다. 미인들이 많다고 소문이 난 베네수엘라나 우즈베키스탄 같은 나라의 소득 수준이 말해주듯이 말입니다.

모든 것을 제쳐놓고 외모에만 치중하는 것은 기술 개발을 통해 제품의 품질을 향상하기보다는 포장지만 그럴듯하게 바꾸는 것과 같아, 사람들을 잠시 현혹시킬 수는 있을지는 몰라도 시간이 지남에 따라 본색이 드러날 수밖에 없습니다. 멋진 포장지가 빛을 발하는 것은 상자 안에 훌륭한 제품이 있을 때라는 사실을 잊지 말아야 하겠습니다.

지렛대를
경계하라

빚의 경제학

〈중세 유럽, 어느 마을의 금세공소〉

제임스: (문을 열고 들어서며) 어이, 마침 집에 있었군. 부탁 하나 하
　　　　려고. 내가 한동안 집을 비우는데, 우리 집에 있는 금 좀 보관
　　　　해 주게.

골드스미스: 그러지. 우리 집 금고는 세상에서 제일 튼튼하니 걱정 말게.

〈한 달 후〉

존: 제임스 씨한테 소개받고 왔는데, 여기서 금을 보관해 준다고 해
　　서요. 보관료는 드릴게요.

메리: 제 금도 좀 부탁합니다.

골드스미스: 그러시죠(이렇게 금을 자꾸 가져오니, 금고를 새로 만들
　　　　　　어야겠는걸).

〈다시 한 달 후〉

제임스: 잘 있었나? 지난번에 맡겨둔 금을 여기 브라운 씨에게 팔아
야 할 사정이 생겨서 왔네.

브라운: 아~ 그렇다면 굳이 찾을 필요 없습니다. 제 금도 어차피 여
기 보관되어 있는데요.

골드스미스: 그럼 보관증 주인의 이름만 바꾸면 되겠네요.

〈3개월 후〉

미카엘: 실례합니다. 제임스 씨 소개로 왔는데, 금을 좀 빌릴까 해서
요. 무역선에 싣고 올 물건을 사야 해서.

골드스미스: 제임스한테 얘기 들었습니다. 부동산도 넉넉하시니 신
용은 틀림없겠죠. 하지만 이자는 10% 주셔야 합니다.
(남자가 돌아간 후) 이것 봐라, 생각지도 않았던 돈이
굴러 들어오는구먼. 눈 빠지게 금세공하는 것보다 수입
이 나은데…….

골드스미스 아내: 이참에 사람들한테 금을 많이 받아서 본격적으로
금 대여 사업을 해보면 어때요? 이제부터는 보관
료도 안 받고 오히려 약간의 이자를 준다고 하면
더 많은 사람들이 금을 맡기지 않겠어요?

골드스미스: 음, 정말 그렇군. 이자를 주더라도 우리가 빌려줄 때는
더 높은 이자를 받을 수 있으니. 역시 당신은 똑똑해!

〈동네 공터〉

여자 1: 골드스미스네가 금 사업으로 부자가 되었다면서요.

여자 2: 그러게 말이에요. 다들 보관증만 가져가는 바람에 그 집에는 항상 금이 많다잖아요.

여자 3: 근데 골드스미스 씨가 믿을 만한 한가? 금을 들고 달아나기라도 하면 어떻게 하려고……

여자 4: 그동안 신용을 많이 쌓았잖아요. 계산도 확실하고.

은행의 탄생

잘 보셨습니까? 장면들이 상상 되시나요? 우리는 지금 은행이 탄생하는 초기 모습을 보고 있습니다. 초기의 은행은 이렇게 금을 안전하게 보관할 수 있는 금고를 가진 골드스미스(금세공업자)로부터 탄생되었습니다. 여기서 금의 보관증은 요즘으로 치자면 예금통장이나 당좌수표 정도가 되겠죠.

그런데 여기서 우리가 주의를 기울여봐야 할 부분이 있습니다. 바로 통화량입니다. 금이 장롱 속에 들어가 있을 때와 비교해볼 때, 시중에 유통되는 유동성, 즉 통화량은 어떻게 되었을까요? "보아하니 금 보관증을 현금처럼 사용하는 것 같던데 그만큼 통화량이 늘어나겠죠." 맞습니다. 사람들이 금을 많이 빌려 가면 빌려 갈수록 보관증이 더 많이 유통되고, 그에 따라 통화량도 그만큼 더 늘어나게 됩니다.

여기서 금을 현금으로 바꾸게 되면 이 이야기는 바로 오늘날의 은행

과 똑같은 모습이 됩니다. 사람들은 은행에 돈을 맡기는 대신 이자를 받습니다. 은행은 돈을 많이 유치하기 위해 이자를 주지만 그 돈을 필요로 하는 사람들에게는 더 많은 이자를 받아 수익을 올립니다. 은행은 사람들이 맡긴 돈의 일부분만 점포에 보관해 두고 나머지는 대출 자금으로 활용합니다. 사람들이 은행에 와서 찾아가는 돈은 극히 일부분이라는 것을 잘 알고 있기 때문입니다.

본원통화와 신용통화

돈을 찾으러 오는 사람들을 위해 은행에서 보관하고 있는 돈을 가리켜 지불준비금이라고 하고, 전체 예금 중에서 지불준비금이 차지하는 비율을 지불준비율이라고 합니다. 은행들이 너무 적은 돈만 남겼다가 고객들에게 돈을 제대로 내주지 못할 경우를 대비해서 한국은행에서는 지불준비율의 최저한도를 정해주는데, 이를 법정지불준비율이라고 하지요. 따라서 법정지불준비율이 낮을수록 은행은 고객의 예치금을 대출에 활용할 수 있기 때문에 더 많은 수익을 올릴 수 있습니다. 중요한 것은 이렇게 대출이 많아질수록 통화량도 늘어난다는 것입니다. 이렇게 대출로 만들어지는 통화를 가리켜 '신용통화'라고 하고, 이 신용통화를 만들어내는 과정을 '신용창조'라고 합니다.

자, 그런데 이 신용통화를 만들어내기 위해서는 그 근원이 되는 화폐가 있어야 합니다. 여기서 세공소를 중앙은행이라고 생각하면, 세공소에서 금을 바탕으로(누가 가져온 금이든) 제임스에게 발행해 준 보관증이 바로 이 근원이 되는 화폐가 되는데, 우리는 이를 본원통화라고 부릅니다. 세공소에서 처음으로 제임스가 맡긴 100g의 금에 대해 100gold라는 보관증을 발행해 주었다고 해봅시다. 이 경우 현재의 통화량은 100gold입니다.

문제는 다음부터입니다. 미카엘이 금을 빌려달라고 하는 바람에 골드스미스는 제임스가 찾으러 올 때를 대비해서 20%는 남겨놓고 80g만 빌려주었습니다. 지불준비율이 20%가 된 셈입니다. 그런데 미카엘 역시도 금은 필요할 때마다 조금씩 찾아가겠다고 하면서 80gold 짜리 보관증을 받아가 버렸습니다. 그러고 보니 벌써 시중에는 180gold 만큼의 유동성, 즉 통화량이 생겼습니다.

그런데 며칠 뒤, 라파엘이라는 사람이 금을 빌리러 왔습니다. 골드스미스는 미카엘이 맡겨놓은 금의 80%인 64g을 빌려주겠다고 했더니, 라파엘 역시 보관증이 더 편리하다면서 64gold 짜리 보관증만 들고 나갔습니다. 자, 이제 대강 감을 잡으셨지요? 최초에 맡긴 100g의 금으로부터 연속적으로 신용창조가 발생하면서 시중의 통화량은 계속 증가하고 있습니다. 최대 얼마까지 통화량이 발생할까요? 고등학교 때 배운 수열 실력을 발휘할 때가 왔습니다.

$$보관증\ 총액 = 100 + (100 \times 0.8) + (100 \times 0.8^2) + (100 \times 0.8^3) + \cdots\cdots$$

$$= 100 \times 1/(1 - 0.8) = 500gold$$

여기서 gold를 dollar로 바꾸면 확실한 현금 기분이 나겠죠? 어쨌든 최초에 맡긴 금에 대해 발행된 통화 100gold가 바로 본원통화이고, 금의 대출을 통해 계속 늘어난 보관증 400gold는 '신용창조'를 통해 발행된 신용통화입니다. 즉, 빚으로 만들어진 통화입니다.

따라서,

총통화량(500) = 본원통화(100) + 신용통화(400)

여기서 1/(1-0.8)를 '통화승수'라고 하는데, 지불준비율을 r이라고 할 때, 통화승수는 (1/r)이 됩니다. 우리의 예에서는 지불준비율이 20%였으니 통화승수는 5가 된 것입니다.

이제부터는 다시 현실로 돌아와 보겠습니다. 그렇다면 실제로 우리나라의 본원통화승수는 얼마나 되는지 한번 알아볼까요? 2020년 11월 말을 기준으로 한국은행 창구를 통해 시중에 풀려나온 돈, 즉 본원통화

(평균잔액)는 약 218조 원입니다. 이제 통화량만 구하면 본원통화가 얼마만큼의 신용통화를 창출해내었는지를 알 수 있겠죠?

그런데 통화량의 지표는 어디까지를 유동성으로 포함시킬 것인가에 따라 몇 개의 다른 지표로 구분됩니다. 우리나라의 경우, 가장 유동성이 높은 현금과 요구불예금(은행에 맡겨놓고 있다가 필요할 때 언제든지 찾아 쓸 수 있는 예금)만을 포함하고 있는 M1(협의통화)에서부터 M2(광의통화), Lf(금융기관유동성), 그리고 L(총유동성)의 네 가지를 사용하고 있는데, 이 중 국제 비교 기준으로 많이 사용되는 M2의 평균 잔액은 3,184조 원이었고, 가장 넓은 의미의 유동성을 의미하는 L의 평균 잔액은 5,643조 원이었습니다(2020년 11월 기준).

따라서 M2 기준의 통화승수는 14.6(=3184/218), L 기준의 통화승수는 25.9(5643/218)로 계산됩니다. 다시 말해 한국은행에서 시중에 내보낸 돈 218조 원이 14.6배 또는 25.9배로 늘어나 시중에 유통되고 있는 것입니다.

만일 우리 경제 내에서 아무도 빚을 지고 있지 않았다면, 우리나라의 통화량은 그냥 218조 원이었겠지만, 경제 주체들이 은행에서 빚을 지는 바람에 이렇게 엄청난 증가를 보인 것입니다. 그래서 현대 국가의 이와 같은 통화 시스템을 가리켜 신용통화시스템이라고 부르는 것입니다. 여기서 신용은 빚을 의미하는 것입니다.

빚은 끝없이 늘어날 수 있을까?

"근데 한 가지 궁금한 게 있어요. 경제 주체들이 돈을 계속 빌려 가면 통화량도 끝없이 증가하게 될 것이고 그러다 보면 초인플레이션이 나타날 수도 있지 않을까요?" 좋은 질문입니다. 하지만 그런 걱정은 하지 않아도 됩니다. 바로 이자가 있기 때문입니다. 이자가 있는 한 어느 누구도 돈을 끝없이 빌릴 수는 없다는 말입니다.

연봉이 3천만 원인 회사원이 매달 이자를 감당하면서 빌릴 수 있는 대출 한도가 얼마나 될까요? 만일 1억 원을 5%로 빌렸다면 원금은 제쳐 놓고라도 연간 500만 원의 이자를 감당해야 합니다. 그 정도는 감당할 수 있다고요? 그럼 2억 원은 가능하겠습니까? 이자만 천만 원입니다. 생활비도 드는데 아무래도 무리겠죠? 이런 사정은 기업이나 정부도 마찬가지입니다. 어느 누구라도 돈을 빌릴 수 있는 한도는 자신의 수입 규모에 따라 결정되기 때문에 빚은 끝없이 늘어날 수가 없는 것입니다. 이자는 부채를 억제하는 자동 조절 장치인 셈이죠.

현재 전 세계에서 부채가 가장 많은 경제 주체는 어디일까요? 그것은 바로 미국 연방정부입니다. 2010년까지만 해도 미국의 부채 비율은 GDP의 52.3%였으나 2013년에 70.3%로 70%를 돌파한 뒤, 2019년에는 77.4%로 그래도 70%대를 벗어나지 않았습니다. 하지만 2020년에 코로나의 확산으로 재정지출을 크게 늘리면서 98.2%까지 올라갔고, 2021년에는 정부 부채가 21.9조 달러의 드디어 GDP를 초과(104.4%)하게 되었습니다.

참고로 2020년 말을 기준으로 정부의 부채비율이 GDP를 초과하고 있는 국가는 일본(237.6%), 그리스(176.6%), 이탈리아(134.8%), 포르투갈(117.2%) 등이 있는데, 우리나라는 2010년에 30%를 상회한 뒤 2019년에는 37.7%까지 지속적으로 증가해오다가 2020년에는 코로나를 빌미로 재정 건전성의 기준으로 여겨지는 40%를 훌쩍 넘은 45.4%까지 증가하고 있습니다.

어쨌거나 아무리 미국의 달러가 세계의 기축 통화이고, 미국에서 발행된 국채의 40%가 해외로 팔려나간다고 하더라도 금리가 플러스인 한, 빚을 끝없이 질 수는 없습니다. 만일 이자율이 제로(0)라면 이론적으로는 빚을 끝없이 져도 되겠죠. 발행한 국채의 만기가 돌아오면 새로운 국채를 발행해서 갚으면 그만이니까요.

문제는 이렇게 필요할 때마다 국채라는 종이쪽지를 발행해서 화폐로 바꾸어 쓰다 보면, 그 나라의 화폐 가치는 자연히 하락하게 되고 종국에는 초인플레이션으로 막을 내리게 될 수도 있습니다. 다행히 미국의 경우는 기축통화라는 이점 때문에 미국 정부가 발행한 국채는 세계에서 가장 안전한 자산으로 인식되어 세계 여러 나라들이 안심하고 가져갈 뿐 아니라, 연방준비은행이 미 재무성의 채권을 구입해서 풀어준 달러도 전 세계로 퍼져나가기 때문에 국내의 인플레이션 가능성은 다른 나라에 비해 크게 작은 것이 사실입니다.

미국과는 비교가 안 되지만 일본도 말석이나마 기축 통화의 자리를 차지하고 있고, 금리도 제로입니다. 또 아직까지 세계 3위의 경제 대국인 만큼 일본의 국채 또한 안전 자산으로 평가받고 있다 보니, 일본 정부와 중앙은행은 마음 놓고 국채를 발행하여 통화량을 늘리고 있습니다. 바로 양적완화quantitative easing라는 것이죠. 게다가 국채의 대부분은 일본 국민들이 보유하고 있어 재정 위기를 겪고 있는 유럽 국가들처럼 외국계 채권 은행들에게 빚 독촉을 당할 염려도 없습니다. 하지만 빚은 탕감 받거나 떼먹기 전에는 사라지지 않습니다. 언젠가 금리가 다시 오르게 되면, 정부가 진 막대한 빚은 결국 엄청난 부담으로 돌아오게 될 것입니다.

레버리지와 디레버리지

"나에게 지렛대와 지탱할 장소만 준다면 나는 지구도 움직일 수 있다." 그리스의 물리학자 아르키메디스Archimedes, B.C.287~212의 말처럼 지렛대를 사용하면 작은 힘으로 무거운 물체를 들어 올릴 수가 있습니다.

자기자본이 없는 사람이 남에게 돈을 빌려 투자를 하는 것을 레버리지 투자라고 합니다. 은행에서 대출받아 집이나 주식을 사는 것이 대표적인 예입니다. 이때 모든 일이 잘만 되면, 소액의 자기자본을 지렛대leverage로 사용하여 큰 수익을 들어 올릴 수 있습니다. 하지만 만일 '잘되지 않을 경우'에는, 시쳇말로 알거지가 될 수 있기 때문에 레버리지 투자는 각별히 조심할 필요가 있습니다.

예를 들어 1억 원으로 매입한 주식의 가격이 40% 상승하여 4천만 원의 수익이 생겼다고 합시다. 1억 원이 모두 자기자본이었다면 자기자본 수익률은 40%입니다. 하지만 1억 중 2천만 원만 자기자본이고 8천만 원은 빌린 돈이라면, 자기자본 수익률(4천만 원/2천만 원)은 무려 200%가 됩니다. 잘 된 경우죠.

하지만 1억 원으로 매입한 주식이 40% 하락하여 6천만 원이 되었다고 합시다. 그러면 자기자본으로 투자한 사람은 40% 손실에 그치지만, 8천만 원을 빌려 투자한 사람은 200%의 손실률이 문제가 아니라 자기 자본을 다 날리고 추가로 2천만 원의 빚을 지게 됩니다. 그리고 빚을 제때 갚지 못할 경우에는 신용불량자의 딱지를 붙이게 될 뿐 아니라, 자칫 교도소 신세를 질 수도 있습니다.

어쨌든 레버리지 투자는 빚을 증가시키게 됩니다. 빚이 늘어나는 것은 통화량의 증가를 의미하고 통화량의 증가는 화폐의 가치를 하락시키고 물가를 상승시키는 인플레이션을 초래하게 됩니다. 그러면 자산의 명목 가치는 더 상승하게 됩니다. 부동산 붐으로 집값이나 땅값이 상승할 때 나타나는 현상입니다. 하지만 이러한 상승국면은 영원히 지속될 수 없습니다. 왜냐하면 빚이 계속 늘어날 수 없기 때문입니다.

그래서 어느 순간 빚이 꺾이기 시작하는 순간부터, 이번에는 반대 방향의 메커니즘이 작동합니다. 빚의 감소는 통화량을 감소시키고, 통화량의 감소는 자산 가격의 하락으로 이어지게 됩니다. 그래서 부동산 가격이 담보 가치에도 미치지 못하게 되면, 곳곳에서 파산이 이어지고 압류된 부동산들로 인해 부동산 가격은 더 폭락하는 악순환이 되풀이됩니다. 빚을 갚는 것을 디레버리지deleverage라고 하는데, 디레버리지가 시작되면 자산 가격이 하락하는 디플레이션deflation과 아울러 실물경기까지 침몰하는 경기 침체depression로 이어지게 됩니다. 그야말로 3D입니다.

2007년부터 시작된 미국 주택담보대출(서브프라임 모기지)의 부실이 세계금융위기와 실물경제의 침체로 이어진 과정이기도 합니다. 하지만 이것은 남의 얘기가 아닙니다. 우리나라도 그동안 많은 국민들이 레버리지 부동산 투자로 자산을 증식해 왔습니다. 경제가 급격히 성장할 때는 통화량의 증가를 실물경제가 소화할 수 있지만, 경제 성장 속도가 크게 꺾인 현재의 상황에서 실물 경기의 뒷받침이 없는 통화량 증가는 자산 가격에 거품만 불어넣을 뿐입니다. 거품의 특성은 터지는 데 있습니다. 섣부른 레버리지는 자칫 빚만 남길 수 있습니다. 그리고 빚은 갚기 전에는 사라지지 않는다는 평범한 사실을 잘 인식하는 것은 합리적인 경제 활동의 기본입니다.

마지막 단원의 방점을 찍고 키보드에서 손을 내려놓으면서 아쉬움과 후련함이 교차한다. 이미 지어진 골조와 설계도가 있긴 하지만, 그래도 낡은 집을 리모델링하는 작업은 여전히 쉽지 않다. 도배만 다시 하면 될 줄 알았는데, 막상 시작하니 골조를 아예 바꾸어야 하는 부분도 있었고, 곳곳에 낡은 기둥을 대체할 새로운 자재가 필요했으며, 가구 배치도 부분적으로 다시 했다.

또 얼마 가지 않아 이 집 역시도 다시 낡아가겠지만, 그래도 그동안 눈에 거슬렸던 부분들을 보수해놓고 나니 마음이 한결 가볍다. 책을 쓰는 동안 생각해 보았다. 이 책은 누가 읽으면 가장 도움이 될까를.

필자가 생각하는 첫 번째 대상은 경제학을 처음 접하는 사람들이다. 경제학에 대한 아무런 선입견이 없기 때문이다. 헐어내어야 할 어설픈 골조가 있는 것보다는 아예 빈 땅이 더 낫다. 중학생이든 고등학생이든 단어와 문장을 읽어 내려가는 데 큰 지장이 없는 사람이라면 나중에 큰 건물을 지어도 무방할 좋은 기초를 구축할 수 있을 것이다.

두 번째 대상은 기존에 경제학을 공부했던 사람들 중 과거에 배운 경제학을 대부분 다 잊어버릴 때가 된 사람들이다. 예전에 경제학을 공부할 때, '한계효용'이 어쩌고 저쩌고 했던 것도 같고, 탄력성이나 효율성 등 여러 용어들은 많이 들었던 것 같은데, 그런 개념들의 의미가 무엇이었는지 아직도 애매한 상태로 남아있는 사람들이다. 이 책이 안내하는 대로 잘 따라온다면 경제학을 둘러싸고 있던 뿌연 안개가 걷히면서 모호했던 개념들의 실체가 분명하게 보이기 시작할 것이다.

이 책을 읽는 사람이 누구든, 이 책을 통해 경제학이 생각보다 재미있고 어렵지 않다는 느낌을 갖게 된다면 필자로서는 더 이상의 기쁨이 없을 것 같다.

2021년 2월 경북대학교 연구실에서

개정판
30일 역전의 경제학

초판 1쇄 발행 2016년 9월 9일
개정판 1쇄 발행 2021년 5월 10일

지은이 오영수
펴낸이 채종준
기획 · 편집 유나영
디자인 홍은표
마케팅 문선영 · 전예리

펴낸곳 한국학술정보(주)
주 소 경기도 파주시 회동길 230(문발동)
전 화 031-908-3181(대표)
팩 스 031-908-3189
홈페이지 http://ebook.kstudy.com
E-mail 출판사업부 publish@kstudy.com
등 록 제일산-115호(2000. 6. 19)

ISBN 979-11-6603-399-5 03320